Deutsch

Prüfungstraining

Goethe-Zertifikat C1

Zentrale Mittelstufenprüfung (ZMP)

von
Gabi Baier und Roland Dittrich

Cornelsen

Impressum

**Prüfungstraining
Goethe-Zertifikat C1 (ZMP)**

Im Auftrag des Verlages erarbeitet von Gabi Baier und
Roland Dittrich

Lektorat: Katja Huning, Textfühlung, Berlin

Redaktion: Gertrud Deutz (verantwortliche Redakteurin),
Gunther Weimann (Projektleitung)

Umschlaggestaltung: hawemannundmosch, bureau für gestaltung, Berlin

Layout und technische Umsetzung: finedesign, Berlin

Bildquellen: S. 178: © Globus; S. 179: © Globus
Textquellen: S. 11: © Xenia von Polier, UniSpiegel, 4/2007, S. 30 – 31; S. 20 – 21: © Schule&Job, Süd-
deutsche Zeitung, 27.09.2006, S. 4; S. 31: © Stuttgarter Zeitung online, 11.09.2007; S. 62 – 63: © Thomas
Borchert, Dirk Liedtke, Stern, 39/2007, S. 156 – 159; S. 129: © Nach Katharina Matzig, Süddeutsche
Zeitung, 26.07.2007, S. 45; S. 130 – 131: © BR Klassik 09/2007, S. 16 – 17; S. 169: © Sabine Olschner,
BerufSZiel, 02/2006, S. 30; S. 173: © Tizia Koese. Innovate!, 2/2007, S. 56 – 59; S. 185: © Lars Klaaßen,
Süddeutsche Zeitung 06.04.2005, S. 78
im einliegenden Heft: S. 5 – 6: © Christopher Stolzenberg, sueddeutsche.de, 15.11.2006;
S. 11 – 12: © Ulfried Geuter, Manfred Cierpka. Aus: Psychologie heute, 10/06, S. 68 – 69

www.cornelsen.de

1. Auflage, 9. Druck 2021

Alle Drucke dieser Auflage sind inhaltlich unverändert
und können im Unterricht nebeneinander verwendet werden.

Druck: mediaprint solutions GmbH, Paderborn

ISBN 978-3-06-020531-8

PEFC zertifiziert
Dieses Produkt stammt aus nachhaltig
bewirtschafteten Wäldern und kontrollierten
Quellen.

PEFC™
PEFC/04-31-0810

www.pefc.de

Symbol

[CD 1] 4   Hörtext auf CD 1, Track 4

Lieber Prüfungskandidat, liebe Prüfungskandidatin,

wenn Sie die Absicht haben, die Prüfung zum **Goethe-Zertifikat C1** ab-
zulegen, brauchen Sie zu dieser Prüfung alle notwendigen Informationen.

Sie müssen sich auf die Prüfung und ihre besonderen Anforderungen
genau vorbereiten. Gute Deutschkenntnisse allein genügen nicht, um ein
optimales Ergebnis zu erreichen.

Mit unserem Trainingsprogramm können Sie sich Schritt für Schritt in
die Prüfungsmethoden einarbeiten und sich mit den Materialien vertraut
machen. Danach wissen Sie Bescheid, was verlangt wird und wie diese
Prüfung abläuft. So können Sie dann sicherer und ruhiger in die Prüfung
gehen.

Zum Trainingsmaterial gehören vier Übungstests zu allen Prüfungsteilen
sowie zwei CDs zum Hörverstehen und mit Beispielen aus der Mündlichen
Prüfung. Diese Übungstests entsprechen im Sprachniveau, Aufbau und
Inhalt der Prüfung zum Goethe-Zertifikat C1.

Zu all diesen Prüfungsteilen bekommen Sie außerdem nützliche Hinweise
und Tipps für die Prüfungssituation. Ebenso hilfreich sind die Vorschläge zur
Zeitorganisation und zur Überwindung von möglichen Blockaden beim
Schreiben oder Sprechen.

Wir wünschen Ihnen nun viel Erfolg sowohl bei der Vorbereitung Ihrer
Prüfung als auch bei der Prüfung selbst.

Ihre Autoren

Inhalt

Inhalt

Hinweise zum Training

▶ **Wie ist das Trainingsprogramm für jeden Prüfungsteil aufgebaut?**

–   Erstes Training mit Übungstest 1
–   Zweites Training mit Übungstest 2
–   Training mit den Übungstests 3 und 4

Im ersten Training können Sie bei jedem Prüfungsteil in drei Schritten arbeiten:

Übersicht	Zur schnellen und genauen Information finden Sie zu Anfang jedes Prüfungsteils eine Beschreibung der Anforderungen, der Prüfungsmethoden und des Inhalts.
Übungstest 1	Zum Ansehen, zur ersten Orientierung und zum Üben
Erstes Training	Einführung in den Prüfungsteil als systematisches Training, Schritt für Schritt, mit genauen Informationen, praktischen Beispielen, Übungen, Hinweisen und Tipps

Das zweite Training besteht aus folgenden Teilen:

Zweites Training	Informationen und spezielle Trainingsteile zur Durchführung des Prüfungsteils, Lösung der Aufgaben, Zeit- und Arbeitsorganisation, Überwindung von Schreib- und Sprechblockaden (beim Schriftlichen und Mündlichen Ausdruck), Bewertung
Übungstest 2	Bearbeitung aller Prüfungsteile unter Prüfungsbedingungen

Der dritte Teil des Trainings bietet Ihnen zur weiteren Vorbereitung auf die Prüfung **Übungstest 3** und **Übungstest 4** (mit allen Prüfungsteilen, wie in der realen Prüfung).

Die Hörtexte zum Prüfungsteil Hörverstehen finden Sie **auf den beiden im Buch eingelegten CDs**. Die dazu gehörigen Transkriptionen zum Übungstest 1 sind für das Training damit direkt im Buch (➡ Seite 49–50, 62–63) abgedruckt. Zu den Übungstests 2–4 finden Sie die Transkription im eingelegten Heft. Zur Mündlichen Prüfung finden Sie zwei **Prüfungsbeispiele** auf der zweiten CD.

▶ **Wie können Sie mit dem Trainingsprogramm arbeiten?**

Wir empfehlen, sich zunächst anhand des ersten und zweiten Trainings mit jedem Prüfungsteil vertraut zu machen und ihn mit genügend Zeit zum Überlegen durchzuarbeiten.

Erst danach sollte das Üben mit Übungstest 3 und 4 folgen, und zwar unter den festgelegten Prüfungsbedingungen. Den Übungstest 4 können Sie sich auch für eine „Generalprobe" – kurze Zeit vor der eigentlichen Prüfung – reservieren.

Jedes Training zu einem Prüfungsteil ist in sich abgeschlossen.
Dadurch können Sie entweder nach der Reihenfolge im Buch arbeiten oder Sie wählen zunächst die Prüfungsteile aus, die Ihnen wichtiger oder weniger vertraut sind, zum Beispiel zuerst Hörverstehen 1, dann Schriftlicher Ausdruck 1, dann Leseverstehen 2 usw.

Kommentare in Sprechblasen:
Das Training wird kommentiert von Prüfungsteilnehmern/Teilnehmerinnen aus verschiedenen Ländern, die von ihren Erfahrungen berichten und persönliche Tipps geben.

Prüfungstraining | Goethe-Zertifikat C1 | © 2008 Cornelsen Verlag Berlin. Alle Rechte vorbehalten.

Die Prüfungsteile des Goethe-Zertifikats C1

Die Zentrale Mittelstufenprüfung zum Goethe-Zertifikat C1 hat das Niveau C1 des Gemeinsamen Europäischen Referenzrahmens.

In der Prüfung werden in vier verschiedenen Prüfungsteilen gleichberechtigt die vier Fertigkeiten Lesen, Hören, Schreiben, Sprechen überprüft. Zu jeder Fertigkeit werden unterschiedliche Aufgaben gestellt. Ebenso unterschiedlich sind die Prüfungszeiten und die erreichbaren Ergebnisse nach Punkten:

Leseverstehen (LV) 25 Punkte 70 Minuten	**LV 1** Lesetext und dazu Lückentext mit 10 Aufgaben	**Hörverstehen (HV)** 25 Punkte 40 Minuten	**HV 1** Alltagsgespräch am Telefon mit 10 Aufgaben zur Ergänzung
	LV 2 4 Texte mit 5 Aufgaben zur Zuordnung		**HV 2** Radio-Interview mit 10 Multiple-Choice-Aufgaben
	LV 3 Lückentext mit 10 Multiple-Choice-Aufgaben		
Schriftlicher Ausdruck (SA) 25 Punkte 80 Minuten	**SA 1** Schriftliche Arbeit zu einer Statistik (ca. 200 Wörter)	**Mündlicher Ausdruck (MA)** 25 Punkte 15 oder 10 Minuten	**MA 1** (Paar- oder Einzel-prüfung) Vortrag zum Thema einer kurzen Textvorlage 3 – 4 Minuten
	SA 2 Lückentext mit 10 Aufgaben		**MA 2** (Paar- oder Einzel-prüfung) Gespräch zur Entscheidung über ein Angebot 7 – 8 Minuten

Leseverstehen

Der Prüfungsteil Leseverstehen (LV) zum Goethe-Zertifikat C1 besteht aus drei Teilen mit jeweils 10 erreichbaren Punkten für das LV 1 und das LV 2 und 5 Punkten für das LV 3. Sie haben 70 Minuten Zeit für die Bearbeitung, wobei Sie die Reihenfolge der Prüfungsteile nicht einhalten müssen.

Leseverstehen			Hörverstehen		Schriftlicher Ausdruck		Mündlicher Ausdruck	
LV 1	LV 2	LV 3	HV 1	HV 2	SA 1	SA 2	MA 1	MA 2

Der Prüfungsteil Leseverstehen hat drei Teile, die sich stark voneinander unterscheiden:
- unterschiedliche Texte und Textsorten,
- unterschiedliche Aufgabentypen und Fragestellungen,
- unterschiedliche Bearbeitungszeiten,
- unterschiedliche Punktevergabe.

Es ist also wichtig, sich auf jeden dieser drei Teile des LV speziell vorzubereiten, da Sie in der Prüfung jeden Teil anders bearbeiten müssen.

Der Prüfungsteil Leseverstehen besteht aus diesen drei Teilen:

Leseverstehen 1 Lückentext mit Aufgaben 1–10	Leseverstehen 1 *Lesetext*
➡ 10 Punkte	⏱ 25 Minuten

Lesetext: Authentischer Sachtext aus Zeitung oder Zeitschrift
Lückentext: Zusammenfassung des Lesetextes

Leseverstehen 2 Aufgaben 11–20 zu Themenschwerpunkten *Kurztext A*	Leseverstehen 2 *Kurztexte B–D*
➡ 10 Punkte	⏱ 30 Minuten

Kurztexte über vier Personen zu bestimmten Themenschwerpunkten

Leseverstehen 3 Lückentext Aufgaben 21–30
➡ 10 x 0,5 Punkte = 5 Punkte ⏱ 15 Minuten

Kurzer Sachtext als Lückentext

Erstes Training Leseverstehen 1

In diesem Trainingsteil erfahren Sie, was Sie über das Leseverstehen 1 (LV 1) wissen müssen. Dazu bekommen Sie einen Übungstest mit wichtigen Erläuterungen und Hilfestellungen zu den einzelnen Bestandteilen. So können Sie sich Schritt für Schritt die notwendigen Strategien erarbeiten, um ein möglichst gutes Ergebnis in diesem Prüfungsteil zu erreichen.

▶ **Wie ist das LV 1 aufgebaut?**

Das LV 1 besteht aus vier Teilen:

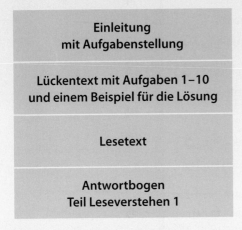

Einleitung
mit Aufgabenstellung

Lückentext mit Aufgaben 1–10
und einem Beispiel für die Lösung

Lesetext

Antwortbogen
Teil Leseverstehen 1

> *Das ist sehr klar und übersichtlich – wie eine Gebrauchsanweisung für einen Schrank, den man selbst zusammenbaut.*
>
> Ingela C., Göteborg

Zu jedem dieser Teile bekommen Sie ein gesondertes Training.

▶ **Was müssen Sie im LV 1 tun?**

Hier sollen Sie in einem Lückentext zehn fehlende Angaben ergänzen. Die inhaltliche Vorgabe dazu ist ein längerer Lesetext.

▶ **Wie viel Zeit haben Sie für das LV 1?**

Sie haben 25 Minuten Zeit.

▶ **Wie viele Punkte können Sie für das LV 1 bekommen?**

LV 1	LV 2	LV 3	LV gesamt
10 Punkte	10 Punkte	5 Punkte	**25 Punkte**

▶ **Wo und wie notieren Sie Ihre Ergebnisse?**

Wenn Sie mit dem LV 1 fertig sind, übertragen Sie Ihre Lösungen in den entsprechenden Teil des Antwortbogens (➡ Erläuterungen, Seite 126; Kopiervorlagen im Einleger, Seite 13).

> Sehen Sie sich den kompletten Übungstest zum LV 1 an.
> Lesen Sie die Texte mit den Aufgaben kurz durch.
> Danach können Sie mit dem Training beginnen.

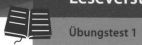
Leseverstehen 1 (25 Minuten)

Ergänzen Sie bitte im folgenden Text die fehlenden Informationen.
Lesen Sie dazu den Text auf der Seite gegenüber.
Schreiben Sie Ihre Lösungen zunächst auf dieses Blatt und
tragen Sie dann Ihre Ergebnisse in den **Antwortbogen** (Nr. 1–10) ein.

Die studentische Radiostation in Hamburg moderiert ihre ...0... in
engen Kellerräumen. Die Themen drehen sich hauptsächlich um **1**
des Studentenlebens. Für ihren Job beim Radio bekommen die
Studenten ..**2**.., trotzdem arbeiten sie mit viel Engagement.

Die Situation in Münster ist besser: Dieser Sender wird von festen ..**3**..
der Studenten unterstützt. Hier werden deshalb die studentischen
Nachrichten mit modernster ...**4**... gesendet.

Die Studentensender in Hamburg und Münster stellen zwei ganz ..**5**..
Typen dar. Die einen müssen stark improvisieren, die anderen können
fast mit den professionellen Sendern konkurrieren.

Ein besonderes Rundfunkgesetz in Nordrhein-Westfalen hat ..**6**.. an
die Studentensender vergeben und so gute Bedingungen für deren
Existenz geschaffen. Sowohl mit ihren Wortbeiträgen als auch der
...**7**... ihrer Musik heben sie sich deutlich von den Programmen
anderer Sender ab. Die Unisender wollen für die öffentlichen und
privaten Sender eine ernstzunehmende ..**8**.. darstellen.

Sie können auch in ihren Wortbeiträgen viel Neues ...**9**.., da sie
unabhängig sind.

Deshalb sind sie für ..**10**.. geeignet, zum Beispiel im Studiengang
„Musikjournalismus und Multimedia".

0	_Sendung(en)_
1	....
2	....
3	....
4	....
5	....
6	....
7	....
8	....
9	....
10	....

Amateure im Äther

Dutzende studentische Radiosender tummeln sich auf den Frequenzen

Das kleine Hamburger Kellerstudio wirkt beengt und veraltet. In dem Raum werden die studentischen Radiomacher in weiß-bläuliches Neonlicht getaucht. Die rote Lampe leuchtet auf, die Sendung beginnt: „Hallo und herzlich willkommen zu ‚Universal' – dem Campus-journal. Unsere Themen heute: Die neu gewählte Studentenvertretung, wie immer die aktuellen Studentenprobleme und dazu der Boykott der Studiengebühren."

Eine Kollegin nutzt die folgende Musikpause, um den Studiogast auf ein Interview vorzu-bereiten. Die Arbeit der jungen Radioredakteure wirkt professionell und hat gleichzeitig den Charme einer improvisierten Sendung. Der Preis für diese Freiheit ist jedoch hoch: Produziert wird ohne jegliches Budget. Woche für Woche arbeiten die Studenten ehrenamtlich und unentgeltlich an Berichten oder Nachrichten. Das verlangt viel Enthusiasmus.

Ganz anders ist die Situation bei Radio Q in Münster, Nordrhein-Westfalen. Der Sender dort ist eine feste Institution im Studentenalltag. „Welche Vorlesungen fallen heute aus?" „Was gibt es in der Mensa?" Radio Q weiß Bescheid. Mit einem Beitrag von 20 Cent pro Semester finanziert jeder Student das Programm mit.

Vor einem PC sitzt Praktikant Oliver Baume und schreibt noch schnell die Nachrichten zusammen. Die Sendung wird hier in dem technisch modernen, komplett digital gesteuerten Studio I produziert. Eine rote Lampe verbietet den Eintritt, denn der Germanistikstudent Stephan Lütke moderiert schon die ersten Minuten.

Die beiden Studentensender in Hamburg und Münster repräsentieren Medienlandschaften, die extrem unterschiedlich sind. Während einige Sender mit viel Improvisation und wenig Unterstützung eine Sendung „zusammenschustern" müssen, können andere Hochschulradios sogar mit manchen privaten oder öffentlichen Kanälen mithalten.

Insbesondere in Nordrhein-Westfalen wurde mit dem Rundfunkgesetz von 1995 ein wahres Eldorado für die Hochschulsender geschaffen. Durch die vereinfachte Vergabe von 24-Stunden-Lizenzen an Campusradios herrschen hier optimale Bedingungen. Mittlerweile sind die Sender durch ihre extravagante Musik auch bei der Plattenindustrie als Trendsetter bekannt. So konkurrieren diese ehrgeizigen Campussender mit den privaten und öffentlichen Sendern und wollen eine „dritte Kraft" im Lande werden.

Die Unabhängigkeit von Programmvorgaben bietet den Äther-Amateuren Raum zum Aus-probieren. Nicht nur in der Musikauswahl sind sie autark, auch in den Wortbeiträgen bleibt viel Platz für Experimente: Radio-Soaps über das Studentenleben, Satire-Sendungen über Hochschulpolitik, provokante Interviews – die studentischen Radiomacher produzieren, was ihnen in den Sinn kommt.

Das alles macht die Hochschulradios als Ausbildungsplatz oder für ein Praktikum so beliebt. Im Südwesten der Bundesrepublik nutzt das Sprechen ins Mikro sogar dem Studium: Die Hochschule für Musik in Karlsruhe hat das „Lernradio" zum eigenen Studiengang erhoben, mit einem Bachelor- und Master-Abschluss in „Musikjournalismus und Multimedia".

Aus: UniSpiegel, 4/2007, Seite 30–31

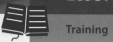

Training

In diesem Training lernen Sie die einzelnen Bestandteile des Leseverstehens 1 kennen und können sich Schritt für Schritt in die Aufgabenstellung und in die Lösungswege einarbeiten.

Das Training zum LV 1 besteht aus folgenden Teilen:

> **Einleitung**
> **mit Aufgabenstellung**
>
> **Lesetext**
>
> **Lückentext**
> **mit Aufgaben 1–10**
>
> **Leseverstehen 1 lösen**

Einleitung mit Aufgabenstellung

▶ **Warum sollten Sie die Aufgabenstellung genau kennen?**

Wenn Sie erst in der Prüfung überlegen, was Sie genau tun sollen, verlieren Sie unnötig Zeit. Deshalb sollten Sie die Aufgabenstellung bereits kennen und nur für eine kurze Überprüfung lesen.

In der Aufgabenstellung bekommen Sie vier Aufträge:

1. Ergänzen Sie bitte im folgenden Text die fehlenden Informationen.

Dieser Lückentext ist der wichtigste Teil, denn nur mit ihm können Sie die Aufgaben lösen.

2. Lesen Sie dazu den Text auf der Seite gegenüber.

Dieser Lesetext ist die Grundlage für die Lösung des Lückentextes, denn er liefert Ihnen die dazu nötigen Informationen.
Wie lange und wie intensiv sollten Sie den Text lesen?
Dafür bekommen Sie ein besonderes Training (➡ Seite 13 – 14).

3. Schreiben Sie Ihre Lösungen zunächst auf dieses Blatt und …

Auf jeden Fall sollten Sie Ihre Lösungen zuerst auf dem Aufgabenblatt notieren.

4. … tragen Sie dann Ihre Ergebnisse in den **Antwortbogen** (Nr. 1–10) ein.

> Wie lesen Sie die Aufgabenstellung?   ➡ **Kurzer Check zur Überprüfung!**

   Prüfungstraining | Goethe-Zertifikat C1 | © 2008 Cornelsen Verlag Berlin. Alle Rechte vorbehalten.

Lesetext

Sie haben zwei verschiedene Texte vorliegen:
– Lückentext mit Aufgaben 1–10 (➡ Seite 10)
– Lesetext (➡ Seite 11)

Obwohl der Lückentext mit den Aufgaben an erster Stelle steht, lesen Sie zuerst den Lesetext und lösen dann die Aufgaben.

▶ Was steht im Lesetext?

Der Lesetext ist ein authentischer Sachtext, ein Zeitungs- oder Zeitschriftenartikel, oder er besteht aus Passagen aus einem Sachbuch. In dem Text wird ein bestimmtes Thema abgehandelt.
Der Text beginnt mit einer Überschrift. Danach ist er in Abschnitte gegliedert, in denen verschiedene Aspekte des Themas behandelt werden.
Die Länge des Textes liegt bei ca. 400 Wörtern.

▶ Wie lesen Sie den Text?

Im Alltag liest man einen Text für die Arbeit oder aus Interesse. Oft liest man ihn ganz durch – Wort für Wort – und nimmt sich dabei noch Zeit zum Nachdenken. Manchmal liest man ihn nur teilweise und hört auf, weil er nicht wichtig oder interessant genug ist.

In der Prüfung sind andere Lesetechniken erforderlich.
– Die Lesetechnik wird von der knappen Zeit bestimmt.
– Die Aufgaben bestimmen, worauf Sie sich im Lesetext konzentrieren sollen.

Sie lesen den Text am besten in zwei Phasen:
– **erstes Lesen** im Überblick, zur Orientierung,
– **zweites Lesen** zusammen mit den Aufgaben, um die Lösung zu finden.

Erstes Lesen

Da Sie nur sehr wenig Zeit für das Lesen des Textes haben, brauchen Sie besondere Techniken. Diese können Sie hier in zwei Trainingsschritten trainieren.

Schritt 1   Sehen Sie sich den Text an: Welcher Titel und welcher Untertitel steht am Anfang?

Übung   Welche Worte signalisieren das Thema des Textes? Markieren Sie diese.

Haben Sie von diesem Thema schon etwas gehört oder gelesen?
Haben Sie schon eine Idee, worum es vielleicht im Text gehen könnte?

Schritt 2   Überfliegen Sie kurz jeden Abschnitt des Textes:
Welche wichtigen Informationen fallen Ihnen dabei auf?

Während dieses schnellen Lesens kann es nützlich sein, interessante Textstellen zu unterstreichen oder zu markieren.

Beispiel:

> Das kleine Hamburger Kellerstudio wirkt beengt und veraltet. In dem Raum werden die <u>studentischen Radiomacher</u> in weiß-bläuliches Neonlicht getaucht. Die rote Lampe leuchtet auf, die <u>Sendung</u> beginnt: „Hallo und herzlich willkommen zu ‚Universal' – dem Campus-journal. Unsere <u>Themen</u> heute: Die neu gewählte Studentenvertretung, wie immer die aktuellen Studentenprobleme und dazu der Boykott der Studiengebühren."

Übung Unterstreichen oder markieren Sie zwei bis drei wichtige Wörter in jedem Abschnitt.

Wahrscheinlich wissen Sie jetzt, worum es im Lesetext geht.
Genaueres brauchen Sie noch nicht.

TIPP *Wenn Sie ein Wort oder mehrere Wörter nicht verstehen, dann überlegen Sie nicht lange! Schauen Sie nach anderen Wörtern im Text, die Ihnen helfen.*

> *Schon beim Titel habe ich leider zu lange nachgedacht: Was ist „Äther"? Und was heißt „tummeln"? Dann habe ich weitergelesen und natürlich sofort verstanden, was diese Wörter bedeuten. Also ein guter Tipp: Erst mal alles lesen, dann lösen sich die meisten Fragen von selbst!*

Khan S., Bangalore

Wie lesen Sie den Text beim ersten Mal?	➡ **Nur im Überblick und möglichst schnell!**
Wie lange lesen Sie den Text beim ersten Mal?	➡ **Maximal fünf Minuten!**

Zweites Lesen

Erst wenn Sie die Aufgaben bearbeiten, lesen Sie den Lesetext genauer:
- Sie suchen die Textstelle, die inhaltlich zur jeweiligen Lückenaufgabe passt.
- Sie entnehmen dieser Textstelle die Information, die in der Lücke fehlt.

Lückentext mit Aufgaben 1–10

▸ Was steht im Lückentext?

Der Lückentext ist eine inhaltliche Kurzfassung des Lesetextes. In dieser Fassung werden die wichtigsten Informationen mit anderen Worten wiedergegeben. Dieser Text hat ca. 150 Wörter. Im Text sind elf Lücken eingefügt; die erste ist das Beispiel, die anderen zehn sind die Aufgaben, die Sie bearbeiten müssen.

▸ Wie lesen Sie den Lückentext?

Sehen Sie sich den Text nur kurz an. Durchlesen müssen Sie ihn dann später, wenn Sie die Aufgaben bearbeiten. Nachdem Sie sich einen Überblick über die beiden Texte und die Thematik verschafft haben, beginnt der eigentliche Test.

Aufgaben 1–10

▸ Wie sind die Aufgaben konstruiert?

Die Aufgaben 1–10 sind im Lückentext integriert. Rechts daneben ist jeweils eine Schreiblinie für die Lösung vorgesehen.
In den Lücken fehlt meistens ein Wort, manchmal fehlen auch zwei bis drei Wörter.

Beispiele:

1   *Probleme*

2   *kein Geld*

10   *eine Ausbildung / ein Praktikum*

Gesucht werden meistens Substantive, außerdem auch Adjektive und Verben (konjugiert, als Partizip oder im Infinitiv).

Beispiele:

5   *unterschiedliche*

9   *probieren / ausprobieren*

Sie müssen also bei den Lücken mit allen Varianten rechnen.

▸ Wie sind die Aufgaben angeordnet?

Nicht jeder Satz des Lückentextes enthält eine Lücke. In einem Satz gibt es höchstens eine Lücke. Die Aufgaben in diesen Lücken sind chronologisch angeordnet, das heißt, sie entsprechen in ihrer Reihenfolge dem Ablauf des Lesetextes.
In der Prüfung müssen Sie das Beispiel 0 zu dem Test nicht mehr durchlesen, denn Sie sind durch dieses Training genügend vorbereitet!

Leseverstehen 1 lösen

Das LV 1 ist ein Prüfungsteil, der komplexe Anforderungen an Sie stellt:

1. Verstehen, was im Satz des Lückentextes fehlt,
2. Inhalt des Lückensatzes mit der passenden Stelle des Lesetextes vergleichen,
3. fehlenden Inhalt der Lücke im Lesetext finden,
4. mögliche Ergänzung überprüfen,
5. Lücken inhaltlich korrekt füllen,
6. Korrektheit der Lösung überprüfen.

Ziel des LV 1 ist

–   das richtige Lösungswort zu finden,
–   das Lösungswort möglichst korrekt zu notieren.

Bei der Korrektur steht zwar die inhaltlich richtige Lösung im Vordergrund, aber das Lösungswort sollte auch sprachlich korrekt sein, um das Verständnis nicht zu stören.

▶ Wie finden Sie die richtige Lösung?

Bei diesem Leseverstehen ist es besonders wichtig, den genauen Ablauf der Arbeitsschritte zu trainieren. Wenn Sie diesen Ablauf und die Lösungstechniken beherrschen, haben Sie in der Prüfung mehr Zeit, sich auf den Inhalt von Aufgaben und Text zu konzentrieren.

Zum Finden der Lösungen arbeiten Sie am besten nach folgenden Schritten:

Schritt 1   Gehen Sie zum Satz mit der ersten Lücke.

Die Themen drehen sich hauptsächlich um ...**1**... des Studentenlebens.

Vielleicht können Sie hier schon erkennen, welche Wortart, zum Beispiel Substantiv oder Verb, gesucht wird. Hier zeigt das Verb mit Präposition „sich drehen um", dass in der Lücke nach „um" ein Substantiv folgen muss.

Schritt 2   Wo steht etwas dazu im Lesetext?

> Das kleine Hamburger Kellerstudio wirkt beengt und veraltet. In dem Raum werden die studentischen Radiomacher in weiß-bläuliches Neonlicht getaucht. Die rote Lampe leuchtet auf, die Sendung beginnt: „Hallo und herzlich willkommen zu ‚Universal' – dem Campus-journal. Unsere Themen heute: Die neu gewählte Studentenvertretung, wie immer die aktuellen Studentenprobleme und dazu der Boykott der Studiengebühren."

Schritt 3   Was steht im Lesetext zur fehlenden Lücke?
Sie finden dazu im obigen Abschnitt das Stichwort „Themen". In diesem Umfeld suchen Sie nach dem Lösungswort:

> „[...] Unsere Themen heute: Die neu gewählte Studentenvertretung, wie immer die aktuellen Studentenprobleme und dazu der Boykott der Studiengebühren."

TIPP *Wenn Sie zu einer Lücke keine passende Textstelle finden können, machen Sie mit der nächsten Lücke weiter. Am Ende kommen Sie dann auf die noch nicht gelöste Aufgabe zurück.*

Schritt 4 Vergleichen Sie das gefundene Beispiel mit dem Satz aus dem Lückentext. Welcher Ausdruck passt inhaltlich und grammatisch in die Lücke? Inhaltlich wird eine Information gesucht, die zu Studentenleben passt. Formal signalisiert der Genitiv „des Studentenlebens", der hinter der Lücke folgt, dass es sich um ein Substantiv handeln muss.

Die Themen drehen sich hauptsächlich um   *die neu gewählte Studentenvertretung*
Studentenprobleme
der Boykott der Studiengebühren

des Studentenlebens.

Ergebnis:
- „Die neu gewählte Studentenvertretung" ist nur eins von drei Themen und passt daher nicht,
- „Studentenprobleme" ist ein allgemeiner Begriff und eine Pluralform, die zum Plural der Aufgabenstellung „Themen" passt,
- „der Boykott der Studiengebühren" ist wiederum zu speziell und passt nicht zu „hauptsächlich".

Wenn der gefundene Ausdruck passt, gehen Sie weiter zu Schritt fünf.
Wenn der Ausdruck inhaltlich nicht passt, gehen Sie zurück zum Lesetext und suchen nach einem anderen Ausdruck. Wenn er inhaltlich passt, müssen Sie ihn eventuell noch umformen. Zum Beispiel ergänzen Sie statt „Studentenprobleme" nur „Probleme", um eine unnötige Dopplung von „Studenten" zu vermeiden. Sie können auch ein Synonym oder einen anderen Ausdruck verwenden, wenn dieser inhaltlich und grammatisch passt.

Schritt 5 Sie notieren den gefundenen Ausdruck aus dem Lesetext in die entsprechende Aufgabenzeile. Überprüfen Sie hier noch einmal, ob die Wortart stimmt.

Schritt 6 Überprüfen Sie, ob die notierte Lösung grammatisch und orthografisch richtig ist.

Und der siebte Schritt wäre, dass dieser Textvergleich danach automatisch läuft, mit einem guten Ergebnis natürlich.

Vaclav K., Bratislava

Übung Arbeiten Sie jetzt das Leseverstehen 1 nach diesen Schritten durch und überprüfen Sie die Lösungen (➡ Einleger, Seite 2).

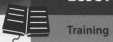

Arbeitsschritte

Arbeiten Sie in der Prüfung entsprechend dem Training nach folgenden Schritten:

Schritt 1	Lesen Sie den Lesetext kurz durch.
Schritt 2	Sehen Sie sich den Lückentext und die Aufgaben an.
Schritt 3	Lesen Sie den jeweiligen Satz mit seiner Lücke Wort für Wort bis zum Ende.
Schritt 4	Vergleichen Sie diese Information mit der entsprechenden Stelle im Lesetext.
Schritt 5	Entscheiden Sie sich für einen passenden Ausdruck für die Lücke.
Schritt 6	Notieren Sie Ihre Lösung in die Aufgabenzeile.
Schritt 7	Überprüfen Sie, ob diese Lösung inhaltlich und auch grammatisch und orthografisch richtig ist.
Schritt 8	Übertragen Sie Ihre Lösungen in den Antwortbogen.

In der Prüfung übertragen Sie die Ergebnisse in den Antwortbogen. In dieser Trainingsphase können Sie einfach in den Text schreiben.
Wie Sie mit dem Antwortbogen arbeiten, erfahren Sie auf Seite 126.

▶ Wie werden Ihre Lösungen bewertet?

Im LV 1 bekommen Sie für jede richtige Lösung einen Punkt, also insgesamt zehn Punkte. Halbe Punkte werden nicht vergeben.

Erstes Training Leseverstehen 2

In diesem Trainingsteil erfahren Sie, was Sie über das Leseverstehen 2 (LV 2) wissen müssen. Dazu bekommen Sie einen Übungstest mit wichtigen Erläuterungen und Hilfestellungen zu den einzelnen Bestandteilen. So können Sie sich Schritt für Schritt die notwendigen Strategien erarbeiten, um ein möglichst gutes Ergebnis in diesem Prüfungsteil zu erreichen.

▶ **Wie ist das LV 2 aufgebaut?**

Das LV 2 besteht aus fünf Teilen:

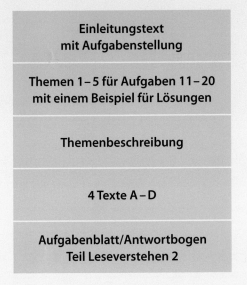

| Einleitungstext mit Aufgabenstellung |
| Themen 1–5 für Aufgaben 11–20 mit einem Beispiel für Lösungen |
| Themenbeschreibung |
| 4 Texte A – D |
| Aufgabenblatt/Antwortbogen Teil Leseverstehen 2 |

Vielleicht geht's euch wie mir: Zuerst fand ich diese Dreieckssache Themen – Texte – Aufgaben sehr verwirrend. Aber dann habe ich das beim Training Schritt für Schritt durchgemacht. Jetzt ist es klar!

Mirko M., Zagreb

▶ **Was müssen Sie im LV 2 tun?**

Sie sollen in den Texten Äußerungen zu vorgegebenen Themen finden.

▶ **Wie viel Zeit haben Sie für das LV 2?**

Sie haben 30 Minuten Zeit.

▶ **Wie viele Punkte können Sie für das LV 2 bekommen?**

LV 1	LV 2	LV 3	**LV gesamt**
10 Punkte	10 Punkte	5 Punkte	**25 Punkte**

▶ **Wo und wie notieren Sie Ihre Ergebnisse?**

Im LV 2 ist der Antwortbogen gleichzeitig das Aufgabenblatt. Hier tragen Sie Ihre Lösung direkt ein. (➡ Erläuterungen, Seite 126; Kopiervorlage Seite 127 und im Einleger, Seite 13).

> Sehen Sie sich den kompletten Übungstest zum LV 2 an.
> Lesen Sie die Aufgaben und die Texte kurz durch.
> Danach können Sie mit dem Training beginnen.

Leseverstehen 2 (30 Minuten)

Lesen Sie bitte die vier Texte. In welchen Texten (A – D) gibt es Aussagen
zu den Themenschwerpunkten (1 – 5)?

1 Begonnene Berufsausbildung

2 Änderung der Ausbildung

3 Überprüfung der beruflichen Eignung

4 Berufschancen auf dem Arbeitsmarkt

5 Wunschvorstellungen in der Kindheit

Bei jedem Themenschwerpunkt sind ein, zwei oder drei Stichpunkte möglich,
insgesamt aber nicht mehr als **zehn** (Aufgaben 11 – 20).
Schreiben Sie Ihre Antwort direkt in den **Antwortbogen**.
Beachten Sie bitte das Beispiel:

Beispiel:

	0 Spätere Verdienstmöglichkeiten
☒	*man verdient ziemlich gut*
B	—
☒	*ein gutes Gehalt*
D	—

Was machen junge Leute nach dem Abitur?
Vier Freunde aus einer Stadt werden zu ihren Neigungen und Berufszielen befragt. Sind ihre Wünsche
realisierbar? Wie viel Einsatz muss der Einzelne zeigen, um das eigene Ziel zu erreichen?

A

Tobias
Ich habe endlich meinen Platz gefunden! Im Oktober dieses Jahres habe ich mit
meiner Ausbildung zum Dolmetscher angefangen.
In der Schule war ich in allen Fächern gleich gut, kein Fach hat mich da besonders
begeistert. Nach dem Abitur habe ich zunächst überlegt, Sport zu studieren. Das
konnte ich ganz gut. Ich habe mich dann allerdings für Chemie entschieden. Doch
schon nach dem ersten Semester war mir klar: Das Studium ist absolut nichts für
mich! Ich war nur mit Lernen beschäftigt und hatte überhaupt keine Zeit mehr für
Freunde, Freizeit und Familie. Und das wäre in den folgenden Semestern nur noch
schlimmer geworden. Also habe ich kurzerhand das Studium „geschmissen" und
lange überlegt, was ich alternativ tun könnte.
Irgendwann bin ich auf das Dolmetscherinstitut in München gestoßen. Den
Sprachtest habe ich sofort bestanden und mich gleich erfolgreich für die Ausbildung
als Dolmetscher für Englisch und Französisch beworben – mit dem Schwerpunkt
Technik, weil ich damit später am Patentamt arbeiten möchte. Als Übersetzer von
Beispiel ➡ Patenten **verdient man nämlich ziemlich gut**. Das sind doch gute Aussichten!

B

Rebecca

Ich weiß schon seit ungefähr fünf Jahren, dass ich zum Film will ... allerdings nicht als Schau-spielerin vor, sondern hinter die Kamera, als Kamerafrau. Nach dem Abitur habe ich deshalb zwölf Monate lang ein Praktikum bei „MediaArt" gemacht. Das ist eine bekannte Firma, die Kameras herstellt. Das war super dort und gut für das Verstehen der Technik. Letztes Jahr habe ich mich dann an einer Hochschule für Film und Fernsehen beworben. Dafür musste ich selbstständig einen Kurzfilm zu einem bestimmten Thema drehen: „Zurück ins Leben" war der Titel. Ich war sehr zufrieden mit meinem Produkt. Leider bin ich nicht angenommen worden. Den Grund habe ich nicht erfahren, schade. So hätte man wenigstens aus Fehlern lernen können.

Schon als Kind haben mich Bilder fasziniert und ich wollte deshalb Fotografin werden. Heute finde ich es spannender, bewegte Bilder aufzunehmen. Um noch mehr Erfahrung zu sammeln, möchte ich demnächst ein Praktikum am Filmset machen.

Ab Oktober möchte ich aber erstmal Theaterwissenschaften studieren – zumindest so lange, bis ich von einer anderen Filmhochschule angenommen werde. Denn ich gebe nicht auf: Nächstes Jahr bewerbe ich mich an den Hochschulen in Ludwigsburg, Hamburg oder Berlin. Irgendwann wird das schon klappen – da bin ich ganz sicher!

C

Ludwig

Ich nehme gerade an einem Testverfahren für die Pilotenausbildung bei der Lufthansa teil. Das war für mich schon immer klar, denn ich wollte schon als kleiner Junge fliegen.

Die erste Hürde, die Grunduntersuchung, habe ich gerade hinter mich gebracht. Ich wurde auf meine akustische und optische Merkfähigkeit getestet, außerdem wurden meine Kenntnisse in Physik, Englisch und auch das schnelle Kopfrechnen überprüft. Ganz schön anstrengend! Als nächstes kommt der Firmenqualifikationstest, da muss ich in Gruppenspielen soziale Kompetenz und psychische Belastbarkeit zeigen.

Wenn ich den Test bestehe, ist der Weg zu meinem Traumjob klar vorgegeben: In zwei Jahren bin

Beispiel ➡ ich Copilot, ein paar Jahre später Kapitän **mit einem guten Gehalt**. Die Ausbildung ist, was den Lernaufwand angeht, mindestens so hart wie ein Medizin- oder Jurastudium. Für den Pilotentest hat man leider aber nur einen Versuch. Falls ich „durchfliege", also nicht zugelassen werde, studiere ich Luft- und Raumfahrttechnik. Das ist noch nahe genug dran an der Fliegerei.

D

Anne

Ich bin sicher: In zehn Jahren werde ich im Ausland arbeiten. Zum Beispiel in einem Entwick-lungshilfe-Projekt in Afrika.

In der Schule hatte ich Erdkunde als Leistungskurs – da haben mich vor allem die Länder der so-genannten Dritten Welt sehr interessiert. Schon als Kind wollte ich gern nach Afrika!

Deshalb studiere ich seit einem Jahr auch das Fach „Geographische Entwicklungsforschung Afrikas". Diesen Studiengang gibt es momentan nur an der Universität Bayreuth. In diesem Fach-bereich lernt man durch die vielen Exkursionen schnell andere Studenten kennen, sodass man sich an dem neuen Ort bald heimisch fühlt.

Weil das Fach so speziell ist, sind die Berufsmöglichkeiten nach dem Abschluss natürlich sehr begrenzt. Deshalb habe ich mich jetzt noch zusätzlich für den Studiengang Geografie beworben. Da bin ich dann später nicht ganz so festgelegt, kann mir aber trotzdem einen Job in der Entwick-lungszusammenarbeit suchen, denn dieses Arbeitsgebiet ist mir wichtig. Und je nachdem, wo ich dann einen Studienplatz bekomme, wechsle ich die Uni – da bin ich ganz flexibel.

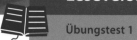

Antwortbogen Leseverstehen 2

Aufgaben 11–20

Text Themen

1 Begonnene Berufsausbildung

A

B

C

D

2 Änderung der Ausbildung

A

B

C

D

3 Überprüfung der beruflichen Eignung

A

B

C

D

4 Berufschancen auf dem Arbeitsmarkt

A

B

C

D

5 Wunschvorstellungen in der Kindheit

A

B

C

D

Punkte: . . . . (von max. 10)

Training

In diesem Training lernen Sie die einzelnen Bestandteile des Leseverstehens 2 kennen und können sich Schritt für Schritt in die Aufgabenstellung und in die Lösungswege einarbeiten.

Das Training zum LV 2 besteht aus folgenden Teilen:

Einleitung mit Aufgabenstellung
Themen 1–5 für Aufgaben 11–20
Themenbeschreibung
Texte A–D
Leseverstehen 2 lösen

Einleitung mit Aufgabenstellung

▸ **Was steht in der Einleitung?**

Die Einleitung zum LV 2 ist recht umfangreich und besteht aus verschiedenen Teilen, mit denen Sie sich vertraut machen müssen. In der Prüfung verlieren Sie sonst unnötig Zeit, wenn Sie sich erst dann mit dieser Struktur befassen.

Die Einleitung hat folgende Teile:

1. Lesen Sie bitte die vier Texte. In welchen Texten (A–D) gibt es Aussagen zu den Themenschwerpunkten (1–5)?

Sie erfahren, welche Unterlagen – vier Texte und eine Themenliste – Sie bekommen und was das Ziel der Aufgaben ist.

2. Bei jedem Themenschwerpunkt sind ein, zwei oder drei Stichpunkte möglich, insgesamt aber nicht mehr als **zehn**.

Sie sollen die Aussagen, die Sie in den Texten zu den einzelnen Themen finden, in Stichworten, nicht in ganzen Sätzen, notieren. Sie sollen insgesamt zehn passende Aussagen finden.

3. Schreiben Sie Ihre Antwort direkt in den **Antwortbogen**.

Im LV 2 ist der Antwortbogen (➡ Seite 22) gleichzeitig das Aufgabenblatt. Sie müssen also am Ende des Leseverstehens keine Lösungen übertragen!

Beachten Sie: Diese Teile der Einleitung sind bei allen LV 2 gleich. Die folgenden Teile ändern sich bei jedem Prüfungstest.

Themen 1– 5 für Aufgaben 11– 20

In die Einleitung integriert ist die Liste mit den Themen 1– 5:

1 Begonnene Berufsausbildung

2 Änderung der Ausbildung

3 Überprüfung der beruflichen Eignung

4 Berufschancen auf dem Arbeitsmarkt

5 Wunschvorstellungen in der Kindheit

Diese Themen stehen auf dem Aufgabenblatt und auf dem Antwortbogen.

Sie müssen zu diesen fünf Themen insgesamt zehn Lösungen finden und auf dem Antwortbogen eintragen. Dies sind die Aufgaben 11– 20.

Ein Beispiel zeigt, wie eine Aufgabe konstruiert ist und wie die Lösung aussehen kann:

Beispiel:

	0 Spätere Verdienstmöglichkeiten
X	*man verdient ziemlich gut*
B	—
X	*ein gutes Gehalt*
D	—

Die Stellen in den Texten A und C, die sich auf das Thema im Beispiel beziehen, sind dort fett gedruckt. Mit dem Beispiel brauchen Sie sich in der Prüfung nicht mehr zu befassen, nachdem Sie sich hier auf das Leseverstehen 2 gut vorbereitet haben!

▶ Wie sind die Themen formuliert?

Die Themen für die Aufgaben haben nicht die Form von Aussage- oder Fragesätzen, sondern bestehen aus nominalen Stichworten. Folgende Typen von Formulierungen können dabei vorkommen:

A Zusammengesetzte Substantive: „Berufsausbildung" → Ausbildung für einen Beruf

B Verbindung von Substantiven mit Genitiv: „Überprüfung der beruflichen Eignung" → die berufliche Eignung wird/wurde überprüft oder muss überprüft werden

C Verbindung von Substantiven mit Präposition: „Berufschancen auf dem Arbeitsmarkt" → Berufschancen, die man auf dem Arbeitsmarkt hat

D Verbindung von Substantiv mit Partizip oder Adjektiv: „Begonnene Berufsausbildung" → Berufsausbildung, die schon begonnen wurde

Bei der Bearbeitung dieser Aufgaben ist zu beachten, dass alle Bestandteile wichtig sind, zum Beispiel bei Thema 1 nicht nur das Wort „Ausbildung", sondern speziell eine Berufsausbildung und zwar eine schon begonnene Berufsausbildung!

 Wenn Sie diese Substantivgruppen nicht sofort verstehen, sollten Sie diese Ausdrücke in normal gesprochene Sätze „übersetzen".

Themenbeschreibung

In dieser Beschreibung wird das Thema mit seinen verschiedenen Aspekten kurz vorgestellt. Vier Personen berichten über persönliche Erfahrungen und Standpunkte zu bestimmten Fragestellungen. In diesem Übungstest sind es Berichte über die Zeit nach dem Schulabschluss und über berufliche Interessen.

> Was machen junge Leute nach dem Abitur?
> Vier Freunde aus einer Stadt werden zu ihren Neigungen und Berufszielen befragt. Sind ihre Wünsche realisierbar? Wie viel Einsatz muss der Einzelne zeigen, um das eigene Ziel zu erreichen?

Damit Sie die Aufgaben schnell und effektiv lösen können, ist es wichtig, dass Sie diese Leitgedanken verstehen und präsent haben.

Stellen Sie sich die spezielle Situation konkret vor, also hier die Situation von Berufsanfängern. So ist es leichter, die Aufgaben und Texte zu verstehen und dann Thema und Textstelle einander zuzuordnen.

Wie lesen Sie die Themen?	➡ **Möglichst genau!**
Wie lesen Sie die Themenbeschreibung?	➡ **Möglichst genau!**
Wie lesen Sie die gesamte Einleitung?	➡ **Möglichst schnell – maximal 3 Minuten!**

Texte A – D

▶ Was steht in den Texten?

Aus der Themenbeschreibung wissen Sie schon, dass sich in den vier Texten jeweils eine Person zu bestimmten Fragestellungen äußert.

Beispiel:

A

Tobias
Ich habe endlich meinen Platz gefunden! Im Oktober dieses Jahres habe ich mit meiner Ausbildung zum Dolmetscher angefangen.
In der Schule war ich in allen [...]

▶ Welche Informationen in den Texten sind wichtig?

Was in den Texten wichtig ist, bestimmen die fünf Themen. Zu diesen Themen suchen Sie die entsprechenden Stellen im Text, alle anderen Informationen sind nebensächlich und können überlesen werden.

Da Sie in der Prüfung wenig Zeit haben, sollten Sie in jedem Text **diese Stellen möglichst schnell** finden. Dafür lesen Sie also den Text **nicht Wort für Wort**, sondern überfliegen ihn nur.

Ausgehend vom Thema suchen Sie also in den Texten die Stellen, die dazu etwas aussagen. Die Formulierung in der Aufgabe muss aber in den Texten nicht wortwörtlich vorkommen, vielmehr sind es in der Regel andere Formulierungen oder Ausführungen zu der Thematik.

Beispiele zum Thema 1: Begonnene Berufsausbildung

> **Tobias**
> Ich habe endlich meinen Platz gefunden! Im Oktober dieses Jahres <u>habe ich mit meiner Ausbildung zum Dolmetscher angefangen.</u> [...]

In Text A finden Sie eine Textstelle zum Thema 1 „Begonnene Berufsausbildung". Tobias macht seit Oktober eine Ausbildung am Dolmetscherinstitut.

> **Anne**
> Ich bin sicher: In zehn Jahren werde ich im Ausland arbeiten. [...]
> Deshalb <u>studiere</u> ich <u>seit einem Jahr</u> auch das Fach <u>„Geographische Entwicklungsforschung Afrikas".</u> [...]

Auch in Text D finden Sie eine Textstelle zum Thema „Begonnene Berufsausbildung": Anne studiert seit einem Jahr „Geographische Entwicklungsforschung Afrikas".

> **Ludwig**
> Ich nehme gerade an einem Testverfahren für die Pilotenausbildung bei der Lufthansa teil. [...]
> Wenn ich den Test bestehe, [...]
> Die Ausbildung ist, was den Lernaufwand angeht, mindestens so hart wie ein Medizin- oder Jurastudium. [...]

In Text C finden Sie zwar an zwei Textstellen das Wort „Ausbildung", aber an anderen Stellen wird klar, dass Ludwig diese Ausbildung noch nicht begonnen hat: „Ich nehme gerade an einem Testverfahren [...] teil"/„Wenn ich den Test bestehe, [...]". Text C behandelt das Thema 1 also nicht.

Beachten Sie: Gleiche Wörter in Themen und Texten weisen nicht automatisch auf die Lösung hin.

> **Übung**   Machen Sie jetzt diese Übung mit den anderen Themen.
> Unterstreichen oder markieren Sie die Textstellen, die etwas zu dem jeweiligen Thema aussagen.

> **TIPP**   *Auch bei den Texten dürfen Sie hineinschreiben, Wörter unterstreichen oder markieren!*

> **Was tun Sie, wenn Sie ein Wort oder einen Ausdruck nicht verstehen?**

Wenn Sie ein Wort oder mehrere Wörter nicht verstehen, dann überlegen Sie nicht lange! Schauen Sie nach anderen Wörtern im Text, die Ihnen zum Verständnis helfen.

Im Kurs haben wir gelernt, Texte von vorn bis hinten genau zu lesen und dann Fragen dazu zu beantworten. Diese Methode – in den Texten herumzuspringen – gefällt mir mehr. Das ist richtig sportlich und sehr effektiv!

Vaclav K., Bratislava

| Wie lesen Sie die Texte? | ➡ Überfliegend, mit Blick auf das Thema! |
| Wie lange lesen Sie die Texte? | ➡ Möglichst schnell – maximal 5 Minuten! |

Leseverstehen 2 lösen

> **Wie bearbeiten Sie die Aufgaben?**

Auf dem Antwortbogen sind die Themen 1–5 nochmals aufgelistet mit jeweils einer Schreibzeile für jeden Text. In diesen Zeilen sollen am Ende Ihre Lösungen stehen, aber jeweils nur dort, wo es eine Aussage zum Thema gibt.
Die Lösungen finden Sie durch Zuordnen der fünf Themen zu den vier Texten. Dazu suchen Sie für die Themen die passenden Textstellen und übertragen diese Informationen ins Aufgabenblatt.
Zu jedem Thema sollen normalerweise ein bis zwei Lösungen im Aufgabenblatt stehen. Die Verteilung der Themen auf die Texte ist dabei zufällig. Insgesamt sollen Sie zehn Lösungen notieren, für die Sie dann je einen Punkt bekommen. In den anderen zehn Zeilen machen Sie einen Strich.

Zum Finden der Textstellen (➡ Seite 25 – 26).
Zum Notieren der Stichworte (➡ Seite 29).

Arbeitsschritte

Für die Lösung der Aufgaben haben Sie wenig Zeit. Sie sollten deshalb die Texte nicht vollständig lesen, sondern zunächst nur „überfliegen", bis Sie die passenden Textstellen gefunden haben. Diese müssen Sie aber sorgfältig lesen.

Beim LV 2 haben Sie zwei verschiedene Lösungswege:

A   Sie bearbeiten zu allen Themen den ersten Text, dann zu allen Themen den zweiten Text und so weiter.

B   Sie bearbeiten mit dem ersten Thema nacheinander alle Texte, danach mit dem zweiten Thema alle Texte und so weiter.

Probieren Sie beide Lösungswege aus. Dann können Sie feststellen, welches Verfahren für Sie persönlich das Beste ist.

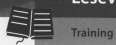

Lösungsweg A Arbeiten Sie nach folgenden Schritten:

Schritt 1 Nehmen Sie den Antwortbogen zu LV 2 zur Hand (➡ Seite 22).

Schritt 2 Sehen Sie sich die Themen auf dem Aufgabenblatt nacheinander an. Nehmen Sie sich genug Zeit, um sie vollständig und richtig zu verstehen.

Schritt 3 Gehen Sie jetzt zu Text A. Lesen Sie den Text und überprüfen Sie, wo Sie Textstellen zu den Themen entdecken können. Diese unterstreichen Sie und setzen die Nummer des Themas daneben.

Schritt 4 Machen Sie einen Strich bei den Themen, die Sie in Text A nicht gefunden haben.

Schritt 5 Schreiben Sie bei den Themen dort etwas in die Zeile, wo Sie eine entsprechende Information in Text A gefunden haben. Diese Information verfassen Sie in Stichworten (siehe Trainingsteil unten).

Schritt 6 Verfahren Sie ebenso für die Texte B – D. Überprüfen Sie am Ende Ihre Stichpunkte: Haben Sie zehn Lösungen notiert oder fehlt noch eine Lösung? Sind Ihre Stichpunkte grammatisch richtig und orthografisch korrekt?

Lösungsweg B Arbeiten Sie nach folgenden Schritten:

Schritt 1 Nehmen Sie den Antwortbogen zu LV 2 zur Hand (➡ Seite 22).

Schritt 2 Sehen Sie sich das Thema 1 auf dem Aufgabenblatt an. Nehmen Sie sich genug Zeit, damit Sie es vollständig und richtig verstehen.

Schritt 3 Gehen Sie jetzt zu den Texten A – D. Lesen Sie die Texte schnell nacheinander und überprüfen Sie, wo Sie Textstellen zu diesem Thema entdecken können. Diese unterstreichen Sie und setzen die Nummer des Themas daneben.

Schritt 4 Machen Sie zu diesem Thema auf dem Antwortbogen bei den Texten einen Strich, in denen Sie keine Aussage zum Thema gefunden haben.

Schritt 5 Schreiben Sie Ihre Lösung in die Zeile, wo Sie dazu etwas in diesem Text gefunden haben. Diese Information verfassen Sie in Stichworten (siehe Trainingsteil unten).

Schritt 6 Verfahren Sie so weiter mit den Themen 2 – 5. Überprüfen Sie am Ende Ihre Stichpunkte: Haben Sie zehn Lösungen notiert oder fehlt noch eine Lösung? Sind sie grammatisch richtig und orthografisch korrekt?

Lösungen und Bewertung

► Wie notieren Sie Ihre Lösungen?

Wenn Sie zu einem Thema die passende Textstelle gefunden haben, müssen Sie diese Information in den Antwortbogen übertragen.

> *Wenn das keine Prüfung wäre, würde mir das Spaß machen! Denn das ist wie ein richtiges Puzzle, bei dem ich alle zehn Teile finden muss.*

Lazlo C., Budapest

Bei der Formulierung der Lösung haben Sie zwei Möglichkeiten:

– Sie übernehmen die wortwörtliche Formulierung aus dem Text (in der Ich-Form).
– Sie formulieren diese Information in eigenen Worten.

Wir empfehlen, wenn möglich, die Formulierung direkt aus dem Text zu übernehmen. Denn dabei laufen Sie weniger Gefahr, Schreib- oder Grammatikfehler zu machen. Außerdem wird eine eigene Formulierung nicht besser bewertet!

Ihre Formulierungen sollen möglichst kurz sein, Sie schreiben keine ganzen Sätze, sondern nur Stichworte. Diese Stichworte müssen dabei unbedingt grammatisch und orthografisch richtig sein.

Beispiele:

> Als Übersetzer von Patenten verdient man nämlich ziemlich gut.

Hier wäre die Übernahme des gesamten Satzes als Lösung zu ausführlich, passt nicht in die Zeile des Antwortbogens und kostet außerdem zu viel Zeit.
Die Kurzform in Stichworten oder als verkürzter Satz reicht aus: *man verdient ziemlich gut*

> […] mit einem guten Gehalt

Diese Formulierung im Dativ aus dem Text ist kein korrektes Stichwort zum Thema „Verdienstmöglichkeiten". Mit einem Satz würde man nämlich antworten: „Ich bekomme ein gutes Gehalt". Entsprechend muss dieser Ausdruck aus dem Text als Stichwort umformuliert werden: *ein gutes Gehalt*.

▶ **Wie werden Ihre Lösungen bewertet?**

Im LV 2 sollen Sie zehn Lösungen finden und auf dem Antwortbogen an der richtigen Stelle notieren. Bei der Korrektur Ihrer Prüfung werden nur die Lösungen akzeptiert, die einem Text richtig zugeordnet, inhaltlich richtig und in der Form korrekt sind.

Für die Lösungen werden dabei folgende Punkte vergeben:

Richtig zugeordnet und inhaltlich richtig	Grammatik und Orthografie richtig	1 Punkt
Richtig zugeordnet und inhaltlich richtig	Grammatik und Orthografie nur teilweise richtig	0,5 Punkte
Falsch zugeordnet und inhaltlich nicht richtig	Grammatik und Orthografie richtig oder nicht richtig	0 Punkte
Richtig zugeordnet und inhaltlich richtig	Grammatik- und Orthografie-Fehler verhindern das Verständnis	0 Punkte

Beachten Sie: Sie können den Verlust von Punkten verhindern, wenn Sie Ihre Lösungen am Ende Korrektur lesen!

Übung
Machen Sie jetzt das gesamte Leseverstehen mit den Aufgaben 11–20 und notieren Sie Ihre Lösungen in den Antwortbogen.
Arbeiten Sie entsprechend dem Training und den empfohlenen Arbeitsschritten.

Erstes Training Leseverstehen 3

In diesem Trainingsteil erfahren Sie, was Sie über das Leseverstehen 3 (LV 3) wissen müssen. Dazu bekommen Sie einen Übungstest mit wichtigen Erläuterungen und Hilfestellungen. So können Sie sich Schritt für Schritt die notwendigen Strategien erarbeiten, um ein möglichst gutes Ergebnis in diesem Prüfungsteil zu erreichen.

▶ **Wie ist das LV 3 aufgebaut?**

Das LV 3 besteht aus vier Teilen:

Einleitung   **mit Aufgabenstellung**
Text mit Lücken
Aufgaben 21–30   **mit einem Beispiel für die Lösung**
Antwortbogen   **Teil Leseverstehen 3**

▶ **Was müssen Sie im LV 3 tun?**

Hier sollen Sie zu einem Text zehn fehlende Wörter ergänzen. Zu jeder Lücke bekommen Sie jeweils vier Auswahlmöglichkeiten.

▶ **Wie viel Zeit haben Sie für das LV 3?**

Sie haben 15 Minuten Zeit.

▶ **Wie viele Punkte können Sie für das LV 3 bekommen?**

LV 1 10 Punkte	LV 2 10 Punkte	LV 3 5 Punkte	**LV gesamt** **25 Punkte**

▶ **Wo und wie notieren Sie Ihre Ergebnisse?**

Wenn Sie mit dem LV 3 fertig sind, übertragen Sie Ihre Lösungen in den entsprechenden Teil des Antwortbogens (➡ Erläuterungen, Seite 126; Kopiervorlage im Einleger, Seite 13).

> Sehen Sie sich den kompletten Übungstest zum LV 3 an.
> Lesen Sie den Text und das Beispiel für die Aufgaben kurz durch.
> Danach können Sie mit dem Training beginnen.

 Prüfungstraining | Goethe-Zertifikat C1 | © 2008 Cornelsen Verlag Berlin. Alle Rechte vorbehalten.

Leseverstehen 3 (15 Minuten)

Lesen bitte Sie den Text und kreuzen Sie bei den Aufgaben (Nr. 21–30) das jeweils passende Wort (A, B, C oder D) an. Nur eine Antwort ist richtig.

Tragen Sie am Ende Ihre Ergebnisse in den **Antwortbogen** ein.

„Glück" steht auf dem Stundenplan

An einem Heidelberger Wirtschaftsgymnasium, der Willy-Hellpach-Schule, wird ...0.... das Fach „Glück" unterrichtet, das in Deutschland zum ersten Mal auf dem Stundenplan einer Schule steht.
Glück und Schule, das sind im ersten Moment nicht die **21**, die ein Schüler automatisch miteinander verbindet. „Und genau das ist das Problem", sagt der Rektor Ernst Fritz-Schubert. Er hat das Fach erfunden und zusammen mit einer Arbeitsgruppe ein Unterrichtskonzept **22**, mit dem er versuchen will, den Schülern wieder Bildung im ursprünglichen Sinn zu vermitteln.
23 geht es darum, Schülern ein Bewusstsein von sich, ihrer Umwelt und der Gemeinschaft zu geben, in der sie leben. Auch körperliches Wohlbefinden und soziale Kompetenzen **24** vermittelt; so wird den Schülern die Freude am Lernen zurückgegeben. Es geht um Persönlichkeitsbildung, denn Bildung muss mehr sein als berufliche **25**, mehr als Pauken und mehr als reiner Leistungsdruck.
Genau darum geht es dem Heidelberger Rektor. „Es ist unser Ziel, starke, zuversichtliche Persönlichkeiten zu formen. **26** gehört die Fähigkeit, sich zu freuen, zu reflektieren und sich wohl zu fühlen, körperlich wie seelisch." Mentale Stärke und seelische Ausgeglichenheit sind Themen des Unterrichts im Glücklichsein. Aber es geht noch um mehr: Die Schüler sollen erleben, dass sich die körperliche Gesundheit, etwa durch Sport und gute Ernährung, nicht von der seelischen trennen lässt. **27** weit greift der Lehrplan in die Abenteuer des Alltags hinein. Es geht um persönliche Sinnfindung, um Gesellschaft und Umwelt, **28** der Leistungsgrenzen, Gruppenerlebnisse.
Die Vermittlung der Inhalte erfolgt nicht durch traditionellen Unterricht, **29** durch das Prinzip Eigenerfahrung, zum Beispiel bei praktischer Theaterarbeit, Pantomime, Betriebsbesichtigungen, durch Konzentrations- und Bewegungsübungen oder das Entdecken von Wundern am Wegesrand. Die Vielfalt des Themas **30** dabei die Mitgestaltung bestimmter Unterrichtseinheiten durch externe Fachleute wie Schauspieler, Systemtherapeuten und Motivationstrainer.

Aus: Stuttgarter Zeitung online, 11.09.2007

Beispiel: 0

A   kürzlich   **Lösung: B**

☒   seit kurzem

C   kurz

D   binnen kurzem

21
A   Begriffe
B   Gegensätze
C   Definitionen
D   Namen

22
A   gewonnen
B   entwickelt
C   gebildet
D   errichtet

23
A   Zur Sache
B   Zum Thema
C   Mit dem Ziel
D   Im Kern

24
A   dürften
B   werden
C   würden
D   sollen

25
A   Qualifikation
B   Disziplin
C   Tätigkeit
D   Begabung

26
A   Ihnen
B   Damit
C   Dazu
D   Ihr

27
A   Entsprechend
B   Also
C   Betreffend
D   Ähnlich

28
A   Erfüllung
B   Ansicht
C   Erfahrung
D   Lernen

29
A   doch
B   sondern
C   andererseits
D   sogar

30
A   befördert
B   fördert
C   fordert
D   erfordert

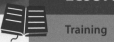

Training

In diesem Training lernen Sie die einzelnen Bestandteile des Leseverstehens 3 kennen und können sich Schritt für Schritt in die Aufgabenstellung und in den Lösungsweg einarbeiten.

Das Training zum LV 3 besteht aus folgenden Teilen:

> **Einleitung**
> **mit Aufgabenstellung**
>
> **Text mit Lücken**
>
> **Aufgaben 21–30**
>
> **Leseverstehen 3 lösen**

Einleitung mit Aufgabenstellung

▸ **Warum sollten Sie die Aufgabenstellung genau kennen?**

Wenn Sie erst in der Prüfung überlegen, was Sie genau tun sollen, verlieren Sie unnötig Zeit. Außerdem könnten Sie technische Fehler machen, die ebenfalls Zeit kosten.
Sehen Sie sich in der Prüfung die Aufgabenstellung nur kurz zur Überprüfung an.

In der Aufgabenstellung bekommen Sie drei Aufträge:

1. Lesen bitte Sie den Text …

Der Text ist der wichtigste Teil; nur mit ihm können Sie die Aufgaben lösen.
Beachten Sie: Diesen Text sollten Sie nicht extra lesen, sondern erst, wenn Sie die Lücken ergänzen.

2. … und kreuzen Sie bei den Aufgaben (Nr. 21–30) das jeweils passende Wort (A, B, C oder D) an. Nur eine Antwort ist richtig.

Der Text ist unvollständig. Sie wählen also für jede Lücke aus den Auswahlantworten das im Satz fehlende Wort oder den fehlenden Ausdruck.

3. Tragen Sie am Ende Ihre Ergebnisse in den **Antwortbogen** ein.

Wir empfehlen Ihnen, Ihre Lösungen zuerst auf dem Prüfungsbogen anzukreuzen.
Die Ergebnisse übertragen Sie dann sofort in den Antwortbogen.

> Wie lesen Sie die Aufgabenstellung?   ➡ **Kurzer Check zur Überprüfung!**

Text mit Lücken

▸ Was steht im Text?

Im LV 3 bekommen Sie einen authentischen journalistischen Sachtext. Die Überschrift sagt aus, welches Thema im Text behandelt wird und gibt Ihnen damit inhaltliche Hinweise, die bei der Lösung der Aufgaben helfen können.
Die Länge des Textes liegt bei circa 280 Wörtern.

▸ Wie lesen Sie den Text?

Dieser Text hat eine andere Funktion als die Texte zum LV 1 und LV 2.
Hier stehen nicht Thema und Inhalt im Vordergrund, sondern die Funktion einzelner Wörter und Ausdrücke in den Sätzen. In den Lücken des Textes werden auch Ihre Kenntnisse in Wortschatz und Grammatik abgefragt.

Sie lesen diesen Text nicht vorher im Überblick, sondern erst beim Lösen der Aufgaben.

Wie lesen Sie den Text?	➡ **Nacheinander, Wort für Wort, beim gleichzeitigen Lösen der Aufgaben!**

Aufgaben 21–30

▸ Was müssen Sie in diesen Aufgaben tun?

Für jede Lücke (= Aufgabe) suchen Sie den Ausdruck, der im Satz des Textes fehlt.
Der gesuchte Ausdruck muss inhaltlich und in der grammatisch richtigen Form in diesen Satz passen.

▸ Wie sind die Aufgaben konstruiert?

Jede dieser Multiple-Choice-Aufgaben besteht aus vier Auswahlmöglichkeiten, von denen eine richtig ist.

Beispiel: 0
A   kürzlich
B   seit kurzem
C   kurz
D   binnen kurzem

Die Auswahlantworten bestehen dabei entweder aus einem einzelnen Wort wie im Beispiel 0 bei A und C oder sie bestehen aus Ausdrücken von zwei bis drei Wörtern.

Beispiel:

23   C   Mit dem Ziel
         D   Im Kern

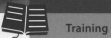
▶ **Welche Wortarten und Ausdrücke können vorkommen?**

In den Auswahlantworten können entsprechend den Lücken im Text verschiedene Wortarten und Ausdrücke vorkommen:
- Substantive und Nominalausdrücke, zum Beispiel: 25 A „Qualifikation", 23 D „Im Kern"
- Verben, zum Beispiel: 24 D „sollen", 22 B „entwickelt"
- Pronomen und Pronominaladverbien, zum Beispiel: 26 A „Ihnen", 26 C „Dazu"
- Präpositionen, Konjunktionen oder Adverbien, zum Beispiel: 0 B „seit kurzem", 29 B „sondern", 27 A „Entsprechend"

Das Wort oder der Ausdruck muss dabei nicht nur inhaltlich, sondern auch grammatisch in den Zusammenhang des Textes passen.

Leseverstehen 3 lösen

▶ Wie finden Sie die richtigen Lösungen?

Wenn Sie die Aufgaben zu den Lücken im Text lösen, können Sie auf verschiedene Weise vorgehen:
Sie lesen den Text mit den Lücken und beim Lesen fällt Ihnen sofort ein, welches Wort hier in der Lücke fehlt. Das funktioniert, wenn Sie bereits genügend Erfahrung mit dem Lesen deutscher Texte haben.
Oder Sie finden in den Auswahlantworten spontan die richtige Lösung.
Oder Sie müssen – was häufiger der Fall sein dürfte – die richtige Lösung über eine Analyse erarbeiten.

▶ Wie unterscheiden sich falsche Auswahlantworten von der Lösung?

Beispiel:

> Die Schüler sollen erleben, dass sich die körperliche Gesundheit, etwa durch Sport und gute Ernährung, nicht von der seelischen trennen lässt. **27** weit greift der Lehrplan in die Abenteuer des Alltags hinein.

Bei den Auswahlantworten können zwei Typen von falschen Antworten vorkommen:
- falscher grammatischer Bezug im Zusammenhang des Satzes, zum Beispiel:
  27 B „Also" und 27 C „Betreffend" sind keine verstärkenden Adverbien zum Adjektiv „weit" im Text.
- falscher Inhalt im Zusammenhang des Textes, zum Beispiel:
  27 D „Ähnlich" ist als Adverb grammatisch korrekt, aber inhaltlich falsch, weil der Lehrplan den vorher genannten Zielen genau entsprechen will. „Ähnlich" würde bedeuten, dass zwei Dinge miteinander verglichen werden, die vergleichbar sind. Dies ist aber mit Lehrplan und Sport/Gesundheit/Ernährung nicht möglich.
  In diesem Kontext ist 27 A „Entsprechend" die grammatisch und inhaltlich richtige Lösung.

Meist kommen in den Auswahlantworten diese beiden Typen von Fehlern kombiniert vor.

Arbeitsschritte für das Training

In diesem Training sollten Sie die folgenden Arbeitsschritte möglichst genau und mit genügend Zeit trainieren. In der Prüfung können Sie dann diese Auswahlanalyse schneller und effektiver durchführen.

Schritt 1	Lesen Sie den Text kontinuierlich Satz für Satz durch. Lesen den Satz mit der Lücke bis zum Ende.
Schritt 2	Gehen Sie mit der Nummer der Lücke zur entsprechenden Nummer der Aufgabe.
Schritt 3	Sehen Sie sich die Aufgabe mit den möglichen Antworten an und machen Sie sich die Bedeutung der einzelnen Ausdrücke klar.
Schritt 4	Gehen Sie jetzt mit diesen Auswahlmöglichkeiten an die Textstelle zurück. Überprüfen Sie, welche Lösung inhaltlich und grammatisch richtig ist.
Schritt 5	Wenn Sie die richtige Lösung nicht sofort finden, müssen Sie die Auswahlantworten nacheinander analysieren. Dabei schließen Sie die grammatisch oder inhaltlich falschen Möglichkeiten aus und kommen so am Ende zur passenden Lösung.

Das ist eine akkurate Analyse: Was nicht passt, fliegt raus! Das kriege ich in der Prüfung bestimmt ganz schnell hin.

Luke M., Manchester

Beispiele:

Glück und Schule, das sind im ersten Moment nicht die __21__ , die ein Schüler automatisch miteinander verbindet.

21				
	A	Begriffe	richtig	Es werden die Begriffe „Glück und Schule" zitiert.
	B	Gegensätze	falsch	„Glück und Schule" sind im Text ausdrücklich miteinander verbunden, also keine Gegensätze.
	C	Definitionen	falsch	„Glück und Schule" werden nicht definiert.
	D	Namen	falsch	Namen sind genauere Bezeichnungen für Personen, Orte usw. und hier gibt es nichts, wofür „Schule" und „Glück" Namen sein könnten.

> [...] den Schülern wieder Bildung im ursprünglichen Sinn zu vermitteln. **23** geht es darum, Schülern ein Bewusstsein von sich, ihrer Umwelt und der Gemeinschaft zu geben, in der sie leben.

23

A	Zur Sache	falsch	Dieser Ausdruck lässt sich nicht mit „es geht darum" kombinieren, sondern nur mit Verben wie „kommen" oder „sagen".
B	Zum Thema	falsch	„Es geht darum" ist als Ausdruck für das Thema bereits ausreichend.
C	Mit dem Ziel	falsch	Inhaltlich wäre dieser Ausdruck richtig, aber er passt grammatisch nicht zum Einleitungssatz.
D	Im Kern	richtig	Im Folgesatz wird das zentrale Ziel, der „Kern" des Unterrichts genannt.

> Die Vermittlung der Inhalte erfolgt nicht durch traditionellen Unterricht, **29** durch das Prinzip Eigenerfahrung, zum Beispiel bei praktischer Theaterarbeit, [...]

29

A	doch	falsch	„Doch" gibt inhaltlich einen Gegensatz wieder, aber keine Alternative. Zudem ist die Kombination von „nicht" und „doch" nicht möglich.
B	sondern	richtig	Nach der Negation „nicht" in der ersten Satzhälfte wird mit „sondern" die Alternative zum traditionellen Unterricht eingeleitet.
C	andererseits	falsch	„Andererseits" ist nur in Kombination mit einem vorhergehenden „einerseits" möglich.
D	sogar	falsch	„Sogar" ist verstärkend oder erweiternd, was hier nicht passt, da es um eine Alternative geht.

 TIPP *Zusätzlich zu der Analyse könnte Ihnen auch Ihr Sprachgefühl helfen: Lesen Sie die entsprechende Textstelle mit der von Ihnen ausgewählten Lösung und testen Sie dabei, ob dieser Satz gut und richtig klingt.*

> *Diese letzte Kontrolle – wie der Satz klingt – hat mir schon oft geholfen. Ich hab mich dann daran erinnert, was ich auf Deutsch schon mal gehört oder gelesen habe.*

Noami C., Salvador Bahia

 Übung Arbeiten Sie jetzt alle Aufgaben durch und analysieren Sie die Auswahlantworten entsprechend den Arbeitsschritten und Beispielen.

Arbeitsschritte

In der Prüfung arbeiten Sie entsprechend dem Training nach folgenden Schritten:

Schritt 1	Sehen Sie sich zuerst kurz die Aufgabenstellung an.
Schritt 2	Sehen Sie sich kurz das Beispiel und die betreffende Textstelle an.
Schritt 3	Lesen Sie jetzt den Text Satz für Satz durch und lösen Sie gleichzeitig die entsprechende Aufgabe zur Textlücke.
Schritt 4	Kreuzen Sie die jeweils richtige Antwort an.
Schritt 5	Übertragen Sie Ihre Lösungen in den Antwortbogen.

Wie Sie mit dem Antwortbogen arbeiten, erfahren Sie auf Seite 126.
Ihre Lösungen vergleichen Sie mit dem Lösungsschlüssel (➡ Einleger, Seite 2).

Hörverstehen

Hörverstehen

Der Prüfungsteil Hörverstehen (HV) zum Goethe-Zertifikat C1 besteht aus den zwei Teilen HV 1 und HV 2 mit einmal 10 und einmal 15 erreichbaren Punkten. In der Durchführungszeit ist das Hörverstehen insgesamt kürzer als die anderen Prüfungsteile. Die Schwierigkeit dieses Prüfungsteils liegt darin, dass der laufende Hörtext Ihre Bearbeitungszeit genau festlegt. Da Sie an keine Textstelle zurückgehen können, erfordert das Hörverstehen besondere Konzentration.

Leseverstehen			Hörverstehen		Schriftlicher Ausdruck		Mündlicher Ausdruck	
LV 1	LV 2	LV 3	HV 1	HV 2	SA 1	SA 2	MA 1	MA 2

Der Prüfungsteil Hörverstehen hat zwei Teile, die sich stark voneinander unterscheiden:
- unterschiedliche Texte und Textsorten,
- unterschiedliche Aufgabentypen und Fragestellungen,
- unterschiedliche Durchführung (HV 1 einmaliges Hören, HV 2 zweimaliges Hören),
- unterschiedliche Bearbeitungszeiten,
- unterschiedliche Punktevergabe.

Es ist also wichtig, sich auf jeden dieser beiden Teile des HV speziell vorzubereiten, da Sie in der Prüfung jeden Teil anders bearbeiten müssen.

Der Prüfungsteil Hörverstehen besteht aus diesen zwei Teilen:

Hörverstehen 1 Aufgaben 1–10	**Hörverstehen 1** *Alltagsgespräch am Telefon*	**Hörverstehen 2** Aufgaben 11–20	**Hörverstehen 2** *Interview aus dem Radio*
➡ 10 Punkte	⏱ 12 Minuten	➡ 10 Punkte x 1,5 = 15 Punkte	⏱ 25 Minuten

Notizen zum Gespräch, die zu ergänzen sind

Radiointerview zu einem Thema mit einem Interviewpartner / einer Interviewpartnerin und Fragen dazu

Die Prüfungszeit beträgt insgesamt ca. **40 Minuten**. Nach Abschluss von HV 1 und HV 2 bekommen Sie noch **5 Minuten** Zeit, um Ihre Lösungen in den **Antwortbogen** einzutragen.

Erstes Training Hörverstehen 1

In diesem Trainingsteil erfahren Sie, was Sie über das Hörverstehen 1 (HV 1) wissen müssen. Dazu bekommen Sie einen Übungstest mit wichtigen Erläuterungen und Hilfestellungen. Sie brauchen Strategien, um die Aufgaben in der erforderlichen Geschwindigkeit bewältigen zu können.

▶ Wie ist das HV 1 aufgebaut?

Das HV 1 besteht aus vier Teilen:

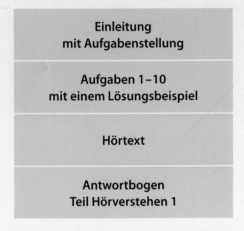

Einleitung mit Aufgabenstellung
Aufgaben 1–10 mit einem Lösungsbeispiel
Hörtext
Antwortbogen Teil Hörverstehen 1

Für die B2-Prüfung habe ich das schon trainiert – dieses Rennen gegen die Zeit. Hier in der C1 wird das wohl noch schwieriger. Also ran ans Training!

Joshuri I., Kyoto

▶ Was für einen Text hören Sie?

Sie hören ein Telefongespräch zwischen zwei Personen aus dem Bereich Alltagskommunikation. Sie hören den Text **nur einmal**.

▶ Was müssen Sie im HV 1 tun?

Hier sollen Sie dem Hörtext die Informationen entnehmen, die zu den Aufgaben passen.

▶ Wie viel Zeit haben Sie für das HV 1?

Für das Hören und das Notieren der Lösungen haben Sie insgesamt 12 Minuten Zeit.

▶ Wie viele Punkte können Sie für das HV 1 bekommen?

HV 1 10 Aufgaben = 10 Punkte	HV 2 10 Aufgaben x 1,5 = 15 Punkte	**HV gesamt 25 Punkte**

▶ Wo und wie notieren Sie Ihre Ergebnisse?

Wenn Sie mit dem gesamten Hörverstehen fertig sind, übertragen Sie Ihre Lösungen in den Antwortbogen (➡ Erläuterungen, Seite 136; Kopiervorlage im Einleger, Seite 18).

> Sehen Sie sich die Notizen mit den Aufgaben zum HV 1 an.
> Hören Sie sich dann den Hörtext 1 an.
> Danach können Sie mit dem Training beginnen.

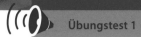
Hörverstehen 1 (12 Minuten)

 1 4 Sie hören den Text **nur einmal**.

Notieren Sie Stichworte.

Tragen Sie anschließend Ihre Lösungen in den **Antwortbogen** (Nr. 1–10) ein.

Beispiele:

01 Herr Schmülling sucht *eine günstige Verbindung* nach Mailand.

02 Wann soll die Reise stattfinden? *Am Montag kommender Woche.*

1	Air Dolomiti fliegt um 8.50 Uhr, aber	....
2	Der Fluggast muss .... vor Abflug am Terminal sein.	....
3	Welche Alternative bietet das Reisebüro an?	....
4	Herr Schmülling mag nicht mit anderen Fahrgästen auf engstem Raum	....
5	Nennen Sie drei Annehmlichkeiten des rollenden Hotels.	....
6	Am nächsten Morgen kommt man .... am Ziel an.	....
7	Bei Geschäftsleuten wird diese Art des Reisens	....
8	Nennen Sie zwei Dinge, für die Herr Schmülling in Mailand noch Zeit hätte.	....
9	Wie kann Herr Schmülling die Fahrkarten bekommen?	....
10	Wozu braucht Frau Michalski die Telefonnummer?	....

Training

In diesem Training lernen Sie den Aufgabentyp und den dazugehörigen Hörtext kennen und können sich Schritt für Schritt in die Aufgabenstellung und in den Lösungsweg einarbeiten.

Das Training zum HV 1 besteht aus folgenden Teilen:

Einleitung mit Aufgabenstellung
Aufgaben 1–10
Hörtext
Hörverstehen 1 lösen

> „München, Mailand"
> – das hat mir erst gar nichts gesagt. Erst durch den Einleitungssatz habe ich dann verstanden, dass es sich um Städte handelt. Also die Einleitung ist für alle Hörtests ganz wichtig!
>
> Zehra F., Chennai

Einleitung mit Aufgabenstellung

▶ **Warum ist die Einleitung wichtig?**

In der Einleitung auf dem Aufgabenblatt und in der Einführung auf der CD erfahren Sie, wie dieser Test abläuft und was Sie tun sollen.

- Sie lesen und hören zwei Beispiele für die Aufgaben.
- Sie lesen vor dem Hören die Aufgaben 1–10 durch.
- Sie hören ein Telefongespräch; Sie hören es nur einmal.
- Während des Hörens und nach dem Hören ergänzen Sie in den Aufgaben die fehlenden Informationen.
- Am Ende des gesamten Prüfungsteils Hörverstehen, also erst nach dem HV 2, übertragen Sie die Ergebnisse in den Antwortbogen.

Beachten Sie, dass Sie nur wenig Zeit haben, um die Aufgaben zu lesen und danach zu lösen. Prägen Sie sich den Ablauf dieses Tests so ein, dass Ihnen die Einleitung und die Arbeitsschritte vertraut sind. So haben Sie mehr Zeit für den Hörtext und die Aufgaben.

Bei jedem Hörtest ist jedoch der erste Einleitungssatz anders; hier wird die Situation beschrieben. Auf diese Einleitung müssen Sie besonders achten, weil sie Ihnen das Thema des gesamten Textes vorgibt.

Wie lesen und hören Sie die Einleitung?   ➡ **Kurzer Check zur Überprüfung!**

Aufgaben 1–10

▸ Wie sind die Aufgaben konstruiert?

Die Aufgaben 1–10 zum Hörverstehen 1 bestehen aus vier verschiedenen Typen:
1. Ergänzung eines unvollständigen Satzes
2. Ergänzung von Lücken innerhalb eines Satzes
3. Antwort auf eine Frage
4. Antwort auf einen Arbeitsauftrag

Hinweis: Bei vielen HV's sind die Aufgaben durchgehend als Notizen formuliert, die in Stichworten ergänzt werden müssen (Beispiele: Übungstest 2 und Übungstest 4).

1. Ergänzung eines unvollständigen Satzes

Bei diesem Aufgabentyp bekommen Sie einen unvollständigen Satz, der inhaltlich und grammatisch korrekt zu Ende geführt werden muss.

Beispiel:

1 Air Dolomiti fliegt um 8.50 Uhr, aber ....
Lösung: *kommt zu spät an*

2. Ergänzung von Lücken innerhalb eines Satzes

In den Sätzen mit Lücken fügen Sie einen passenden Ausdruck ein, der meistens aus mehreren Wörtern besteht.

Beispiel:

01 Herr Schmülling sucht .... nach Mailand.
Lösung: *eine günstige Verbindung*

> *Ich habe gesehen, dass man die Aufgaben auch lösen kann, ohne die Orte zu kennen. Denn die Diskussion „Flug oder Zug", die gibt es auch bei uns.*
>
> Zehra F., Chennai

3. Antwort auf eine Frage

Als Antwort auf die Frage werden keine vollständigen Sätze verlangt. Allerdings müssen auch diese Kurzantworten grammatisch korrekt sein.

Beispiel:

02 Wann soll die Reise stattfinden?
Lösung: *Am Montag kommender Woche / Nächsten Montag*

4. Antwort auf einen Auftrag

Hier werden Sie aufgefordert, zwei bis drei verschiedene Informationen aus dem Text aufzuzählen. Diese Informationen notieren Sie in Stichworten.

Beispiel:

5 Nennen Sie drei Annehmlichkeiten des rollenden Hotels.
Lösung: *WC, Frühstück, Dusche / Dusche, Waschbecken, herunterklappbare Betten*

Die Informationen zu den Aufgaben entnehmen Sie ausschließlich dem gehörten Text. Sie können dabei auch die Formulierung notieren, die Sie in dem Gespräch hören. Oder Sie wählen eine inhaltlich passende Formulierung. In beiden Fällen muss Ihre Lösung grammatisch korrekt sein.

Hörtext

▸ Was hören Sie?

Sie hören ein Telefongespräch, in dem eine Person von einer anderen Person Auskünfte einholt, meist von einem Mitarbeiter oder einer Mitarbeiterin einer Firma oder Institution. Das Gespräch besteht aus vielen Fragen und Informationen zu einem komplizierten Sachverhalt.

▸ Wie hören Sie den Text?

Nach der Einleitung zum gesamten Hörverstehen (HV 1 und HV 2) folgt zuerst der Hörtext zum HV 1. Sie hören den Text nur einmal; das gesamte HV 1 dauert ca. 12 Minuten.

▸ Wie läuft das HV 1 ab?

1. Einführung durch den Sprecher   ca. 30 Sekunden

   Sie hören jetzt ein Telefongespräch zwischen Frau Michalski vom Reisebüro und Herrn Schmülling, der eine Reise nach Mailand buchen möchte.

Ein „neutraler" Sprecher informiert über Anlass und Ziel des Telefongesprächs und über die beteiligten Personen. Außerdem bekommen Sie Hinweise zum Ablauf des Textes und zur Bearbeitung der Aufgaben.

2. Lesen der Beispiele und der Aufgaben   1 Minute

Hier bekommen Sie Gelegenheit, die beiden Beispiele und die zehn Aufgaben durchzulesen.

3. Gesamtes Gespräch   ca. 7 – 8 Minuten

Der Ablauf des Gesprächs entspricht der Reihenfolge der zu lösenden Aufgaben.

4. Lösen der Aufgaben   1 Minute

Am Ende des Hörtextes werden Sie nicht extra aufgefordert, jetzt die Aufgaben zu lösen. Nach dem letzten Wort des Textes müssen Sie also selbstständig sofort mit der Arbeit beginnen!

▸ Welche Informationen im Hörtext sind wichtig?

Sie bekommen in diesem Hörtext eine Fülle von Informationen. Darunter sind Informationen, die Sie zum Lösen der Aufgaben brauchen, und solche Informationen, die für die Aufgaben unwichtig sind.

Sie müssen also beim Hören nur auf die Informationen achten, die Sie brauchen. Die anderen können Sie überhören. Da Sie den Text nur einmal hören, müssen Sie trainieren, die relevanten Informationen aus dem gesprochenen Text **schnell** herauszufiltern. Diese Informationen tragen Sie dann in die Aufgabe ein.

Hörverstehen 1 lösen

► **Wie finden Sie die Textstelle zur gesuchten Information?**

Sehen Sie sich die Aufgaben an: In jeder Aufgabe finden Sie Signalwörter, auf die Sie sich dann beim Hören des Textes konzentrieren sollen.

Beim ersten Lesen der Aufgaben ist es wichtig, dass Sie diese Signalwörter schnell identifizieren. Am besten unterstreichen Sie beim Lesen der Aufgaben die Wörter und Ausdrücke, zu denen Sie wahrscheinlich Informationen aus dem Text brauchen, um die Aufgabe lösen zu können.

 Übung   Unterstreichen oder markieren Sie in den Aufgaben 1–10 die relevanten Signalwörter.

Während Sie dann den Text hören, entdecken Sie die Stelle, auf die sich das Signalwort bezieht, und dort finden Sie auch die gesuchte Information.

Beispiel:

In der Aufgabe 1 lesen Sie den unvollständigen Satz:
Air Dolomiti fliegt um 8.50 Uhr, aber .... Das Signalwort in der Aufgabe ist „Air Dolomiti". Sobald Sie dies beim Hören entdecken, hören Sie genau zu.

Hier ein Vorschlag, wie Sie jetzt trainieren können, die gesuchten Informationen herauszuhören:

Schritt 1   Sehen Sie sich die Aufgaben an: Welche Information wird gesucht? Markieren Sie wichtige Signalwörter.

> **TIPP**   *Beachten Sie, dass nur die Textstellen wichtig sind, die Sie zum Lösen der Aufgaben benötigen. Sie lesen bzw. hören also den Text mit Blick auf die Aufgaben und entdecken dabei die wichtigen Textstellen.*

Schritt 2   Hören Sie den Text und lesen Sie gleichzeitig die Transkription mit (➡ Seite 49 – 50).

Schritt 3   Unterstreichen oder markieren Sie die Signalwörter im Hörtext, bei denen Sie genau zuhören müssen, um die Lösung der Aufgaben zu finden. Sehen Sie sich dazu das folgende Beispiel an.

Beispiel: Hörtext (Beginn)

> **Michalski:** *„Gern Reisen", Michalski. Guten Tag!*
> **Schmülling:** *Schmülling am Apparat, guten Tag Frau Michalski.*
> **Michalski:** *Was kann ich für Sie tun, Herr Schmülling?*
> **Schmülling:** *<u>Ich brauche</u> eine günstige Verbindung <u>von München nach Mailand</u>.*
> **Michalski:** *<u>Wann</u> soll die <u>Reise</u> denn stattfinden?*
> **Schmülling:** *Mein <u>Termin in Mailand</u> ist am Montag kommender Woche. Und die Uhrzeit, ... Sekunde, ich schaue gerade in meinem Terminkalender nach ... Ich muss um 10.00 Uhr in der Corso Andrea Doria sein, direkt im Zentrum.*
> **Michalski:** *Das ist aber sehr früh. Also, da gäbe es einen Flug mit der Lufthansa um 7.50 Uhr, der ist um 9.00 Uhr in Mailand. <u>Air Dolomiti</u> fliegt <u>um 8.50 Uhr</u> ... ah, aber der kommt ja zu spät an.*

Übung Unterstreichen oder markieren Sie jetzt in der Fortsetzung die Signalwörter, bei denen Sie genau zuhören müssen, um dann die Lösung der Aufgaben zu finden.

Hörtext (Fortsetzung)

Schmülling: *Oh je, da muss ich ja mitten in der Nacht aufstehen.*

Michalski: *Ja, und Sie müssen mindestens eine Stunde vor Abflug am Terminal sein.*

Schmülling: *Das ist ja unmöglich zu schaffen.*

Michalski: *Und sie brauchen noch einmal eine dreiviertel Stunde vom Flughafen Malpensa bis zu Ihrer Adresse im Zentrum. Das wird ganz schön knapp.*

Schmülling: *Gibt es vielleicht eine Alternative?*

Michalski: *Haben Sie schon einmal darüber nachgedacht, mit dem Zug zu fahren?*

Schmülling: *Mit dem Zug?*

Michalski: *Ja, und zwar nehmen Sie um 20.56 Uhr den Nachtzug vom Münchner Hauptbahnhof, fahren die Nacht über via Schweiz entweder im Liege- oder im Schlafwagen und sind dann um 7.45 Uhr in Mailand.*

Schmülling: *Das klingt interessant! Sie sagten, „mit dem Liege- oder Schlafwagen", was ist denn da der Unterschied?*

Michalski: *Also beim Liegewagen werden in den normalen Abteilen die Sitze zu Liegen ausgeklappt.*

Schmülling: *Da liegt man dann mit anderen Fahrgästen auf engstem Raum zusammen? Nein, danke, das ist nichts für mich.*

Michalski: *Der Nachtzug ist meist nicht voll besetzt.*

Schmülling: *Trotzdem, lieber nicht. Und ... wie geht das mit dem Schlafwagen?*

Michalski: *Der Schlafwagen ist praktisch ein rollendes Hotel mit allem Komfort wie WC, Dusche, Waschbecken und herunterklappbaren Betten. Sie können morgens auch ein kleines Frühstück bekommen.*

Schmülling: *Betten? Wie viele Personen teilen sich denn so ein Abteil?*

Michalski: *Maximal drei. Gegen Aufpreis bekommen Sie ein Abteil für sich allein.*

Schmülling: *Unter uns: Kann man denn in so einem Schlafwagen überhaupt schlafen?*

Michalski: *(lacht) Mein Chef ist kürzlich von Berlin nach Brüssel gefahren und war ganz begeistert. Er sagte, er habe prima geschlafen und sei ausgeruht am Morgen bei seinem Termin angekommen.*

Schmülling: *Gut, ich werde dieses Experiment einmal wagen.*

Michalski: *Dieses „Experiment" erfreut sich bei Geschäftsleuten immer größerer Beliebtheit.*

Schmülling: *Was kostet denn der Spaß?*

Michalski: *Der Schlafwagen kostet 389 Euro für ein Einzelabteil, hin und zurück.*

Schmülling: *Das geht ja sogar, für Transport und quasi Hotel.*

Michalski: *Ja, das ist auf alle Fälle billiger als Fliegen mit Hotelübernachtung. Der Schlafwagen kann da manchmal eine echte Alternative sein, besonders, wenn der Geschäftstermin morgens so früh beginnt.*

Schmülling: *Ja, so kann ich am Montag vor der Besprechung noch in Ruhe einen schönen italienischen Espresso trinken.*

Michalski: *Und Sie haben sogar noch Zeit, sich ein bisschen die Stadt anzusehen, vielleicht den Mailänder Dom und die Einkaufsstraße.*

> **Schmülling:** *Dann die nächste Frage: Wann geht der Zug am Abend nach München zurück?*
> **Michalski:** *Warten Sie. Hier: um 21.12 Uhr, und Sie sind um 8.58 Uhr morgens wieder in München.*
> **Schmülling:** *Okay, das mache ich. Wie bekomme ich die Fahrkarten?*
> **Michalski:** *Die Fahrkarten können Sie entweder persönlich abholen oder wir schicken Sie Ihnen zu.*
> **Schmülling:** *Abholen ist leider nicht möglich. Bis ich nach Dienstschluss in der Stadt bin, ist Ihr Reisebüro schon geschlossen.*
> **Michalski:** *Also, dann brauche ich Ihren Namen und Ihre komplette Anschrift.*
> **Schmülling:** *Max-Otto Schmülling, Rechtsanwalt, Riem Arcaden 13, 81929 München.*
> **Michalski:** *Geben Sie mir bitte für eventuelle Rückfragen noch Ihre Telefonnummer.*
> **Schmülling:** *Das ist die 1291873.*
> **Michalski:** *Vielen Dank. Unter www.nachtzugreise.de können Sie alle wichtigen Informationen nachlesen.*
> **Schmülling:** *Danke. Auf Wiederhören.*
> **Michalski:** *Auf Wiederhören.*

Schritt 4 Gehen Sie über Ihre unterstrichenen Signalwörter zu der Textstelle, die Ihnen die Lösung für die Aufgabe liefert.

▶ **Wie finden Sie die richtige Lösung?**

Wenn Sie mithilfe der Signalwörter die Textstelle gefunden haben, die zu der Aufgabe passt, können Sie im Hörtext die Lösungen finden. Je nach Aufgabentyp (➡ Seite 42) formulieren Sie Satzteile, Kurzantworten oder einzelne Stichwörter.

Beispiel 1:

Die Signalwörter zum Beispiel 01 führen im Hörtext zu folgendem Satz:

> *Ich brauche eine günstige Verbindung von München nach Mailand.*

Der Aufgabensatz in Beispiel 01 hat eine Informationslücke nach „sucht". Dem Satz aus dem Hörtext können Sie dazu die Lösung *eine günstige Verbindung* entnehmen. Diesen Teil des Satzes tragen Sie in die rechte Spalte ein

Beispiel 2:

Zu Beispiel 02 führen die Signalwörter im Hörtext zu folgender Frage:

> *Wann soll die Reise denn stattfinden?*

Die folgende Antwort mit dem zusätzlichen Signalwort „Termin in Mailand" führt Sie direkt zur gesuchten Information: Die Lösung ist *am Montag kommender Woche*.

Beispiel 3:

Im Textabschnitt zu Aufgabe 1 führen die Signalwörter zu folgendem Satz:

> *Air Dolomiti fliegt um 8.50 Uhr … ah, aber der kommt ja zu spät an.*

In der Aufgabe 1 ist eine Informationslücke nach „aber". Die Lösung dazu ist also *kommt zu spät an /
der kommt zu spät an.*

Beachten Sie: Es wird von Ihnen erwartet, dass Sie die Lösung präzise dem Gehörten entnehmen. Sie
können die Lösung meist wortwörtlich aus dem Text übernehmen.
Sie können aber auch Varianten notieren, sofern diese inhaltlich korrekt sind, so in Beispiel 2: *nächsten
Montag* oder in Beispiel 3: *ist zu spät in Mailand.*

Beispiel 4:

Zur Aufgabe 5 führen die Signalwörter im Hörtext zum folgenden Abschnitt:

> *Der Schlafwagen ist praktisch ein rollendes Hotel mit allem Komfort wie WC, Dusche, Waschbecken
> und herunterklappbaren Betten. Sie können morgens auch ein kleines Frühstück bekommen.*

Aus den näheren Informationen zum Komfort sollen Sie „drei Annehmlichkeiten" notieren. Sie können
hier also zwischen verschiedenen Möglichkeiten wählen, z.B. *WC, Dusche, Frühstück* oder *Dusche,
Waschbecken, herunterklappbare Betten,* ganz wie Sie wollen; aber notieren Sie auf jeden Fall drei
Stichpunkte.

Schritt 5   Vergleichen Sie Ihre Lösungen mit den fett gedruckten Lösungen in der Transkription
(➡ Seite 49 – 50).

Schritt 6   Hören Sie jetzt den Text, ohne ihn mitzulesen. Sie können jetzt wahrscheinlich besser
heraushören, wo die gesuchten Informationen vorkommen.

Schritt 7   Tragen Sie die gefundenen Informationen in die rechte Spalte des Aufgabenblatts ein.

Beachten Sie: Ihre Lösungen sollten grammatisch richtig sein und die Orthografie sollte stimmen.
Fehler werden zwar nicht direkt bewertet, können aber inhaltliche Missverständnisse verursachen.
Dann ist die Aufgabe falsch beantwortet!

> *Aha! Also
> auch hier wird Grammatik
> und Orthografie mitgeprüft. Auf jeden
> Fall machst du einen guten Eindruck, wenn
> du gut und richtig schreibst!*

Imre K., Budapest

Arbeitsschritte

In der Prüfung haben Sie Zeit, die Aufgaben vorab durchzulesen. Dadurch wissen Sie, auf welche Informationen Sie im Hörtext achten müssen. Sie hören also selektiv, die übrigen Informationen sind für Sie unwichtig.

Beim Hören und gleichzeitigen Lösen der Aufgaben haben Sie wenig Zeit und brauchen Ihre volle Konzentration. Versuchen Sie deshalb, die gesuchte Information möglichst schnell aus dem Text herauszuhören. Während des Hörens lesen Sie die entsprechenden Aufgaben mit und machen sich schon Notizen.

Gehen Sie am besten nach folgenden Schritten vor:

> **Schritt 1** Sehen Sie sich kurz die Beispiele 01 und 02 an. Den Aufgabentyp kennen Sie schon von der Vorbereitung auf die Prüfung!
>
> **Schritt 2** Lesen Sie sich die Aufgaben durch: Wonach wird gefragt und worauf müssen Sie sich beim Hören konzentrieren?
>
> **Schritt 3** Hören Sie zu und warten Sie ab, bis die Textstelle mit den Informationen zur Aufgabe kommt.
>
> **Schritt 4** Notieren Sie Stichworte dazu in die Aufgabe, während der Hörtext weitergeht. Aber schnell, denn Sie sollen den weiteren Text nicht versäumen!
>
> **Schritt 5** Wenn der Hörtext zu Ende ist, schreiben Sie sofort – mithilfe der Stichwörter – die Lösungen in die rechte Spalte.

 TIPP *Wenn Sie die richtige Textstelle nicht gleich erkennen oder die Lösung nicht sofort finden, überlegen Sie nicht lange. Sehen Sie sich sofort die nächste Aufgabe an, während der Text weiterläuft. Sie dürfen die nächste Information auf keinen Fall verpassen! Vielleicht können Sie zum Schluss doch noch die fehlende Aufgabe lösen, nachdem Sie den ganzen Text gehört haben.*

 Übung Machen Sie jetzt das gesamte Hörverstehen mit den Aufgaben 1–10 (ohne Transkription) und tragen Sie Ihre Lösungen im Aufgabenblatt ein. Arbeiten Sie entsprechend dem Training und nach den obigen Schritten.

In der Prüfung übertragen Sie die Lösungen in den Antwortbogen, wenn der gesamte Prüfungsteil Hörverstehen (HV 1–2) fertig ist. In dieser Trainingsphase können Sie einfach in das Aufgabenblatt hineinschreiben. Wie Sie mit dem Antwortbogen arbeiten, erfahren Sie auf Seite 136.

 Macht euch Notizen auf dem Aufgabenblatt! Es ist egal, wie es aussieht. Nach der Prüfung wird es sowieso weggeschmissen. Die Prüfer schauen sich nur den Antwortbogen an.

Kyriakos P., Patras

Hörtext

Hörverstehen

Sie hören in diesem Prüfungsteil zwei Texte und Sie sollen die Aufgaben dazu lösen.

Beantworten Sie die Fragen nur nach dem gehörten Text, nicht nach Ihrem persönlichen Wissen!

Schreiben Sie Ihre Lösungen zuerst auf das Aufgabenblatt.

Am Schluss haben Sie fünf Minuten Zeit, um Ihre Lösungen in den Antwortbogen zu schreiben.

Während der Prüfung gibt es Pausen, in denen Sie die Aufgaben lösen können.

Am Ende jeder Pause hören Sie dieses Signal:))

Das Band wird jetzt angehalten, damit Sie noch Fragen stellen können.

Während der Prüfung dürfen Sie nicht mehr sprechen.

Übungstest 1

Hörverstehen 1

Telefongespräch über die Buchung einer Geschäftsreise

Sie hören jetzt ein Telefongespräch zwischen Frau Michalski vom Reisebüro und Herrn Schmülling, der eine Reise nach Mailand buchen möchte.

Zum Inhalt des Gesprächs werden in der Aufgabe verschiedene Aussagen gemacht. Notieren Sie während des Hörens die Informationen, die Herr Schmülling von Frau Michalski bekommt.

Zu diesem Gespräch sollen Sie zehn Aufgaben lösen. Sie hören das Gespräch einmal. Sehen Sie sich dazu die Aufgaben auf dem Aufgabenblatt an. Sehen Sie sich auch die Beispiele 01 und 02 an.

Michalski: *„Gern Reisen", Michalski. Guten Tag!*

Schmülling: *Schmülling am Apparat, guten Tag Frau Michalski.*

Michalski: *Was kann ich für Sie tun, Herr Schmülling?*

Schmülling: *Ich brauche eine günstige Verbindung von München nach Mailand.*

Michalski: *Wann soll die Reise denn stattfinden?*

Schmülling: *Mein Termin in Mailand ist am Montag kommender Woche. Und die Uhrzeit, ... Sekunde, ich schaue gerade in meinem Terminkalender nach ... Ich muss um 10.00 Uhr in der Corso Andrea Doria sein, direkt im Zentrum.*

Michalski: *Das ist aber sehr früh. Also, da gäbe es einen Flug mit der Lufthansa um 7.50 Uhr, der ist um 9.00 Uhr in Mailand. Air Dolomiti fliegt um 8.50 Uhr ... ah, aber der kommt ja zu spät an.*

Schmülling: *Oh je, da muss ich ja mitten in der Nacht aufstehen.*

Michalski: *Ja, und Sie müssen **mindestens eine Stunde** vor Abflug am Terminal sein.*

Schmülling: *Das ist ja unmöglich zu schaffen.*

Michalski: *Und Sie brauchen noch einmal eine dreiviertel Stunde vom Flughafen Malpensa bis zu Ihrer Adresse im Zentrum. Das wird ganz schön knapp.*

Schmülling: *Gibt es vielleicht eine Alternative?*

Michalski: *Haben Sie schon einmal darüber nachgedacht, **mit dem Zug zu fahren**?*

Schmülling: *Mit dem Zug?*

Michalski: *Ja, und zwar nehmen Sie um 20.56 Uhr den Nachtzug vom Münchner Hauptbahnhof, fahren die Nacht über via Schweiz entweder im Liege- oder im Schlafwagen und sind dann um 7.45 Uhr in Mailand.*

Schmülling: *Das klingt interessant! Sie sagten, „mit dem Liege- oder Schlafwagen", was ist denn da der Unterschied?*

Michalski: *Also beim Liegewagen werden in den normalen Abteilen die Sitze zu Liegen ausgeklappt.*

Schmülling: *Da liegt man dann mit anderen Fahrgästen auf engstem Raum zusammen? Nein, danke, das ist nichts für mich.*

Michalski: *Der Nachtzug ist meist nicht voll besetzt.*

Schmülling: *Trotzdem, lieber nicht. Und ... wie geht das mit dem Schlafwagen?*

Michalski: *Der Schlafwagen ist praktisch ein rollendes Hotel mit allem Komfort wie* **WC, Dusche, Waschbecken und herunterklappbaren Betten.** *Sie können morgens auch ein* **kleines Frühstück** *bekommen.*

Schmülling: *Betten? Wie viele Personen teilen sich denn so ein Abteil?*

Michalski: *Maximal drei. Gegen Aufpreis bekommen Sie ein Abteil für sich allein.*

Schmülling: *Unter uns: Kann man denn in so einem Schlafwagen überhaupt schlafen?*

Michalski: *(lacht) Mein Chef ist kürzlich von Berlin nach Brüssel gefahren und war ganz begeistert. Er sagte, er habe* **prima geschlafen** *und sei* **ausgeruht** *am Morgen bei seinem Termin angekommen.*

Schmülling: *Gut, ich werde dieses Experiment einmal wagen.*

Michalski: *Dieses „Experiment" erfreut sich bei Geschäftsleuten* **immer größerer Beliebtheit.**

Schmülling: *Was kostet denn der Spaß?*

Michalski: *Der Schlafwagen kostet 389 Euro für ein Einzelabteil, hin und zurück.*

Schmülling: *Das geht ja sogar, für Transport und quasi Hotel.*

Michalski: *Ja, das ist auf alle Fälle billiger als Fliegen mit Hotelübernachtung. Der Schlafwagen kann da manchmal eine echte Alternative sein, besonders, wenn der Geschäftstermin morgens so früh beginnt.*

Schmülling: *Ja, so kann ich am Montag vor der Besprechung noch in Ruhe* **einen schönen italienischen Espresso trinken.**

Michalski: *Und Sie haben sogar noch Zeit,* **sich ein bisschen die Stadt anzusehen,** *vielleicht den Mailänder Dom und die Einkaufsstraße.*

Schmülling: *Dann die nächste Frage: Wann geht der Zug am Abend nach München zurück?*

Michalski: *Warten Sie. Hier: um 21.12 Uhr, und Sie sind um 8.58 Uhr morgens wieder in München.*

Schmülling: *Okay, das mache ich. Wie bekomme ich die Fahrkarten?*

Michalski: *Die Fahrkarten können Sie* **entweder persönlich abholen oder wir schicken Sie Ihnen zu.**

Schmülling: *Abholen ist leider nicht möglich. Bis ich nach Dienstschluss in der Stadt bin, ist Ihr Reisebüro schon geschlossen.*

Michalski: *Also, dann brauche ich Ihren Namen und Ihre komplette Anschrift.*

Schmülling: *Max-Otto Schmülling, Rechtsanwalt, Riem Arcaden 13, 81929 München.*

Michalski: *Geben Sie mir bitte* **für eventuelle Rückfragen** *noch Ihre Telefonnummer.*

Schmülling: *Das ist die 1291873.*

Michalski: *Vielen Dank. Unter www.nachtzugreise.de können Sie alle wichtigen Informationen nachlesen.*

Schmülling: *Danke. Auf Wiederhören.*

Michalski: *Auf Wiederhören.*

Ende von Hörverstehen 1

Erstes Training Hörverstehen 2

In diesem Trainingsteil erfahren Sie, was Sie über das Hörverstehen 2 (HV 2) wissen müssen.
Dazu bekommen Sie einen Übungstest mit wichtigen Erläuterungen und Hilfestellungen.

▶ **Wie ist das HV 2 aufgebaut?**

Das HV 2 besteht aus vier Teilen:

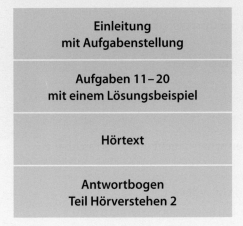

| Einleitung mit Aufgabenstellung |
| Aufgaben 11–20 mit einem Lösungsbeispiel |
| Hörtext |
| Antwortbogen Teil Hörverstehen 2 |

> *Diesen Typ von Test kenne ich schon aus meinem Kurs. Das Interview ist schwierig genug. Dazu kommen aber Aufgaben, bei denen man richtig analysieren muss.*

Claudette D., Montreal

▶ **Was für einen Text hören Sie?**

Sie hören zu einem aktuellen, gesellschaftlich relevanten Thema ein Interview aus dem Radio mit
einem Interviewpartner oder einer Interviewpartnerin. Sie hören das Interview **zweimal**, zuerst als
Gesamttext und beim zweiten Mal in Abschnitten.

▶ **Was müssen Sie im HV 2 tun?**

Hier sollen Sie dem Hörtext die Informationen entnehmen, die Sie zur Lösung der Aufgaben brauchen.

▶ **Wie viel Zeit haben Sie für das HV 2?**

Für das zweimalige Hören und das Lösen der Aufgaben haben Sie insgesamt 25 Minuten Zeit.

▶ **Wie viele Punkte können Sie für das HV 2 bekommen?**

HV 1	HV 2	HV gesamt
10 Aufgaben = 10 Punkte	10 Aufgaben x 1,5 = 15 Punkte	**25 Punkte**

▶ **Wo und wie notieren Sie Ihre Ergebnisse?**

Wenn Sie mit dem gesamten Hörverstehen fertig sind, übertragen Sie Ihre Lösungen in den Antwortbogen (➡ Erläuterungen, Seite 136; Kopiervorlage im Einleger, Seite 18).

> **Sehen Sie sich die Aufgaben zum HV 2 an.**
> **Hören Sie sich dann den Hörtext 2 an.**
> **Danach können Sie mit dem Training beginnen.**

Hörverstehen 2 (25 Minuten)

🔘 1 ⬛5⬛ Hören Sie den Text **zweimal**, zuerst ganz, dann noch einmal in Abschnitten.
🔘 1 ⬛6-10⬛ Kreuzen Sie die richtige Antwort an (A, B oder C).
Tragen Sie dann Ihre Lösungen in den **Antwortbogen** (Nr. 11– 20) ein.

Beispiel:

0   **Frau Meckel hat ein Buch geschrieben über**

A   die Freiräume, die E-Mail, SMS, Computer und Handy schaffen.
B   technische Probleme mit elektronischen Geräten.
C   die Wichtigkeit, nicht ständig elektronisch erreichbar zu sein.

Lösung: C

11   **Warum fällt es laut Meckel den meisten Menschen schwer, nicht immer erreichbar zu sein?**

A   Sie wollen die Zuneigung ihrer Mitmenschen nicht verlieren.
B   Sie haben so das Gefühl, immer auf dem neuesten Informationsstand zu sein.
C   Sie wollen ein Zeichen setzen, dass auch andere immer erreichbar sind.

12   **Was findet Frau Meckel negativ an der modernen Kommunikationstechnik?**

A   Das Gefühl, immer auf alle Meldungen reagieren zu müssen.
B   Die Schwierigkeit, wichtige Fragen nicht zu vergessen.
C   Den Druck, alle Geräte benutzen zu müssen.

13   **Wie beeinflusst diese Technik den Umgang der Menschen miteinander?**

A   Die Leute telefonieren ständig, statt zu arbeiten.
B   Durch die Technik lügen die Leute nur noch.
C   Die Menschen werden unter Druck gesetzt, immer erreichbar zu sein.

14   **Welche Maßnahmen sind möglich, diesen Zwang zur Kommunikation zu reduzieren?**

A   Betriebliche Vorgaben untersagen das private Kommunizieren.
B   Die Betriebe legen Zeiten für die Nutzung dieser Geräte fest.
C   In den Unternehmen bleiben nur bestimmte Geräte ständig eingeschaltet.

15   **Welchen Stellenwert haben die modernen Medien bei Jugendlichen?**

A   Sie dienen der intensiven Kommunikation auf verschiedenen Plattformen.
B   Laut Forschung dienen sie dem Gehirntraining.
C   Je mehr E-Mails und SMS Jugendliche bekommen, desto beliebter sind sie.

16   **Wir leben laut Meckel inzwischen so stark in dieser Unterbrechungs-Unkultur, …**

     A   dass wir uns nur noch auf das Internet konzentrieren können.

     B   dass nicht die Arbeit durch Mails unterbrochen wird, sondern umgekehrt.

     C   dass uns schon ein Anruf bei der Arbeit im Internet stört.

17   **Wann sollte sich der Einzelne vom technischen Zwang befreien?**

     A   Wenn er krank geworden ist.

     B   Wenn er sein Handy hergegeben und nicht zurückbekommen hat.

     C   Wenn er eine wichtige Aufgabe vor sich hat.

18   **Warum plädiert Frau Meckel dafür, auch mal unerreichbar zu sein?**

     A   Weil eine ständige Erreichbarkeit die Konzentration stört.

     B   Weil Menschen immer wichtiger sind als alle diese Geräte.

     C   Weil die Menschen auch mal persönliche Sachen erledigen müssen.

19   **Was sind gute Umgangsformen bei der Benutzung von Handys?**

     A   Auch bei Konferenzen ständig erreichbar zu sein.

     B   Bei wichtigen Dingen sofort jemanden anzurufen.

     C   Während wichtiger Veranstaltungen das Handy ausgeschaltet zu lassen.

20   **Was kann der Einzelne tun, um die hektische Kommunikation abzubauen?**

     A   Man soll seine eigene Sprache sorgfältiger einsetzen.

     B   Man soll statt E-Mails wieder mehr Briefe schreiben.

     C   Man soll einfach langsamer arbeiten.

Training

In diesem Training lernen Sie die Aufgaben und den Hörtext kennen und können sich Schritt für Schritt in die Aufgabenstellung und in den Lösungsweg einarbeiten.

Das Training zum Hörverstehen 2 besteht aus folgenden Teilen:

Einleitung mit Aufgabenstellung
Hörtext
Aufgaben 11–20
Hörverstehen 2 lösen

Einleitung mit Aufgabenstellung

▶ **Warum ist die Einleitung wichtig?**

In der Aufgabenstellung bekommen Sie drei Aufträge:

1. Hören Sie den Text zweimal, zuerst ganz, dann noch einmal in Abschnitten.

Der Text ist ein Radiointerview von einer Interviewerin / einem Interviewer mit einer Interviewpartnerin / einem Interviewpartner.

2. Kreuzen Sie die richtige Antwort an (A, B oder C).

Sie müssen zehn Aufgaben mit je drei Auswahlantworten lösen, und zwar während des zweiten Hörens. In dieser Phase sollten Sie Ihre Lösungen zuerst auf dem Aufgabenblatt ankreuzen.

3. Tragen Sie dann Ihre Lösungen in den Antwortbogen (Nr. 11–20) ein.

Dazu bekommen Sie am Ende beider Hörtests zusätzlich fünf Minuten Zeit.

> Wie lesen Sie die Aufgabenstellung?   ➡ **Kurzer Check zur Überprüfung!**

Hörtext

▶ Was hören Sie?

In einem Radiointerview oder einer Reportage wird ein aktuelles Thema von gesellschaftlicher Relevanz präsentiert und diskutiert. Ein Radiosprecher und ein Experte sprechen in authentischem Tempo miteinander. Der Experte führt dabei einzelne Aspekte seines Themas in längeren monologischen Passagen aus.

Klar, bei uns werden im Radio auch Probleme diskutiert. Aber die kenne ich schon und über die habe ich auch schon gesprochen. Aber natürlich auf Spanisch …

Alberto M., Córdoba

Diese Art von Radiosendung ist Ihnen sicher bekannt, allerdings können Sie ein solches Interview im Radio nur einmal hören, in der Prüfung aber zweimal.

▶ Wie hören Sie den Text?

Normalerweise hört man so eine Radiosendung aus Interesse an einem bestimmten Thema. Dabei verfolgt man aber den Text nicht durchgehend Wort für Wort, sondern konzentriert sich auf das, was einem wichtig erscheint. Der Rest wird ausgeblendet.
Genauso sollten Sie diesen Prüfungstext anhören. Die wichtigsten Aspekte des Themas bestimmen in diesem Fall aber nicht Sie selbst. Vielmehr schreiben Ihnen die Aufgaben vor, was wichtig ist. Nur darauf müssen Sie sich beim Hören konzentrieren.

▶ Wie läuft der Hörtext ab?

Einführung durch den Sprecher und Interview als gesamter Text

Zunächst hören Sie einen kurzen **Einleitungstext**:

1. Vorstellung des Interviewpartners und des Themas

    Sie hören jetzt ein Radiointerview. Thomas Borchert interviewt die Kommunikations-wissenschaftlerin Miriam Meckel zum Thema „Erreichbarkeit" im Medienalltag.

2. Beschreibung des Ablaufs der Prüfung

    Zu diesem Text sollen Sie zehn Aufgaben lösen. Sie hören das Gespräch zweimal.
    Lesen Sie jetzt die Aufgaben 11–20 auf dem Aufgabenblatt.

Beachten Sie: Beim Lesen der Aufgaben sollen Sie sich auf die Eingangsfragen beschränken. Die Auswahlantworten dazu lesen Sie später, wenn Sie vor jedem Textabschnitt Zeit dafür bekommen.

   Hören Sie jetzt den Text einmal ganz. Dann hören Sie den Text noch einmal in Abschnitten.

Danach folgt das Interview, zunächst die Einführung in das Thema durch den Interviewer:

3. Genauere Vorstellung des Interviewpartners / der Interviewpartnerin in Bezug auf Beruf, Herkunft und der Anlass des Interviews

> **Borchert:** *Frau Meckel, Sie sind Kommunikationswissenschaftlerin an der Universität St. Gallen und Ihr Buch „Das Glück der Unerreichbarkeit" ist gerade erschienen.*

4. Erläuterung zum Thema und zum Ziel des Interviews

> *Darin fordern Sie, dass wir uns bewusst Freiräume schaffen sollen, in denen wir nicht ständig per E-Mail und SMS, Computer und Handy erreichbar sind. Wo ist das Problem? Diese Geräte haben doch alle auch einen Ausschalter.*

Danach folgt der **Prüfungstext**:

5. Das Interview als gesamter Text

1 `6-10` **Das Interview noch einmal in drei Abschnitten**

Die Abschnitte betreffen unterschiedliche Aspekte des Themas.
Diese Abschnitte werden durch den Hörtext auf der CD vorgeben.

1 `6` Ansage des Beispiels

Hören Sie zuerst das Beispiel:

> **Borchert:** *Frau Meckel, Sie sind Kommunikationswissenschaftlerin an der Universität St. Gallen und Ihr Buch „Das Glück der Unerreichbarkeit" ist gerade erschienen. Darin fordern Sie, dass wir uns bewusst Freiräume schaffen sollen, in denen wir nicht ständig per E-Mail und SMS, Computer und Handy erreichbar sind. [...]*

Pause zum Lesen der Beispielaufgabe mit Lösung   10 Sekunden

1 `7` Ansage zum Lesen der ersten Aufgaben

Lesen Sie jetzt die Aufgaben 11–13.

Pause zum Lesen   60 Sekunden

Fortsetzung des Textes, Abschnitt 1:

> **Borchert:** *Warum, denken Sie, ist das so?*
> **Meckel:** *Weil wir eine gewisse Zuneigung zur permanenten Erreichbarkeit entwickelt haben. Das ist schließlich ein Zeichen dafür, dass wir bei unseren Mitmenschen gefragt sind. Und wir sind immer bestens mit Informationen versorgt. [...]*

Pause zum Lösen der Aufgaben 11–13   30 Sekunden

1 `8` Ansage zum Lesen der nächsten Aufgaben

Lesen Sie jetzt die Aufgaben 14–16.

Pause zum Lesen   60 Sekunden

Fortsetzung des Textes, Abschnitt 2:

> **Borchert:** *Haben Sie eine Lösung, wie man sich diesem Zwang zur Kommunikation entziehen kann?*
> **Meckel:** *Wir müssen Richtlinien aufstellen. In einigen Unternehmen hat man bereits erkannt, dass die Mitarbeiter irre werden durch dieses ewige Kommunizieren. [...]*

Pause zum Lösen der Aufgaben 14–16   40 Sekunden

1 **9** Ansage zum Lesen der nächsten Aufgaben

Lesen Sie jetzt die Aufgaben 17–20.

Pause zum Lesen   60 Sekunden

Fortsetzung des Textes, Abschnitt 3:

> **Borchert:** *Das ist aber ein Widerspruch: Sie sind Medienwissenschaftlerin, aber raten zur Abstinenz vom Kommunizieren.*
> **Meckel:** *Überhaupt nicht. Ich würde mein Handy nur ungern hergeben. Es geht darum, Zeiten zu schaffen, in denen Pause ist. Wenn Sie sich wirklich konzentrieren wollen, etwa um ein Buch zu lesen, dann darf es nicht ständig bimmeln. Dann muss man sich technisch abkoppeln. [...]*

Pause zum Lösen der Aufgaben 17–20   30 Sekunden

1 **10** Abschluss des HV 2

Ende von Hörverstehen 2.
Jetzt bekommen Sie fünf Minuten Zeit, die Lösungen in den Antwortbogen zu schreiben.

5 Minuten

Beachten Sie: Jeder Text zum HV 2 ist beim zweiten Hören in drei Abschnitte unterteilt. In den Transkriptionen (➡ Seite 62–63, für Übungstest 2–4 im Einleger, Seite 4–12) wird der Hörtext nicht zweimal abgedruckt, sondern gleich in den Abschnitten und mit den Ansagen dazu. Zu jedem Abschnitt sollen Sie drei oder vier Aufgaben lösen.

Beispiele:

Übungstest 1:	Übungstest 2:
1. Abschnitt: Aufgaben 11–13	1. Abschnitt: Aufgaben 11–14
2. Abschnitt: Aufgaben 14–16	2. Abschnitt: Aufgaben 15–17
3. Abschnitt: Aufgaben 17–20	3. Abschnitt: Aufgaben 18–20

1 **5-8**

 Hören Sie sich zu diesem Ablauf das HV 2 an und lesen Sie dabei in der Transkription
Übung (➡ Seite 62–63) die verschiedenen Arbeitsphasen mit.

Aufgaben 11 – 20

► **Wie sind die Aufgaben konstruiert?**

Am Anfang jeder Aufgabe steht eine Frage, die zu beantworten ist, oder ein Satz, der fortgesetzt werden muss. Dazu haben Sie drei Antworten zur Auswahl:

Beispiel:

Einleitungssatz:	0	**Frau Meckel hat ein Buch geschrieben über**
Auswahlantworten:	A	die Freiräume, die E-Mail, SMS, Computer und Handy schaffen.
	B	technische Probleme mit elektronischen Geräten.
	C	die Wichtigkeit, nicht ständig elektronisch erreichbar zu sein.

Für jede Aufgabe gibt es nur eine richtige Lösung. Die Frage ist der Startpunkt für das Auffinden der passenden Stelle im Hörtext und für das Lösen der Aufgabe.

► **Wie können Sie schnell den Inhalt der Frage erfassen?**

In jeder Frage helfen Schlüsselwörter zum schnellen Verständnis.

Beispiel:

11 Warum <u>fällt</u> es laut Meckel den meisten Menschen <u>schwer</u>, <u>nicht</u> immer <u>erreichbar</u> zu sein?

>
>
> **Übung**
> Sehen Sie sich in den zehn Aufgaben (11 – 20) die Fragen und Sätze an und unterstreichen oder markieren Sie die Schlüsselwörter, die zum Verständnis wichtig sind.

► **Wie können Sie üben, die passende Stelle im Hörtext aufzufinden?**

Suchen Sie im Hörtext nach Schlüsselwörtern, die inhaltlich zur Aufgabe passen.

Beispiel zu Aufgabe 11:

> **Meckel:** *Ja, man muss ihn aber auch betätigen! Das <u>fällt</u> vielen Menschen <u>schwer</u>.*
> **Borchert:** *Warum, denken Sie, ist das so?*
> **Meckel:** *Weil wir eine gewisse Zuneigung zur permanenten <u>Erreichbarkeit</u> entwickelt haben. Das ist schließlich ein Zeichen dafür, dass wir bei unseren Mitmenschen gefragt sind. Und wir sind immer bestens mit Informationen versorgt.*

Im Text hören Sie die Wörter „fällt … schwer" und „Erreichbarkeit". Das sind die Signale, dass Sie an der richtigen Textstelle für die Aufgabe 11 sind. Denn in der Frage korrespondieren damit die Schlüsselwörter „fällt … schwer" und „erreichbar".

>
>
> **Übung**
> 1. Legen Sie die Seiten mit den unterstrichenen oder markierten Fragen vor sich hin.
> 2. Nehmen Sie die Transkription des Hörtextes dazu (➡ Seite 62 – 63).
> 3. Hören Sie jetzt den Hörtext und kennzeichnen Sie beim Hören die Stellen in der Transkription, zu denen die Schlüsselwörter der Fragen und Sätze führen.

Sollten Sie dabei Schwierigkeiten haben, den Text zu verfolgen, dann halten Sie die CD einfach an und arbeiten Sie nach Ihrem eigenen Tempo weiter.

Beachten Sie: Diese Übung mit der Transkription eignet sich gut für diese Trainingsphase. In der Prüfung haben Sie aber nur das Aufgabenblatt vor sich. Auch in den folgenden Übungstests sollten Sie die Transkription nur zur nachträglichen Kontrolle benutzen!

Hörverstehen 2 lösen

▸ Wie gehen Sie in der Prüfung beim ersten Hören vor?

In der Prüfung sollten Sie sich beim ersten Hören des Interviews natürlich auf den Hörtext konzentrieren. Gleichzeitig schauen Sie sich aber auch die Fragen und Einleitungssätze zu den Aufgaben an und lesen Sie diese beim Hören mit – möglichst nur die Schlüsselwörter!
Dabei könnten Sie bereits bei einigen Textstellen entdecken, zu welchen Fragen sie passen. Dies erleichtert Ihnen in der zweiten Hörphase das Lösen der Aufgaben.

▸ Wie lösen Sie die Aufgaben?

Beim zweiten Hören läuft der Text in Abschnitten ab. Sie können vor jedem Abschnitt die Aufgaben lesen – drei oder vier pro Abschnitt. Dann hören Sie den Abschnitt und bekommen danach etwas Zeit, die Aufgaben zu lösen (➡ Ablauf Seite 56 – 57).

Zum Lösen der Aufgaben empfehlen wir die folgende Methode:

Schritt 1   Lesen Sie die Aufgaben vor dem Hören des Abschnitts, z.B. vor dem ersten Abschnitt die Aufgaben 11 – 13.

Beispiel:

12   Was findet Frau Meckel <u>negativ</u> an der modernen <u>Kommunikationstechnik</u>?

A   Das Gefühl, immer auf alle Meldungen reagieren zu müssen.
B   Die Schwierigkeit, wichtige Fragen nicht zu vergessen.
C   Den Druck, alle Geräte benutzen zu müssen.

Sehen Sie sich die **Frage mit ihren Schlüsselwörtern** an:
Erinnern Sie sich? Haben Sie dazu beim ersten Mal etwas gehört?

Lesen Sie dann die dazugehörigen **Auswahlantworten** durch:
Welche Auswahlantwort erscheint Ihnen **unwahrscheinlich**?
Diese Antwort streichen Sie am besten gleich durch:

~~C   Den Druck, alle Geräte benutzen zu müssen.~~

Dies ist die unwahrscheinlichste Antwort, da es bei dem Interview überhaupt nicht um die Beherrschung von technischen Geräten geht.

Welche Auswahlantwort erscheint Ihnen **richtig oder plausibel**? Oder halten Sie zwei Auswahlantworten für möglich? Kennzeichnen Sie diese Antworten mit einem Pluszeichen. Gehen Sie danach zur nächsten Aufgabe weiter.

+ A   Das Gefühl, immer auf alle Meldungen reagieren zu müssen.

+ B   Die Schwierigkeit, wichtige Fragen nicht zu vergessen.

Beide Antworten erscheinen zunächst plausibel, denn es geht um Strukturen der Kommunikation.

Schritt 2   Hören Sie jetzt den Textabschnitt und achten Sie besonders darauf: Welche der Antworten, die Ihnen richtig vorkommen, werden tatsächlich **vom Inhalt des Textes bestätigt**?

Beispiel:

> *Weil das nur die eine Seite ist. Ich benutze viele verschiedene Geräte zur Kommunikation. Aber zu den guten <u>Gefühlen</u> kommt ein negativer Punkt: Man meint, <u>immer auf alles reagieren</u> zu <u>müssen</u>, auch auf nicht so wichtige Dinge, und dann gerät man unter Druck. Auf einmal hat man keine Zeit mehr für die Fragen: Was will ich eigentlich antworten, was will ich sagen? Will ich mit dem, der mich da anspricht, überhaupt reden? Dann tappen wir in die „Kommunikationsfalle".*

Schritt 3   Im Text hören Sie, dass man das Gefühl hat, auf alles reagieren zu müssen (siehe die unterstrichenen Ausdrücke). Antwort A ist also richtig.
Im Text kommt zwar der Ausdruck „wichtige Dinge" vor, aber von Problemen, diese Dinge zu vergessen, ist keine Rede. Damit fällt die Antwort B aus.

Schritt 4   Lösen Sie dann in der folgenden kurzen Pause die Aufgaben, indem Sie die richtige Lösung auf dem Aufgabenblatt ankreuzen. Arbeiten Sie daran auf keinen Fall länger, als die Zeit vorgibt. Die nächsten Aufgaben und der folgende Hörtext sind wichtiger!

> *Dieser Hinweis ist superwichtig! Wir hören zwar viele deutsche Sendungen im Radio, aber dazu muss man ja keine Aufgaben machen. Man muss wirklich aufpassen, dass man den Text nicht verliert.*
>
> Dian Agus P., Surabaya

 TIPP   *Falls Sie sich einmal nicht entscheiden können, haben Sie zwei Möglichkeiten: Entweder Sie warten, bis die letzte Aufgabe im Hörverstehen gelöst ist. Vielleicht helfen Ihnen die Lösungen der anderen Aufgaben. Oder Sie kreuzen eine von zwei möglichen Antworten an – eventuell einfach mit Instinkt.*

Schritt 5   Lesen Sie jetzt die nächsten Aufgaben durch, wie Ihnen auf der CD angesagt wird.

 Übung   Arbeiten Sie nach dieser Methode den gesamten Hörtext durch.

Arbeitsschritte

Im HV 2 haben Sie den Vorteil, dass Sie den Hörtext zweimal hören und sich auf die Aufgaben vorbereiten können. Arbeiten Sie möglichst nach den folgenden Schritten, denn Sie können in diesem Testteil viele Punkte erreichen:

Schritt 1	Lesen Sie in der vorgesehenen Pause die Fragen zu den Aufgaben durch, aber noch nicht die Auswahlantworten A, B, C. Unterstreichen Sie in den Fragen mögliche Schlüsselwörter.
Schritt 2	Hören Sie den Text und sehen Sie sich gleichzeitig die Aufgaben an.
Schritt 3	Lesen Sie in der vorgegebenen Pause die Aufgaben durch und die dazugehörigen Auswahlantworten zum ersten Abschnitt.
Schritt 4	Hören Sie jetzt den ersten Abschnitt und überlegen Sie, welche Auswahlantworten möglicherweise richtig sind.
Schritt 5	Lösen Sie jetzt in der vorgegebenen kurzen Pause die Aufgaben zum ersten Abschnitt. Beachten Sie: Sie müssen das Lösen der Aufgaben sofort und selbstständig beginnen, wenn der Textabschnitt zu Ende ist. Sie bekommen kein Signal dazu.
Schritt 6	Arbeiten Sie entsprechend bei Abschnitt zwei und drei weiter. Halten Sie dabei unbedingt mit dem Hörtext Schritt!

Übung   Bearbeiten Sie jetzt das gesamte Hörverstehen 2 mit den Aufgaben 11–20 (ohne Transkription) und tragen Sie Ihre Lösungen auf dem Antwortbogen ein. Arbeiten Sie entsprechend dem Training und nach den obigen Schritten.

In der Prüfung übertragen Sie dann die Lösungen auf den **Antwortbogen**, wenn der gesamte Prüfungsteil Hörverstehen (HV 1–2) fertig ist.
In dieser Trainingsphase können Sie einfach auf dem Aufgabenbogen die Lösungen ankreuzen.

Wie Sie mit dem Antwortbogen arbeiten, erfahren Sie auf Seite 136.

Hörtext

Übungstest 1

Hörverstehen 2

Ich bin nicht immer erreichbar!

Sie hören jetzt ein Radiointerview. Thomas Borchert interviewt die Kommunikationswissenschaftlerin Miriam Meckel zum Thema „Erreichbarkeit" im Medienalltag.

Zu diesem Text sollen Sie zehn Aufgaben lösen.
Sie hören das Gespräch zweimal.
Lesen Sie jetzt die Aufgaben 11–20 auf dem Aufgabenblatt.

Hören Sie jetzt den Text einmal ganz. Dann hören Sie den Text noch einmal in Abschnitten.

(Der Hörtext wird hier nicht zweimal abgedruckt, sondern in den Abschnitten und mit den Ansagen, die Sie beim zweiten Mal hören.)

Hören Sie nun den Text in Abschnitten.
Hören Sie zuerst das Beispiel:

Borchert: *Frau Meckel, Sie sind Kommunikationswissenschaftlerin an der Universität St. Gallen und Ihr Buch „Das Glück der Unerreichbarkeit" ist gerade erschienen. Darin fordern Sie, dass wir uns bewusst Freiräume schaffen sollen, in denen wir nicht ständig per E-Mail und SMS, Computer und Handy erreichbar sind. Wo ist das Problem? Diese Geräte haben doch alle auch einen Ausschalter.*

Meckel: *(lacht) Ja, man muss ihn aber auch betätigen! Das fällt vielen Menschen schwer.*

Lesen Sie jetzt die Aufgaben 11–13.

Hören Sie nun den passenden Text. Lösen Sie dazu die Aufgaben während des Hörens oder danach.

Borchert: *Warum, denken Sie, ist das so?*

Meckel: *Weil wir eine gewisse Zuneigung zur permanenten Erreichbarkeit entwickelt haben. Das ist schließlich ein Zeichen dafür, dass wir bei unseren Mitmenschen gefragt sind. Und wir sind immer bestens mit Informationen versorgt. So entsteht ein Gefühl, mitten im Strom des Lebens zu schwimmen – und dann ist es einfach schwer, das zu stoppen.*

Borchert: *Ja, aber das klingt doch gut. Warum sollte man denn dann solche positiven Gefühle abschalten?*

Meckel: *Weil das nur die eine Seite ist. Ich benutze viele verschiedene Geräte zur Kommunikation. Aber zu den guten Gefühlen kommt ein negativer Punkt: Man meint, immer auf alles reagieren zu müssen, auch auf nicht so wichtige Dinge, und dann gerät man unter Druck. Auf einmal hat man keine Zeit mehr für die Fragen: Was will ich eigentlich antworten, was will ich sagen? Will ich mit dem, der mich da anspricht, überhaupt reden? Dann tappen wir in die „Kommunikationsfalle".*

Borchert: *Schildern Sie da nicht ein Luxusproblem? Wer ist schon so stark in elektronische Kommunikation eingebunden?*

Meckel: *Das wandelt sich gerade. Die Kommunikation in allen Bereichen unserer Gesellschaft verlagert sich auf technische Plattformen wie E-Mail und SMS, PC und Handy. Es gibt immer weniger persönliche Gespräche, sogar die Zahl der Telefongespräche sinkt zugunsten von SMS und Mail. Die Technik macht Erreichbarkeit zu jeder Zeit möglich – und die wird einfach erwartet. Der Druck ist so groß, dass manche sich da sogar rauslügen müssen. Untersuchungen haben ergeben, dass nirgendwo so viel gelogen wird wie in E-Mail und SMS: „Akku war leer", „Kein Netz". Keiner traut sich zu sagen: „Ich brauche im Moment Ruhe zum Arbeiten!"*

Lesen Sie jetzt die Aufgaben 14–16.

Borchert: *Haben Sie eine Lösung, wie man sich diesem Zwang zur Kommunikation entziehen kann?*

Meckel: *Wir müssen Richtlinien aufstellen. In einigen Unternehmen hat man bereits erkannt, dass die Mitarbeiter irre werden durch dieses ewige Kommunizieren. Da wird in betrieblichen Vorgaben klar festgelegt, wann die Geräte ein- und wann sie ausgeschaltet sind, und auch, wie schnell Mails und Anrufe beantwortet werden müssen.*

Borchert: *Im Privatleben aber scheinen zumindest Jugendliche mit dem Kommunikationsstress gut klarzukommen.*

Meckel: *Erstens definiert sich die Anerkennung unter Jugendlichen zu einem großen Teil darüber, wie viele SMS und E-Mails sie bekommen. Und wenn sie frisch verliebt sind, ist SMS die ideale Plattform.*

Und zweitens sind die Jugendlichen natürlich mit dieser Technik groß geworden. Aber die Gehirnforschung zeigt ganz klar: Wir können mehrere Dinge nicht gleichzeitig machen – nur im raschen Wechsel nacheinander. Und das hat Folgen: Je schneller man zwischen verschiedenen Aufgaben wechselt, desto länger braucht man, sie zu verarbeiten.

Borchert: *Sie nennen diesen Effekt die „unterbrochene Gesellschaft"...*

Meckel: *Genau. Im Durchschnitt kann sich ein Büromensch zweieinhalb Minuten auf eine Sache konzentrieren, bevor er von außen unterbrochen wird, durch einen Anruf, durch einen Kollegen, durch eine E-Mail. Wir leben inzwischen so stark in dieser Unterbrechungs-Unkultur, dass nicht mehr die Arbeit durch Mails unterbrochen wird, sondern umgekehrt das Mailen durch die Arbeit. Wir können uns gar nicht mehr richtig konzentrieren. Ich kenne das von mir selbst gut genug.*

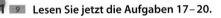

Lesen Sie jetzt die Aufgaben 17–20.

Borchert: *Das ist aber ein Widerspruch: Sie sind Medienwissenschaftlerin, aber raten zur Abstinenz vom Kommunizieren.*

Meckel: *Überhaupt nicht. Ich würde mein Handy nur ungern hergeben. Es geht darum, Zeiten zu schaffen, in denen Pause ist. Wenn Sie sich wirklich konzentrieren wollen, etwa um ein Buch zu lesen, dann darf es nicht ständig bimmeln. Dann muss man sich technisch abkoppeln und unerreichbar sein. Ich nenne das ein „existentielles Funkloch". Wie eine ausgewogene Ernährung brauchen wir auch einen guten Informations- und Kommunikationsmix, um nicht krank zu werden.*

Borchert: *Und wie kommt man Ihrer Meinung nach raus aus dieser – Erreichbarkeitsfalle?*

Meckel: *Ausmachen! Es klingt total einfach, ist aber extrem schwer für die meisten Menschen. Wir brauchen Zeiten der technischen Unerreichbarkeit, um uns auf bestimmte Aufgaben oder einen Menschen wirklich zu konzentrieren, nämlich auf eine Sache oder auf eine Person zu einer Zeit. In Konferenzen und Diskussionen gehört das Handy prinzipiell ausgeschaltet, das muss heute eine Frage der guten Umgangsformen werden, ähnlich wie damals, als es praktisch ein Tabu war bei jemandem anzurufen, während die Tagesschau im Fernsehen lief, oder während der Mittagszeit. Und noch etwas: Ein Trick, um die eigene Kommunikation zu „entschleunigen", ist, ganz bewusst eine vernünftige Sprache zu benutzen, auf Grammatik und korrekte Rechtschreibung zu achten und eine ordentliche Anrede und Grußformel zu verwenden. Wenn man sich Zeit für die Formulierung nimmt, dann gewinnt auch der Inhalt.*

Borchert: *Mit diesen guten Ratschlägen können wir dieses Interview beenden. Frau Meckel, wir danken Ihnen!*

Ende von Hörverstehen 2

Jetzt bekommen Sie fünf Minuten Zeit, um Ihre Lösungen in den Antwortbogen zu schreiben.

Ende des Hörverstehens

Schriftlicher Ausdruck

Der Prüfungsteil Schriftlicher Ausdruck (SA) zum Goethe-Zertifikat C1 besteht aus zwei Teilen mit 20 erreichbaren Punkten für den SA 1 und maximal 5 Punkten für den SA 2. Als Zeit zur Bearbeitung sind 80 Minuten festgelegt, von denen Sie 65 Minuten für den SA 1 und 15 Minuten für den SA 2 aufwenden sollten.

Leseverstehen			Hörverstehen		Schriftlicher Ausdruck		Mündlicher Ausdruck	
LV 1	LV 2	LV 3	HV 1	HV 2	SA 1	SA 2	MA 1	MA 2

Der Prüfungsteil Schriftlicher Ausdruck hat zwei Teile, die sich stark voneinander unterscheiden:

- unterschiedliche Vorlagen zur Bearbeitung,
- unterschiedliche Aufgabentypen und Bearbeitungsformen,
- unterschiedliche Bearbeitungszeiten,
- unterschiedliche Punktevergabe.

Deshalb ist es wichtig, sich auf jeden dieser Teile zum SA speziell vorzubereiten, da Sie in der Prüfung jeden Teil anders bearbeiten müssen.

Der Prüfungsteil Schriftlicher Ausdruck besteht aus diesen zwei Teilen:

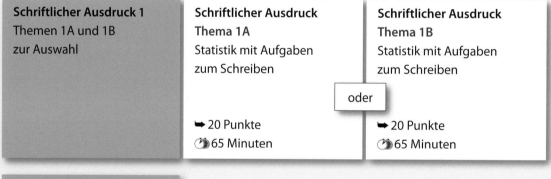

Schriftlicher Ausdruck 1
Themen 1A und 1B
zur Auswahl

Schriftlicher Ausdruck
Thema 1A
Statistik mit Aufgaben
zum Schreiben

➥ 20 Punkte
🕐 65 Minuten

oder

Schriftlicher Ausdruck
Thema 1B
Statistik mit Aufgaben
zum Schreiben

➥ 20 Punkte
🕐 65 Minuten

Schriftlicher Ausdruck 2
Textvorlage zum Thema
und Lückentext
mit Aufgaben 1–10

➥ 10 x 0,5 Punkte
   = 5 Punkte
🕐 15 Minuten

Im folgenden Training können Sie den SA 1 und den SA 2 nacheinander durcharbeiten. Da beide Teile im Inhalt und in der Aufgabenstellung unterschiedlich sind, müssen Sie nicht unbedingt die Reihenfolge von SA 1 und SA 2 einhalten. Mit jedem Trainingsteil können Sie getrennt arbeiten und sich auf die Teile konzentrieren, die Ihnen fremd sind oder die Ihnen besonders schwer fallen.

Erstes Training Schriftlicher Ausdruck 1

In diesem Trainingsteil erfahren Sie, was Sie über den Schriftlichen Ausdruck 1 (SA 1) wissen müssen. Dazu bekommen Sie einen Übungstest und zwei Beispielaufsätze mit wichtigen Erläuterungen und Hilfestellungen. Sie bearbeiten den SA 1 in verschiedenen Phasen, für die Sie nur begrenzt Zeit haben.

▶ **Wie ist der SA 1 aufgebaut?**

1. Themenblatt zur Themenauswahl

Thema 1A
Aufgabenstellung zu einer Statistik

Thema 1B
Aufgabenstellung zu einer Statistik

2. Aufgabenblatt 1A oder 1B

Statistik
Aufgabenstellung mit 5 Inhaltspunkten und Hinweisen
Antwortbogen

▶ **Woraus besteht die Vorlage?**

Thema 1A und Thema 1B:
Statistik, Grafik oder Schaubild zu aktuellen, gesellschaftsrelevanten Situationen und Entwicklungen

▶ **Was müssen Sie im SA 1 tun?**

Sie sollen die Statistik auswerten, kommentieren und zum Thema der Statistik Stellung nehmen.

▶ **Wie viel Zeit haben Sie für den SA 1?**

Für die gesamte Bearbeitung haben Sie 65 Minuten Zeit. Allerdings besteht die Möglichkeit, zwischen dem SA 1 und dem SA 2 zeitlich etwas zu variieren (➡ Zeitorganisation, Seite 144).

> *Statistiken!*
> *Die kenne ich aus Zeitungen*
> *und darüber kann man auch gut reden.*
> *Aber darüber schreiben???*
> *Das habe ich in meiner Muttersprache auch noch*
> *nie gemacht. Also muss ich das jetzt*
> *hart trainieren!*

Marja K., Riga

▶ **Wie viele Punkte können Sie für den SA 1 bekommen?**

SA 1	SA 2	SA gesamt
20 Punkte	5 Punkte	25 Punkte

▶ **Wohin schreiben Sie Ihren Text?**

In der Prüfung erhalten Sie eine extra Schreibvorlage (➡ Antwortbogen, Seite 149 – 150).

> Sehen Sie sich das Themenblatt zur Auswahl der Themen an.
> Sehen Sie sich die Aufgabenblätter 1A und 1B mit den Statistiken und Aufgaben an.
> Dazu können Sie sich auch Beispiele von schriftlichen Arbeiten ansehen (➡ Seite 81 – 82).

Schriftlicher Ausdruck 1 (65 Minuten)

Wählen Sie für den Schriftlichen Ausdruck 1 eines der beiden Themen aus.
Danach erhalten Sie das Aufgabenblatt mit dem Thema 1A oder 1B.

Thema 1A:

Medien-Konsum

Sie haben die Aufgabe, sich schriftlich zum Thema Medien-Konsum der Gesamtbevölkerung und der jüngeren Generation zu äußern.

Dazu bekommen Sie Informationen in Form einer grafischen Darstellung.

Thema 1B:

Sport und Spiel

Sie haben die Aufgabe, sich schriftlich dazu zu äußern, welche Art von Sport Männer und Frauen in ihrer Freizeit ausüben.

Dazu bekommen Sie Informationen in Form einer grafischen Darstellung.

Schriftlicher Ausdruck 1 (65 Minuten)

Thema 1A

Medien-Konsum

So viele Minuten täglich verbrachten die Bundesbürger im Jahr 2005 mit diesen Medien

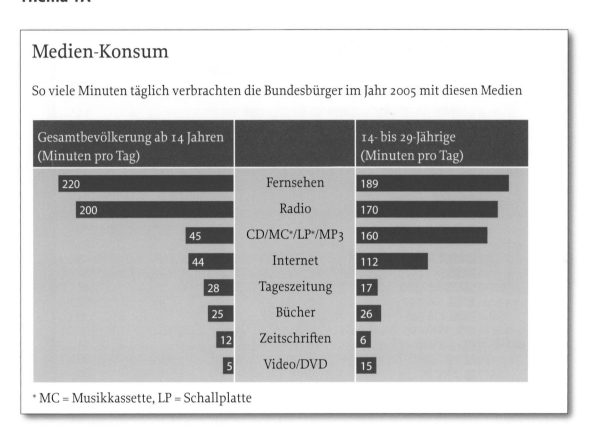

Gesamtbevölkerung ab 14 Jahren (Minuten pro Tag)		14- bis 29-Jährige (Minuten pro Tag)
220	Fernsehen	189
200	Radio	170
45	CD/MC*/LP*/MP3	160
44	Internet	112
28	Tageszeitung	17
25	Bücher	26
12	Zeitschriften	6
5	Video/DVD	15

* MC = Musikkassette, LP = Schallplatte

Schreiben Sie,

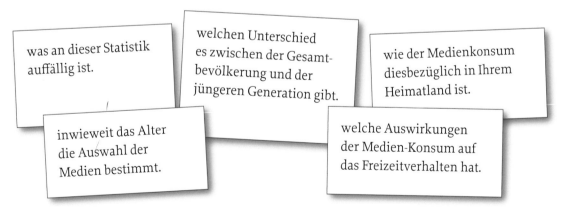

was an dieser Statistik auffällig ist.

welchen Unterschied es zwischen der Gesamt-bevölkerung und der jüngeren Generation gibt.

wie der Medienkonsum diesbezüglich in Ihrem Heimatland ist.

inwieweit das Alter die Auswahl der Medien bestimmt.

welche Auswirkungen der Medien-Konsum auf das Freizeitverhalten hat.

Hinweise:
Bei der Beurteilung wird auch darauf geachtet,
- ob alle Inhaltspunkte bearbeitet wurden,
- wie korrekt Ihr Text ist,
- wie gut Sätze und Abschnitte miteinander verbunden sind.

Schreiben Sie mindestens 200 Wörter.

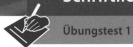

Schriftlicher Ausdruck 1 (65 Minuten)

Thema 1B

Schreiben Sie Ihre Stellungnahme zu folgenden Punkten:

Beliebteste Sportarten der Deutschen insgesamt

Ergebnisse der Statistik

Vergleich der Ergebnisse mit Ihrem Heimatland

Unterschiede zwischen Männern und Frauen

Persönlich bevorzugte Sportarten

Hinweise:

Bei der Beurteilung wird auch darauf geachtet

– ob alle Inhaltspunkte bearbeitet wurden,

– wie korrekt Ihr Text ist,

– wie gut Sätze und Abschnitte miteinander verbunden sind.

Schreiben Sie mindestens 200 Wörter.

Training

In diesem Training lernen Sie die einzelnen Bestandteile des Schriftlichen Ausdrucks 1 kennen und können sich Schritt für Schritt in die Aufgabenstellung, die Anforderungen und die Lösungswege einarbeiten.

Zum Schriftlichen Ausdruck 1 erhalten Sie in der Prüfung nacheinander verschiedene Unterlagen:

– zuerst das **Themenblatt**, von dem Sie das Thema (1A oder 1B) auswählen,

– dann das **Aufgabenblatt 1A** oder **1B**, je nachdem, was Sie ausgewählt haben,

– dazu den **Antwortbogen**, in den Sie Ihren Text schreiben.

Das Training zum SA 1 besteht aus folgenden Teilen:

Themenblatt
Aufgabenblatt 1A oder 1B – mit Statistik, Grafik oder Schaubild, – Aufgabenstellung, – Inhaltspunkten, – Hinweisen
Kriterien zur Bewertung
Schreiben
Korrektur und Bewertung
Schriftlichen Ausdruck 1 lösen

Themenblatt

Zu Beginn des Prüfungsteils Schriftlicher Ausdruck erhalten Sie ein Themenblatt. Von diesem Blatt sollen Sie das Thema auswählen, das Sie dann bearbeiten wollen:

> Wählen Sie für den Schriftlichen Ausdruck 1 eines der beiden Themen aus.
> Danach erhalten Sie das Aufgabenblatt mit dem Thema 1A oder 1B.

Die Auswahlkästen zu den Themen 1A und 1B bestehen aus vier Teilen:

1. Titel des Themas
2. Aufgabenstellung
3. kurze Beschreibung des Themas
4. Angabe der Quelle

In allen Prüfungen ändern sich nur der erste und dritte Teil:

1./3. Titel und Beschreibung des Themas

Der Titel ist derselbe wie in der Vorlage auf dem Aufgabenblatt. An dem Titel erkennen Sie bereits, welches Thema die Vorlage behandelt; die weitere Beschreibung konkretisiert das Thema.

> Thema 1A:
> # Medien-Konsum
> [...] der Gesamtbevölkerung und der jüngeren Generation [...]

Diese Statistik vergleicht zwei Bevölkerungsgruppen hinsichtlich der Nutzung unterschiedlicher Medien.

> Thema 1B:
> # Sport und Spiel
> [...] welche Art von Sport Männer und Frauen in ihrer Freizeit ausüben [...]

In dieser Statistik werden also die beliebtesten Sportaktivitäten in Vereinen allgemein abgebildet und demgegenüber der Anteil der Frauen in Prozent.

2. Aufgabenstellung

Die Aufgabenstellung ist für alle Themen in allen Prüfungen gleich:

> Sie haben die Aufgabe, sich [...] schriftlich zu äußern.

4. Angabe der Quelle

Die Arbeitsgrundlage sind Informationen in Form einer Grafik, einer Statistik oder eines Schaubildes:

> Dazu bekommen Sie Informationen in Form einer grafischen Darstellung.

Auch diese Formulierung ist in allen Prüfungen gleich.

► Wie treffen Sie die Themenauswahl?

Obwohl die Vorlagen aus verschiedenen Quellen stammen, ist in beiden Fällen die Form Ihrer Bearbeitung gleich. Ihre Auswahl betrifft also ausschließlich das Thema und die Aufgabenstellung dazu. Um in der Prüfung das für Sie passende Thema zu finden, sollten Sie sich diese konkreten Fragen stellen:

- Kenne ich die dargestellte Situation oder Problematik bereits aus dem Sprachkurs oder aus dem Lehrbuch?
- Habe ich zu diesem Thema schon etwas gelesen oder gesehen – in der Zeitung oder Zeitschrift, im Fernsehen oder im Internet?
- Finde ich das Thema interessant und wichtig?
- Kenne ich genügend deutsche Wörter und Ausdrücke, um über das Thema zu schreiben?

Natürlich sollten Sie in der Prüfung diese Fragen für sich **schnell** beantworten, da Sie für die Auswahl wenig Zeit haben. Nachdem Sie Ihre Wahl getroffen haben, geben Sie das Themenblatt wieder ab und bekommen dafür das Aufgabenblatt zu Ihrem Thema.

Aufgabenblatt 1A oder 1B

Beide Aufgabenblätter sind gleich aufgebaut.
Sie bestehen aus vier Teilen:
– Vorlage einer Grafik
– Aufgabenstellung
– Inhaltspunkte
– Hinweise

Vorlage einer Grafik

Als Vorlage erhalten Sie eine Statistik, eine Grafik oder ein Schaubild, manchmal auch eine Kombination dieser Teile. In diesem Training befassen wir uns mit dem Vorlagen-Typ Statistik.

▶ **Wie sieht die Vorlage aus?**

Die Hauptinformationen, die in der Vorlage sofort auffallen, sind:

   1. Titel der Statistik,
   2. Zahlen, Wörter und grafische Elemente zu den statistischen Informationen.

Zusätzlich kann die Statistik noch mit Bildern illustriert sein, die das Thema anschaulicher und konkreter machen.

1. Titel der Statistik

Der Titel beschreibt die Thematik der gesamten Statistik.

Im Untertitel werden weitere Informationen zur Stichprobe, das heißt zu den untersuchten Menschen oder Sachen, und zur Untersuchung selbst gegeben.

Beispiele:

Thema 1A:

> So viele Minuten täglich verbrachten die Bundesbürger im Jahr 2005 mit diesen Medien

Thema 1B:

> Über 25 Millionen Deutsche sind in Sportvereinen aktiv. Die beliebtesten Vereinssportarten

In jedem Untertitel finden Sie also zentrale Informationen, auf die sich die Statistik bezieht und die für das Verständnis der gesamten Statistik wichtig sind. Diese können Sie für die Einleitung Ihrer schriftlichen Arbeit verwenden.

2. Zahlen, Wörter und grafische Elemente

Die Zahlen und Wörter enthalten die Kernaussagen der Statistik, die Sie in Ihrem Text behandeln müssen. Die grafische Darstellung der Zahlen erleichtert es Ihnen, Entwicklungen oder Unterschiede auf einen Blick zu erkennen.
Zum Beispiel sehen Sie, was wichtig oder unwichtig, was häufiger oder seltener vorkommt, was sich stark oder schwach entwickelt oder wo große Unterschiede sind.
Die Bilder in der Statistik dienen der Visualisierung der statistischen Informationen.

Beispiele:

Thema 1A: Fernsehen wird nach dieser Statistik von beiden Gruppen am häufigsten genutzt. CD/MC/LP/MP3 wird von der Gruppe der 14- bis 29-Jährigen wesentlich häufiger genutzt als von der Gesamtbevölkerung.

Thema 1B: Fußball gehört zwar insgesamt zu den beliebtesten Sportarten, wird aber nur von 14 % der Frauen ausgeübt. Turnen hingegen, die zweitbeliebteste Sportart, wird vor allem von Frauen bevorzugt. Dagegen wird Tanzsport insgesamt seltener ausgeübt, aber zu 65 % von Frauen.
Die Wörter in der Statistik haben zwei Funktionen:

1. Titel zu den unterschiedlichen Rubriken, die einander gegenübergestellt sind
Thema 1A: „Gesamtbevölkerung" gegenüber „14- bis 29-Jährige"
Thema 1B: „Mitgliederzahl", davon „Frauenanteil"

2. Bezeichnung von Objekten oder Personen, die untersucht wurden
Thema 1A: „Fernsehen" bis „Video/DVD"
Thema 1B: „Fußball" bis „Segeln"

▶ Wie lesen Sie die Statistik?

In der Prüfung ist es für Sie zeitlich unmöglich, alle Aspekte und Daten der Statistik bis ins Detail zu studieren. Sie müssen vielmehr eine Strategie anwenden, mit der Sie das Wichtigste sofort erfassen können:
In der Regel suchen Sie sich relativ extreme Daten heraus, die Unterschiede oder Besonderheiten signalisieren. Dazu können Sie am besten etwas schreiben.

Beispiele:

Thema 1A:
-   „Fernsehen": 220 Minuten (Gesamtbevölkerung) / 189 Minuten (14- bis 29-Jährige) gegenüber „Video/DVD": 5 / 15 Minuten
-   „Internet": 44 Minuten (Gesamtbevölkerung) gegenüber 112 Minuten (14- bis 29-Jährige)

Thema 1B:
-   „Tennis": 1 767 230 Mitglieder gegenüber „Badminton": 214 670 Mitglieder
-   Frauenanteil an der gesamten Mitgliederzahl: 14 % bei „Fußball", 71 % bei „Reiten"

Wenn Sie sich die Statistik so ansehen, sollten Sie gleichzeitig die auffälligsten Daten kennzeichnen und dazu kurze Notizen machen. Denken Sie aber daran, dass Sie sich dafür nur maximal 5 Minuten Zeit nehmen.

Aufgabenstellung

Die Aufgabenstellung ist bei Thema 1A und 1B ähnlich:

Thema 1A: Schreiben Sie, …
Thema 1B: Schreiben Sie Ihre Stellungnahme zu folgenden Punkten:

Auf jeden Fall sollte Ihre gesamte Arbeit aus Argumenten und Stellungnahmen zu dem Thema bestehen, also nicht nur aus einfachen persönlichen Kommentaren und Beschreibungen.

Inhaltspunkte

Mit dem Arbeitsauftrag erhalten Sie fünf Inhaltspunkte, die in Kästchen angeordnet sind. Diese lenken Sie beim Verfassen Ihrer Arbeit.

Alle fünf Inhaltspunkte müssen in der Arbeit behandelt werden und zwar ausführlich in ca. zwei bis drei Sätzen. Sonst bekommen Sie bei der Bewertung weniger Punkte (➡ Kriterium I, Seite 74).

Bei der Behandlung der Inhaltspunkte müssen Sie auch darauf achten, dass Sie zu einzelnen Inhalts-punkten nicht zu viel schreiben, zu anderen zu wenig. Zum Beispiel sollte die Beschreibung der Statistik nicht zu ausführlich werden.

Die Reihenfolge der behandelten Inhaltspunkte ist nicht vorgeschrieben. Es ist jedoch zu empfehlen, mit dem Inhaltspunkt zu beginnen, der die Statistik beschreibt und mit „Auswirkungen" oder „persön-lichen Präferenzen" abzuschließen.

Die Inhaltspunkte verlangen von Ihnen, dass Sie
– die Statistik beschreiben,
– die wichtigsten Aussagen benennen,
– die Ergebnisse vergleichen,
– Unterschiede feststellen,
– aus persönlicher Sicht Stellung nehmen.

Die Inhaltspunkte zu Thema A und Thema B sind unterschiedlich formuliert:

– zu Thema 1A in Form eines Satzes

Beispiele:

> was an dieser Statistik auffällig ist.

> inwieweit das Alter die Auswahl der Medien bestimmt.

– zu Thema 1B in Form von Stichpunkten

Beispiele:

> Beliebteste Sportarten der Deutschen insgesamt

> Unterschiede zwischen Männern und Frauen

Ein Inhaltspunkt gilt nur dann als ausreichend bearbeitet, wenn alle thematischen Aspekte berücksichtigt werden:

Zum Beispiel sollen Sie im Inhaltspunkt „Beliebteste Sportarten […]" nicht irgendwelche Sportarten behandeln, sondern die beliebtesten Sportarten in Deutschland.

In Ihrer Arbeit können Sie Wörter und Ausdrücke aus den Inhaltspunkten übernehmen, aber nur in Einzelfällen, denn Sie sollen einen eigenständigen Text schreiben.

Hinweise

Am Ende des Aufgabenblattes werden verschiedene wichtige Hinweise gegeben. Diese Hinweise sind in allen Aufgabenblättern zu den Themen A und B gleich.

> Bei der Beurteilung wird auch darauf geachtet,
> – ob alle vier Inhaltspunkte bearbeitet wurden,
> – wie korrekt Ihr Text ist,
> – wie gut Sätze und Abschnitte sprachlich miteinander verbunden sind.

Diese Hinweise sagen Ihnen, worauf bei der Bewertung Ihrer Arbeit geachtet wird. Daher müssen Sie sich bei der Bearbeitung genau danach richten.

> Schreiben Sie mindestens 200 Wörter.

Achten Sie darauf, dass Ihr Text nicht kürzer als 200 Wörter ist. Schreiben Sie aber auch nicht viel mehr.

Kriterien zur Bewertung

Die Kriterien zur Bewertung dieses Prüfungsteils sind vom Goethe-Institut verbindlich festgelegt. Sie bestehen aus vier Hauptkriterien, an die Sie sich beim Schreiben halten müssen. Nach diesen Kriterien wird Ihre schriftliche Arbeit bewertet.

Kriterium I Inhaltliche Vollständigkeit	Kriterium II Textaufbau	Kriterium III Ausdrucksfähigkeit	Kriterium IV Korrektheit
Inhaltspunkte schlüssig und angemessen dargestellt	– Gliederung des Textes – Konnektoren, Kohärenz	– Wortschatzspektrum – Wortschatzbeherrschung	– Morphologie – Syntax – Orthografie und Interpunktion

Das **Kriterium I „Inhaltliche Vollständigkeit"** verlangt von Ihnen, dass Sie Ihren Text entsprechend der Aufträge auf das Aufgabenblatt schreiben.

1. Die Länge Ihres Textes wird als ausreichend angesehen, wenn er mindestens 200 Wörter umfasst. Ein wesentlich längerer Text wird aber nicht positiver bewertet.
2. Sie schreiben etwas **zu allen Inhaltspunkten**. In der Regel sind dazu zwei bis drei Sätze ausreichend.
3. Sie behandeln die Inhaltspunkte **schlüssig**. Das heißt: Was Sie schreiben, sollte in sich logisch sein und inhaltlich zusammenpassen. Außerdem sollte sich ein Inhaltspunkt deutlich an den vorherigen Inhaltspunkten anschließen.

4. Sie behandeln die Inhaltspunkte **angemessen**. Das heißt: Sie schreiben dazu nicht nur einen kurzen Satz, sondern Sie schreiben so ausführlich, bis alle Aspekte des Inhaltspunkts vollständig und ausreichend behandelt sind.

Kriterium I **Inhaltliche** **Vollständigkeit** Inhaltspunkte schlüssig und ange- messen dargestellt	**Kriterium II** **Textaufbau** – Gliederung des Textes – Konnektoren, Kohärenz	**Kriterium III** **Ausdrucksfähigkeit** – Wortschatz- spektrum – Wortschatz- beherrschung	**Kriterium IV** **Korrektheit** – Morphologie – Syntax – Orthografie und Interpunktion

Das **Kriterium II „Textaufbau"** verlangt von Ihnen, dass Ihr Text insgesamt und die einzelnen Abschnitte so klar strukturiert sind, dass der lesende Korrektor einen eindeutigen Textaufbau erkennen kann.

1. Der Text ist deutlich gegliedert:
   – **formal:** Der Text ist nicht fortlaufend vom Anfang bis zum Ende geschrieben, sondern **durch Absätze unterteilt**. So wird schon rein äußerlich der positive Eindruck vermittelt, dass eine Gliederung vorliegt.
   – **inhaltlich:** Durch geeignete Ausdruckmittel wird eine Gliederung signalisiert.
2. Der Text hat eine erkennbare Einleitung und einen erkennbaren Schluss. Eine fehlende Einleitung zum Beispiel wird negativ bewertet!
3. Die Inhaltspunkte sind deutlich miteinander verknüpft.
   Der Zusammenhang (die Kohärenz) des Textes ist erkennbar, unter anderem durch die Verwen- dung von Konnektoren. Besonders gelungene Verknüpfungen werden positiv bewertet, fehlende oder unklare Verknüpfungen werden negativ bewertet.
4. Wichtige Aspekte der Argumentation werden besonders hervorgehoben und mit Beispielen belegt. Dies wird ebenfalls positiv bewertet.

Kriterium I **Inhaltliche** **Vollständigkeit** Inhaltspunkte schlüssig und ange- messen dargestellt	**Kriterium II** **Textaufbau** – Gliederung des Textes – Konnektoren, Kohärenz	**Kriterium III** **Ausdrucksfähigkeit** – Wortschatz- spektrum – Wortschatz- beherrschung	**Kriterium IV** **Korrektheit** – Morphologie – Syntax – Orthografie und Interpunktion

Das **Kriterium III „Ausdrucksfähigkeit"** verlangt von Ihnen, dass die Ausdrucksmittel je nach Inhalt angemessen variieren und im Register korrekt sind und dass Wortschatz und Ausdrücke in Ihrem Text korrekt eingesetzt sind.

1. Sie wählen das angemessene Register und den passenden Stil. Sie verwenden keine umgangs- sprachlichen Ausdrücke und Redewendungen im geschriebenen Text, das heißt, Sie halten sich an den Stil der Schriftsprache. Fehlgriffe in diesem Bereich werden negativ bewertet.
2. Sie benutzen die Wörter und Ausdrücke in ihrer Bedeutung und in ihrem Zusammenhang korrekt.
3. Sie verwenden einen variantenreichen Wortschatz.

Kriterium I Inhaltliche Vollständigkeit Inhaltspunkte schlüssig und ange- messen dargestellt	Kriterium II Textaufbau – Gliederung des Textes – Konnektoren, Kohärenz	Kriterium III Ausdrucksfähigkeit – Wortschatz- spektrum – Wortschatz- beherrschung	Kriterium IV Korrektheit – Morphologie – Syntax – Orthografie und Interpunktion

Das **Kriterium IV „Korrektheit"** verlangt von Ihnen, dass Ihr Text möglichst wenige Fehler in Grammatik und Rechtschreibung hat.

1. Fehler in der Morphologie sind falsche grammatische Formen.
2. Fehler in der Syntax sind falsche grammatische Strukturen, z.B. falscher Satzbau in Haupt-, Neben- oder Infinitivsätzen oder falsche Zusammensetzung von Wortgruppen.
3. Fehler in der Orthografie betreffen z.B. Groß- und Kleinschreibung, Umlaute, Zusammen- und Getrenntschreibung.
4. Fehler in der Interpunktion sind falsch gesetzte oder fehlende Satzzeichen.

Beachten Sie, dass die Korrektheit Ihres Textes ein wesentliches Zeichen dafür ist, ob Sie die Grammatik auf der Stufe C1 beherrschen und das passende sprachliche Niveau erreicht haben. Auch deshalb ist eine genaue Durchsicht Ihres Textes am Ende der Bearbeitungszeit sehr wichtig (➡ Seite 143).

> Ich kämpfe schon mit der Bedeutung der einzelnen Wörter, jetzt muss ich auch noch aufpassen, dass meine Ausdrücke den richtigen Stil haben! Das ist ja wie in der Mode …

Li Y., Peking

Schreiben

▶ **Wie schreiben Sie Ihren Text?**

Nachdem Sie sich einen Überblick über die Statistik und die Inhaltspunkte dazu verschafft haben, beginnen Sie mit Ihrer Schreibarbeit. Am besten gehen Sie dabei systematisch nach bestimmten Schritten vor. Auf diese Weise ist garantiert, dass Sie alle wichtigen Anforderungen erfüllen.

Zunächst überlegen Sie sich eine Einleitung zu Ihrem gesamten Text. In dieser Einleitung nennen Sie das Thema Ihrer Arbeit, wie es der Titel zur Statistik vorgibt, und sagen, dass Sie sich dabei auf die Informationen aus der Statistik beziehen. Danach schließen Sie den ersten Inhaltspunkt an.

Die Inhaltspunkte bearbeiten Sie am besten nach folgenden Schritten:

Schritt 1   Lesen Sie den Inhaltspunkt.
Fragen Sie sich dabei: Aus wie vielen thematischen Aspekten besteht dieser Inhaltspunkt?
Vergessen Sie nicht, dass Ihr Text nur positiv bewertet wird, wenn Sie den Inhaltspunkt vollständig behandelt haben.

Schritt 2   Suchen Sie die Information in der Statistik, in der zu diesem Inhaltspunkt die wichtigste Aussage steht. Markieren Sie diese.

Schritt 3 Überlegen Sie jetzt, was Sie zu diesem Inhaltspunkt sagen möchten oder können. Notieren Sie Ihre Ideen auf dem Konzeptpapier. Machen Sie diese Notizen auf Deutsch, aber nur in Stichworten, nicht in ganzen Sätzen!

Schritt 4 Formulieren Sie jetzt diese Ideen mithilfe Ihrer Notizen und schreiben Sie direkt auf das Aufgabenblatt.

 Benutzen Sie dabei nur Wörter und Ausdrücke, die Ihnen vertraut sind und mit denen Sie schon schriftlich oder mündlich gearbeitet haben. Und übersetzen Sie auf keinen Fall aus Ihrer Muttersprache. Dies führt sehr oft zu Fehlern!

Schritt 5 Überprüfen Sie jetzt kurz, was Sie zu diesem Inhaltspunkt geschrieben haben:
Ist der Text lang genug (ca. vier Sätze)?
Sind alle Komponenten des Inhaltspunkts behandelt?
Ist der Text korrekt (in Grammatik, Wortschatz, Rechtschreibung, Zeichensetzung)?
Passt der Stil des Textes (Schreibstil!)?
Haben Sie einen Anschluss zum vorherigen und folgenden Inhaltspunkten geschrieben?

Schritt 6 Gehen Sie zum nächsten Inhaltspunkt und bearbeiten Sie ihn nach den Schritten 1–5.

► Welche Länge und welche Form soll Ihr Text haben?

Die Textlänge sollte mindestens 200 Wörter betragen. Ihr Text sollte aber nicht wesentlich länger sein. Ein längerer Text wird nicht besser bewertet.

Sie können bei der Vorbereitung auf die Prüfung Ihre Übungstexte durchzählen, dann bekommen Sie ein Gefühl für die passende Textlänge und können sich in der Prüfung das Wörterzählen ersparen.

Die äußere Form sollte eine **klar erkennbare Gliederung** zeigen. Am besten schreiben Sie zu jedem Inhaltspunkt sowie zur Einleitung und zum Schluss einen eigenen Absatz, der diese Abschnitte deutlich macht.

► Wie ist ein Abschnitt aufgebaut?

Jeder Abschnitt ist ähnlich aufgebaut wie der gesamte Text. Er lässt für den Leser einen abgeschlossenen Gedankengang erkennen.

Einführung: Im ersten Satz beziehen Sie sich auf den Inhaltspunkt, die betreffende Stelle in der Statistik oder den daraus folgenden Gedankengang. Beziehen Sie sich möglichst auch auf den vorherigen Abschnitt.

Ausführung: Danach folgen Stellungnahmen und Meinungen dazu und mögliche Argumente.

Abschluss: Mit dem letzten Satz schließen Sie diese Gedanken ab.

Der Leser soll durch den Abschnitt geführt werden und soll immer klar erkennen, worum es an dieser Stelle geht. Das erreichen Sie, wenn Sie dazu gezielt die richtigen Ausdrücke benutzen.
Sie erfüllen damit das Kriterium II der Bewertung.

▶ **Welche Ausdrucksmittel können Sie verwenden?**

Um den Aufbau des Gesamttextes und der einzelnen Abschnitte inhaltlich klar zu machen, brauchen Sie bestimmte Ausdrucksmittel.

Hier einige Beispiele, die Sie vielleicht schon aus Ihrem Kurs kennen.

Zur Einleitung:	*Meine Arbeit behandelt das Thema …* *Dazu liegt mir eine Statistik vor über …* *Die Statistik zeigt / stellt dar … / Die Grafik zum Thema … zeigt …* *Zu folgendem Punkt möchte ich zeigen/ausführen, dass …* *Wie schon vorhin gezeigt, …*
Im Hauptteil:	
Beschreibung	*Bei genauer Betrachtung der Statistik … / In der Statistik fällt auf, dass …*
Vergleich	*Wenn man diese Daten mit … vergleicht, dann … / In … sieht das ganz anders aus /* *würde das so aussehen: … / Im Unterschied zu … ist …*
Alternative	*Einerseits ist …, andererseits hat …*
Beispiel	*Hierzu kann man ein gutes Beispiel anführen: … / Beispielsweise ist …*
Vermutung	*Es ist anzunehmen, dass … / Möglicherweise …*
Erklärung	*Diese Tatsache lässt sich zurückführen auf … / Eine Erklärung dafür wäre …*
Beurteilung	*Meiner Auffassung nach ist … / Ich bewerte das als … / Ich schätze das folgender-* *maßen ein: …*
Folge	*Diese Entwicklung könnte dazu führen, dass … / Eine Folge davon wäre …*
Zustimmung	*Meiner Überzeugung nach ist …*
Ablehnung	*Ich kann mir nicht vorstellen, dass … / Im Gegensatz dazu meine ich …*
Einschränkung	*Zwar …, aber … / Diese Entwicklung ist nur unter der Bedingung denkbar, dass … /* *Ich beschränke mich bei diesem Aspekt auf … / Ich möchte mich auf den wichtigsten* *Aspekt konzentrieren.*
Zum Schluss:	*Abschließend lässt sich dazu sagen, dass …* *Meine Ausführungen haben gezeigt, dass …* *Wenn man all diese Aspekte berücksichtigt, ist festzustellen, dass …*

Diese Argumentationsformen lassen sich in der Ausführung Ihres Textes natürlich kombinieren, zum Beispiel: Beschreibung mit Beispiel, Beurteilung mit Vergleich, Zustimmung mit Erklärung. Mit diesen Varianten können Sie die jeweiligen Abschnitte interessant und abwechslungsreich gestalten.

Diese Formulierungshilfen geben Ihnen bereits ein Textgerüst, in das Sie Ihre Gedanken einfügen können.

Beachten Sie: Sie sollen die Statistik nicht im Einzelnen beschreiben, sondern Sie sollen für die Inhaltspunkte Trends, Entwicklungen und Häufigkeiten herausstellen und zusammenfassen.

Beispiel zu Thema 1A:

– *In der Statistik fällt sofort auf, dass die verschiedenen Medientypen sehr unterschiedlich benutzt werden. Außer bei den traditionellen Medien Fernsehen und Radio zeigen sich diese Unterschiede besonders deutlich bei …*

Korrektur und Bewertung

Der Text, den Sie schreiben, soll sich möglichst genau an den Bestimmungen und Kriterien orientieren, die vom Goethe-Institut festgelegt worden sind. Diese Kriterien sind die Grundlage für die Korrektur Ihrer Arbeit. Aufgrund der Korrektur wird dann Ihre Arbeit nach Punkten bewertet.

Hier die Bewertungskriterien des Goethe-Instituts zum Schriftlichen Ausdruck mit Punktevergabe:

Kriterium I Inhaltliche Vollständigkeit Inhaltspunkte schlüssig und ange-messen dargestellt	Kriterium II Textaufbau – Gliederung des Textes – Konnektoren, Kohärenz	Kriterium III Ausdrucksfähigkeit – Wortschatz-spektrum – Wortschatz-beherrschung	Kriterium IV Korrektheit – Morphologie – Syntax – Orthografie und Interpunktion
4 Punkte: alle Inhaltspunkte	**5 Punkte:** liest sich sehr flüssig	**5 Punkte:** sehr gut und angemessen	**6 Punkte:** nur sehr kleine Fehler
3 Punkte: vier Inhaltspunkte	**4 Punkte:** liest sich noch flüssig	**4 Punkte:** gut und angemessen	**5 – 4 Punkte:** einige Fehler, die das Verständnis aber nicht beeinträchtigen
2 Punkte: drei Inhaltspunkte	**3 Punkte:** liest sich stellenweise sprunghaft, einige Konnektoren fehler-haft	**3 Punkte:** stellenweise gut und angemessen	**3 Punkte:** einige Fehler, die den Leseprozess stellen-weise behindern
1 – 0,5 Punkte: ein bis zwei Inhalts-punkte bzw. alle Inhaltspunkte nur ansatzweise	**2 – 1 Punkte:** Aneinanderreihung von Sätzen fast ohne logische Verknüpfung	**2 – 1 Punkte:** begrenzte Ausdrucks-fähigkeit, Kommuni-kation stellenweise gestört	**2 – 1 Punkte:** häufige Fehler, die den Leseprozess stark behindern
0 Punkte: Thema verfehlt	**0 Punkte:** über weite Strecken unlogischer Text	**0 Punkte:** Text in großen Teilen völlig unverständlich	**0 Punkt:** Text wegen großer Fehlerzahl unverständlich

Jedes Kriterium wird von den Korrektoren unabhängig bewertet. Sie können zum Beispiel im Kriterium II nur 2 Punkte erreichen, aber im Kriterium IV 4 Punkte. Am Ende zählt die Gesamtpunktzahl aller Kriterien.

Wenn ein Kriterium allerdings mit 0 Punkten bewertet wird, wird der gesamte Prüfungsteil SA 1 mit 0 Punkten bewertet!

Bei der Korrektur der Texte werden folgende **Korrekturzeichen** verwendet (➡ Beispielarbeiten Seite 81 – 82; 84):

Am linken Rand:

- **E** und **S** für Einleitung und Schluss,

- **$\not{E}$** oder **$\not{S}$**, wenn diese fehlen,

- **1, 2** ... für bearbeitete Inhaltspunkte,

- **(1), (2)** ... für einen zu kurz bearbeiteten Inhaltspunkt,

- **+** oder **−** für gut oder schlecht verbundene Textpassagen.

Am rechten Rand:

- **A** für Ausdrucksfehler,

- **G** für Grammatikfehler,

- **R** für Fehler in der Rechtschreibung,

- **Z** für fehlende oder falsche Satzzeichen,

- bei diesen Zeichen bedeutet eine Klammer **( )** einen Wiederholungsfehler oder einen leichten Fehler, der nicht gewertet wird.

Beispielarbeiten und ihre Bewertung

Sie bekommen zu den Themen 1A und 1B jeweils eine Beispielarbeit. Diese Arbeiten zeigen Ihnen, wie ein möglicher Text zu dem jeweiligen Thema aussehen kann.

Die Texte sind bereits korrigiert, sodass Sie sehen, wie die Fehler und die Bearbeitung der Inhalts-punkte markiert werden (Korrekturzeichen ➡ Seite 80).

Nach den Arbeiten folgt jeweils die Bewertung mit genauer Erläuterung der vergebenen Punkte.

Beispielarbeit zu Thema 1A

Inhaltspunkte   Fehler

E

In meiner Arbeit befasse ich mich mit dem Thema „Medien-Konsum" bei der Gesamtbevölkerung im Vergleich zur jüngeren Generation.

1

In der Statistik ist auffallig, wie hoch der Konsum vom Fernsehen bei der Gesamtbevölkerung, und auch in der Kategorie von 14- bis 29-Jährige ist.

R A
Z
A G

Außerdem ist zu beachten, daß an der zweiten Stelle bei den beiden Kategorien das Radio einnimmt.

A R
(A) A

+

2

Im Unterschied zur Gesamtbevölkerung, scheint für die jüngere Generation der Konsum von CDs/MCs und Videofilme besonders wichtig zu sein. Es ist anzunehmen, daß diese Art des Konsums doch am Alter liegt, wobei sie Computer und Internet auch häufiger benutzen als die Gesamtbevölkerung.

Z
G
(R)
A

+

Auf der einen Seite zeigt sich, daß die jüngere Generation die traditionellen Medien wie Fernsehen, Zeitung und Radio weniger häufig benutzt als die Gesamtbevölkerung. Auf der anderen Seite spielen die modernen Medien bei der jüngeren Generation eine größere Rolle. Meiner Auffassung nach der Grund dafür ist, daß die jüngere Generation sich viel mehr Freizeit gönnt und die moderne Technik in ihrem Leben eine wichtigere Rolle spielt als bei der Gesamtbevölkerung.

(R)

4

5

G
(R)
(A)

Das läßt sich vielleicht auch darauf zurückführen, daß die „jüngeren" viel „cooler" aussehen und durch ständigen Konsum von moderner Technik „in" sein möchten.

R (R)
R

+

Trotz der modernen bevorzugten Technik bei der jüngeren Generation möchte ich daraufhin weisen, daß der

A
R (R)

Inhaltspunkte   Fehler

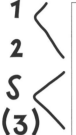

1
2
S
(3)

> Buch-Konsum in Minuten pro Tag doch höher liegt als bei der Gesamtbevölkerung.
>
> Abschließend kann man aber sagen, daß der Konsum der modernen Technik von den jüngeren Menschen überall auf der Erde gleich ist, so auch in meiner Heimat Indien.
>
> (246 W.)
>
> Nasreen

(R)

Bewertung

Allgemeiner Eindruck: Der Text ist deutlich in Abschnitte gegliedert und so gut zu lesen. Die Länge des Textes (246 Wörter) übertrifft zwar die Richtzahl von 200 Wörtern, aber da es eine Mindestzahl ist, ist diese Länge noch akzeptabel.

Kriterium I   „Inhaltliche Vollständigkeit": 3 Punkte
Von den fünf Inhaltspunkten werden vier vollständig und ausführlich genug behandelt. Dabei gehen Inhaltspunkt vier und fünf ineinander über; die Inhaltspunkte eins und zwei werden am Ende noch einmal aufgenommen. Diese vier Inhaltspunkte gelten also als behandelt. Inhaltspunkt drei wird nur kurz am Schluss angesprochen. Eine ausführliche Bearbeitung fehlt. Dieser Inhaltspunkt wird also nicht gezählt, deshalb gibt es einen Punktabzug.

Kriterium II   „Textaufbau": 5 Punkte
Die vorliegende Arbeit ist klar und gut strukturiert, mit Einleitung und Schluss. Beim Lesen kennzeichnen die vorhandenen Ausdrucksmittel, welche Aussagen die Verfasserin zum Thema macht und wie der Zusammenhang der verschiedenen Abschnitte ist.

Beispiele:
In der Statistik ist auffällig, … / Im Unterschied zur Gesamtbevölkerung scheint für die jüngere Generation … / Auf der einen Seite … / Auf der anderen Seite …

Zwei Passagen sind besonders gelungen und werden positiv bewertet (siehe Pluszeichen).
Auch die Sätze sind in den einzelnen Abschnitten gut miteinander verbunden.
Die Kandidatin bekommt für dieses Kriterium die volle Punktzahl.

Kriterium III „Ausdrucksfähigkeit": 4 Punkte

Der Wortschatz ist sowohl dem Thema als auch dem Sprachniveau angemessen. Die Ausdrucksmittel werden differenziert und klar eingesetzt, nur an ganz wenigen Stellen fehlt die Varianz.

Beispiel:

Konsum wird zu häufig verwendet statt *Nutzung*, *Verwendung* oder Ähnliches.
Der Wortschatz ist überwiegend richtig, nur in einigen Fällen kommen Verstöße vor, die aber das Verständnis nicht beeinträchtigen.

Beispiele für Fehler im Wortschatz:

– *Kategorie* statt *Altersgruppe*
– *beachten* statt *erkennen* oder *sehen*

Diese Fehler führen zu einem Punktabzug.

Kriterium IV „Korrektheit": 5 Punkte

Die Arbeit enthält nur wenige Grammatikfehler.
Dazu kommen einige wenige Fehler in Rechtschreibung und Zeichensetzung. Dazu gehören auch einzelne Verstöße gegen die neue Rechtschreibung („ß" statt „ss").
Diese Fehler stören jedoch in keinem Fall das Verständnis des Textes. Für dieses Kriterium gibt es 5 Punkte.

Ergebnis: 17 Punkte

Für den Schriftlichen Ausdruck 1 bekommt die Kandidatin 17 von maximal 20 Punkten.
Dieses gute Teilergebnis im SA 1 wird mit den Punkten addiert, die sie im SA 2 erreicht.

Beispielarbeit zu Thema 1B

Inhaltspunkte   Fehler

¥ E

1 {

Sport scheint zu sein ein wichtiger Teil des Deutschen Lebens.   **G R**
Die Statistik „Sport und Spiel" zeigt, dass circa 6.75   **Z**
millionen Deutsche in Fußballvereinen organisiert sind, das   **R**
ist die größte Gruppe. Turnen folgt an der zweiten Stelle mit
ungefähr einer million weniger Teilnehmer. Diese beide sind   **(R) G G**
die beliebtesten Sportarten der Deutschen. Tennis ist auch
beliebt, aber mit 4 millionen Mitglieder weniger als Fußball   **(R) (G)**
oder Turnen.

+

2 {

4

Das andere wichtige Thema in der Statistik ist der
Frauenanteil bei den Sportarten. Da kann man bemerken,
dass es einen Unterschied gibt zwischen Männer und Frauen,   **G**
die an den verschiedenen Sportarten teilnehmen.

Fußball ist ein Sport für Männer mit einem Anteil von nur
14% weibliche Spieler in den Vereinen. In eine ähnliche Weise   **G G**
ist Turnen bei Frauen beliebter. Der größte Unterschied gibt   **G**
es bei den Sportfischer, wo nur 4% Frauen sind. In den   **G**
anderen Vereinen ist die Zahl von Männer und Frauen   **(G)**
ausgewogen.

3 {

In den USA ist Fußball nicht berühmt. American Football ist   **A**
der beliebteste Sport. Aber es ist schwer zu spielen, deshalb
es gibt nicht viele Vereine. Ich würde sagen, dass Tennis oder   **G**
Golf die meisten Teilnehmer haben, weil Männer von verschiedenen Altergruppen diese Sportarten spielen können.   **A**

5 {

+S

Meiner Meinung nach ist American Football der beste Sport
der Welt und ich spiele es sehr gern und sehr oft. Aber leider
gibt es in Deutschland nicht viel Möglichkeit dazu.   **A**

(223 W.)

Robert

Prüfungstraining | Goethe-Zertifikat C1 | © 2008 Cornelsen Verlag Berlin. Alle Rechte vorbehalten.

Bewertung

Allgemeiner Eindruck: Der Text ist klar strukturiert und in Abschnitte unterteilt. Die Länge des Textes ist mit 223 Wörtern angemessen.

Kriterium I   **„Inhaltliche Vollständigkeit": 3 Punkte**
Von den fünf Inhaltspunkten sind alle vollständig behandelt. Dabei gehen die Inhaltspunkte zwei und vier ineinander über, was aber zu keinem Punktabzug führt.
Der fünfte Inhaltspunkt ist gleichzeitig die Schlussformulierung der Arbeit, dies ist hier akzeptabel. Der Inhaltspunkt drei wird nur unvollständig behandelt, da dem Bericht über die USA ein klarer Bezug zur Statistik fehlt. Außerdem fehlt eine Einleitung. Diese Mängel führen zum Abzug eines Punktes.

Kriterium II   **„Textaufbau": 4 Punkte**
Der vorliegende Text liest sich flüssig. Die Darstellung der statistischen Informationen ist klar und relativ ausführlich, wenn auch in einfachen Sätzen ausgedrückt.
Inhaltlich folgen die Abschnitte logisch aufeinander, aber es gibt zu wenig Ausdrucksmittel, die zeigen, worum es im jeweiligen Abschnitt geht.

Beispiele für gelungene Ausdrucksmittel:
–   *Das andere wichtige Thema in der Statistik ist …*

Beispiele für weniger gelungene Ausdrucksmittel:
–   *In den USA ist Fußball …* Deutlicher mit Bezug auf den Inhaltspunkt 3 wäre hier: *In meiner Heimat, in den USA, ist Fußball …*
–   *Meiner Meinung nach ist American Football …* Hier beginnt unvermittelt ohne Zusammenhang zum vorhergehenden Abschnitt ein neuer Gedankengang.

Der Text ist in einem einfachen Stil verfasst, mit wenigen Konnektoren. Dadurch sind die Sätze und die Abschnitten untereinander stellenweise nicht genügend verknüpft.
Die Arbeit bekommt für dieses Kriterium deshalb 4 von 5 möglichen Punkten.

Kriterium III   **„Ausdrucksfähigkeit": 3 Punkte**
Der Wortschatz des Textes ist hinsichtlich des Niveaus C1 relativ einfach und nicht genügend differenziert.

Beispiele für wenig differenzierte Formulierungen:
–   *…, das ist die größte Gruppe* statt *…, es handelt sich dabei um die größte Gruppe*
–   *Diese beiden sind die beliebtesten Sportarten* statt *Diese beiden zählen zu den beliebtesten Sportarten*
–   *Da kann man bemerken, …* statt *Aus der Statistik ist abzulesen/erkennbar …*

Der Wortschatz ist überwiegend richtig, nur in einigen Fällen kommt es zu Verstößen, die das Verständnis aber nicht stören.

Beispiele für Fehler:

– *berühmt* statt *beliebt/bekannt*
– *diese Sportarten spielen* statt *ausüben*

Die Mängel in der Ausdrucksfähigkeit und die einzelnen Fehler führen insgesamt zu einem Abzug von zwei Punkten.

Kriterium IV „Korrektheit": 4 Punkt

Die Arbeit enthält zahlreiche Grammatikfehler, vor allem in der Morphologie. Ein häufiger Fehler ist dabei das Fehlen der Dativ-Endung im Plural.

Beispiel:

– *mit vier Millionen Mitglieder …* statt *Mitgliedern*

Dazu kommen weitere Fehler in den Nominal-Endungen.

Beispiele:

– *Diese beide …* statt *Diese beiden …*
– *Der größte Unterschied gibt es …* statt *Den größten Unterschied gibt es …*

In Rechtschreibung und Zeichensetzung gibt es dagegen nur wenige Fehler.
Diese Fehler insgesamt beeinträchtigen das Verständnis des Textes an keiner Stelle.
Die Arbeit erhält somit für dieses Kriterium 4 von 6 möglichen Punkten.

Ergebnis: **14 Punkte**

Für den Schriftlichen Ausdruck 1 bekommt der Kandidat 14 von maximal 20 Punkten.
Dieses Teilergebnis im SA 1 wird mit der im SA 2 erreichten Punktzahl addiert.

> *Das finde ich gut hier. Endlich sehe ich einmal, warum man viele Punkte bekommt und warum nicht! Bei der nächsten Arbeit schaue ich ganz genau auf die Korrekturen …*

Kostas P., Athen

Schriftlicher Ausdruck 1: Texte schreiben

In diesem Prüfungsteil Schriftlicher Ausdruck 1 sollten Sie Ihre Sprachkenntnisse ökonomisch und sicher einsetzen.

– Achten Sie darauf, dass Sie Ihren Text wirklich nur im Stil einer schriftlichen Arbeit verfassen.
– Benutzen Sie nur Wörter und Ausdrücke, die Sie kennen oder schon benutzt haben. Unbekannte Wörter oder neue Wortkonstruktionen sind riskant und führen in den meisten Fällen zu Fehlern.
– Schreiben Sie nur so viel Text, wie verlangt wird. Ein längerer Text hat den Nachteil, dass sich Ihre Fehlerquote erhöht. Er wird von den Korrektoren auch nicht besser bewertet!
– Außerdem haben Sie für diesen Prüfungsteil nur 65 Minuten Zeit. Und einen Teil dieser Zeit sollten Sie unbedingt fürs Korrekturlesen reservieren (➡ Seite 143).

86   Prüfungstraining | Goethe-Zertifikat C1 |

Arbeitsschritte

Zu Beginn des Prüfungsteils Schriftlicher Ausdruck 1 bekommen Sie ein Blatt mit den Themen 1A und 1B zur Auswahl. Je nachdem, für welches Thema Sie sich entschieden haben, bekommen Sie dann das Aufgabenblatt 1A oder 1B mit dem Antwortbogen. Ab hier beginnt dieser Prüfungsteil.

Schritt 1	Sehen Sie sich das Aufgabenblatt mit der Statistik und den Inhaltspunkten an.
Schritt 2	Betrachten Sie kurz die Statistik und markieren Sie für sich besonders wichtige Stellen. Machen Sie sich dazu bereits erste Notizen.
Schritt 3	Sehen Sie sich die Inhaltspunkte an.
Schritt 4	Schreiben Sie die Einleitung zu Ihrem Text mit Bezug auf Thema und Vorlage.
Schritt 5	Notieren Sie dann zum ersten Inhaltspunkt die wichtigsten Stichworte. (Schreiben Sie kein Konzept in ganzen Sätzen!)
Schritt 6	Beginnen Sie jetzt mit Ihrer schriftlichen Ausarbeitung. Schreiben Sie zwei bis drei Sätze zum ersten Inhaltspunkt direkt in Ihren Antwortbogen.
Schritt 7	Verfahren Sie auf diese Weise mit den anderen Inhaltspunkten.
Schritt 8	Schreiben Sie Ihren Schlusskommentar.
Schritt 9	Lesen Sie am Ende Ihren Text noch einmal durch. Überprüfen Sie, ob Sie alle Inhaltspunkte ausführlich genug behandelt haben. Versuchen Sie, Ihre möglichen Fehler in Grammatik, Wortschatz und Rechtschreibung zu entdecken. Korrigieren Sie diese Fehler deutlich (➡ Seite 145).

Übung Schreiben Sie jetzt Ihre Texte zum Thema 1A und 1B auf liniertes Papier oder in den Antwortbogen.
Lassen Sie rechts und links genügend Abstand für Ihre Eigenkorrektur.
Wenn Sie eine Person kennen, die gut Deutsch spricht, bitten Sie diese, Ihnen bei der Korrektur zu helfen.

Erstes Training Schriftlicher Ausdruck 2

In diesem Trainingsteil erfahren Sie, was Sie über den Schriftlichen Ausdruck 2 (SA 2) wissen müssen. Dazu bekommen Sie einen Übungstest mit wichtigen Erläuterungen und Hilfestellungen. So können Sie sich Schritt für Schritt die notwendigen Strategien erarbeiten, um ein möglichst gutes Ergebnis in diesem Prüfungsteil zu erreichen.

▶ Wie ist der SA 2 aufgebaut?

Der SA 2 besteht aus vier Teilen:

| Einleitung
mit Aufgabenstellung |
| :---: |
| Textvorlage zum Thema |
| Lückentext mit Aufgaben 1–10
und einem Beispiel für die Lösung |
| Antwortbogen
Teil Schriftlicher Ausdruck 2 |

▶ Was müssen Sie im SA 2 tun?

Hier sollen Sie in einem Lückentext zehn fehlende Wörter ergänzen. Vorab bekommen Sie dazu eine Einführung durch einen anderen Lesetext zum gleichen Thema.

▶ Wie viel Zeit haben Sie für den SA 2?

Sie haben 15 Minuten Zeit.

▶ Wie viele Punkte können Sie für den SA 2 bekommen?

| SA 1
20 Punkte | SA 2
5 Punkte | SA gesamt
25 Punkte |
| --- | --- | --- |

▶ Wo und wie notieren Sie Ihre Ergebnisse?

Während der Prüfung schreiben Sie die korrekten Wörter direkt auf den Antwortbogen (➥ Erläuterungen, Seite 145, Kopiervorlage im Einleger, Seite 21).

> **Sehen Sie sich den kompletten Übungstest zum SA 2 an.**
> **Lesen Sie den Text und das Beispiel für die Aufgaben kurz durch.**
> **Danach können Sie mit dem Training beginnen.**

Schriftlicher Ausdruck 2 (15 Minuten)

Johannes Bäumler hat eine Stellenanzeige in der Zeitung gelesen. Eine große Speditionsfirma sucht einen Auszubildenden. Aus diesem Grund schreibt Herr Bäumler zwei Briefe: einen an seinen Freund in Düsseldorf und ein Bewerbungsschreiben an den Spediteur.

Ergänzen Sie bitte die Lücken 1–10 in dem zweiten Brief.

In jede Lücke passen **ein** oder **zwei** Wörter.

Verwenden Sie dazu eventuell die Informationen aus dem ersten Brief.

Schreiben Sie Ihre Antworten auf den **Antwortbogen**.

Betreff: Traumjob

Lieber Peter,

alles in Ordnung bei dir? Bei mir ja! Stell dir vor, ich lese doch schon seit langem die Stellen-
anzeigen in den Westfälischen Nachrichten. Und gestern las ich, dass die Firma „Kraftverkehr
Nagel" in Versmold noch freie Stellen für Auszubildende hat! Da habe ich mich gleich hingesetzt,
eine Bewerbung geschrieben und sie losgeschickt. Passbild, Lebenslauf und Zeugniskopien habe
ich ja alles schon vorbereitet. Ich suche doch schon länger nach einer Stelle in diesem Bereich.
Diese „Verkauferei" im Kaufhaus geht mir nämlich immer mehr auf die Nerven, wie du weißt.
Das bin einfach nicht ich. Und seit ein paar Monaten ist bei uns nicht mehr viel los, die meiste Zeit
haben wir nichts Rechtes zu tun.
Nachdem ich gestern die Bewerbung weggeschickt hatte, war ich so aufgeregt, dass ich ganz
schlecht geschlafen habe.
Drück mir also die Daumen, dass es mit der Stelle klappt! Du bist natürlich der Erste, der dann
auf ein Pils eingeladen wird. Versprochen!
Es grüßt dich dein
Johannes

Beispiel 0: *geehrter*

An die Spedition Kraftverkehr Nagel, Versmold

Sehr ...0... Herr Lohmann,

durch Ihre Stellenanzeige in den Westfälischen Nachrichten habe ich ...**1**..., dass Ihre Spedition

noch Auszubildende für den ...**2**... des Speditionskaufmanns sucht. Diese Arbeit interessiert mich

sehr, da ich gerne plane und organisiere und Freude ...**3**... Umgang mit Menschen habe.

...**4**... meiner Schulzeit machte ich bereits ein Praktikum bei einer kleinen Spedition. Dieses

Praktikum ...**5**... mir damals durch die Schule vermittelt. Und so konnte ich schon einen guten ...**6**...

bekommen, welche Aufgaben ein Speditionskaufmann hat.

Zurzeit arbeite ich ...**7**... Verkäufer in einem großen Kaufhaus, bin aber mit dieser Tätigkeit nicht

...**8**..., da ich meine Fähigkeiten in Zukunft gezielter einsetzen möchte. Ich wäre sehr glücklich,

meinen eigentlichen Traumberuf erlernen zu ...**9**... .

Über eine Einladung zu einem persönlichen Gespräch ...**10**... ich mich deshalb sehr freuen.

Mit freundlichen Grüßen

Johannes Bäumler

Training

In diesem Training lernen Sie die einzelnen Bestandteile des Schriftlichen Ausdrucks 2 kennen und können sich Schritt für Schritt in die Aufgabenstellung und in die Lösungswege einarbeiten.

Das Training zum SA 2 besteht aus folgenden Teilen:

> **Einleitung mit Aufgabenstellung**

> **Textvorlage zum Thema**

> **Lückentext**

> **Aufgaben 1–10**

> **Schriftlichen Ausdruck 2 lösen**

Einleitung mit Aufgabenstellung

▶ **Warum sollten Sie die Aufgabenstellung genau kennen?**

Machen Sie sich mit der Aufgabenstellung vertraut, damit Sie in der Prüfung nicht zu viel Zeit verlieren.
Der erste Teil der Aufgabenstellung ist eine Beschreibung des Themas, das bei jeder Prüfung anders ist. Der zweite Teil ist eine allgemeine Aufgabenstellung, die immer gleich ist.

Die Aufgabenstellung hat vier Teile:

1. Johannes Bäumler hat eine Stellenanzeige in der Zeitung gelesen. Eine große Speditionsfirma sucht einen Auszubildenden. Aus diesem Grund schreibt Herr Bäumler zwei Briefe: einen an seinen Freund in Düsseldorf und ein Bewerbungsschreiben an den Spediteur.

In dieser Einführung in das Thema bekommen Sie Informationen zu den Personen, zur Situation, zum Anlass und zum Typus der beiden Briefe.

Dieser Einleitungsteil ist in jedem Prüfungsteil zum SA 2 verschieden. Er ist deshalb so wichtig, weil er Ihnen die Thematik beider Texte liefert. Die Kenntnis der Thematik kann Ihnen beim Lösen des Lückentextes helfen.

2. Ergänzen Sie bitte die Lücken 1–10 in dem zweiten Brief.
In jede Lücke passen **ein** oder **zwei** Wörter.

Die eigentlichen Aufgaben sind im zweiten Text. Dieser zweite Text ist unvollständig. Sie ergänzen also in zehn Sätzen die fehlenden Wörter.
Dafür bekommen Sie hier ein besonderes Training.

3. Verwenden Sie dazu eventuell die Informationen aus dem ersten Brief.

Sie sollen bei der Lösung des Lückentextes den ersten Text zur Thematik im Auge behalten. Er kann Ihnen in einigen Fällen helfen, den fehlenden Inhalt einer Lücke zu verstehen.

4. Schreiben Sie Ihre Antworten auf den **Antwortbogen**.

Wir empfehlen Ihnen, Ihre Lösungen sofort in den Antwortbogen zu schreiben.

> Wie lesen Sie die Aufgabenstellung? ➡ **Sehr genau zur Einführung in die Thematik der Texte!**

Textvorlage zum Thema

▶ **Was steht im Text?**

Bei dem ersten Text handelt es sich um einen persönlichen Brief oder eine persönliche E-Mail. Der Brief ist in informellem Stil gehalten.
Aus der Einleitung kennen Sie schon die Situation und die betreffende Person. In dem Brief berichtet diese Person einer anderen Person diese interessante Situation oder den besonderen Vorfall.
Diese Thematik ist der Ausgangspunkt für den zweiten Brief.

Die Länge des Textes liegt bei 140 – 160 Wörtern.

▶ **Wie lesen Sie den Text?**

Da dieser Text nur die Funktion hat, über das Thema zu informieren, brauchen Sie ihn nur kurz zu überfliegen. Sie sollen also nur feststellen, warum diese Briefe oder E-Mails geschrieben werden. Wenn Sie diesen Text kurz überfolgen haben, gehen Sie direkt zum Lückentext über!

Diesen Text habe ich nur kurz angeschaut – das hat wirklich gereicht. Denn „die Musik spielt" im zweiten Text, wie mein Deutschlehrer immer sagt ... Da geht´s richtig zur Sache.

Daniel S., Ohio

Lückentext

▶ **Was steht im Text?**

Bei dem zweiten Text handelt es sich um einen formellen Brief oder eine formelle E-Mail, im Gegensatz zum ersten Brief ist er in einem amtlichen oder geschäftlichen Sprachstil geschrieben. Sowohl die Ausdrucksweise als auch die Form des Briefes entspricht diesem Stil.
Dieser formelle Brief bezieht sich auf die Situation oder den Vorfall, der im persönlichen Brief bereits beschrieben wurde. Der Adressat hat sich aber geändert, es handelt sich um eine andere Person oder eine Institution.
Die Länge des Textes liegt bei ca. 140 Wörtern.

▶ Wie lesen Sie den Text?

Der Lückentext ist Ausgangspunkt und Grundlage zur Überprüfung von Grammatik- und Wortschatz-kenntnissen. Der Inhalt des Textes ist nicht das Ziel des Lesens.
Sie lesen den Text also nicht vorab, sondern sofort zu dem Zweck, die Aufgaben zu lösen. Dabei lesen Sie Satz für Satz und Lücke für Lücke.

Aufgaben 1–10

▶ Wie sind die Aufgaben konstruiert?

Die Aufgaben 1–10 sind in den fortlaufenden Lückentext integriert. Pro Haupt- oder Nebensatz kommt dabei nur eine Lücke vor.

> Sehr ....0.... Herr Lohmann,
>
> durch Ihre Stellenanzeige in den Westfälischen Nachrichten habe ich ...**1**..., dass Ihre Spedition noch Auszubildende für den ...**2**... des Speditionskaufmanns sucht.

▶ Was müssen Sie in diesen Aufgaben tun?

Für jede Lücke (= Aufgabe) suchen Sie das Wort, das im Satz des Textes fehlt. Das gesuchte Wort muss inhaltlich und in der grammatisch richtigen Form in diesen Satz passen.

▶ Welche Wortarten können dabei vorkommen?

Es können fast alle Wortarten fehlen, zum Beispiel:
Substantive, Verben, Präpositionen, Artikel, Pronomen, Adverbien, Konjunktionen.

▶ Welche grammatischen Formen können vorkommen?

Wenn Sie die richtige Wortart gefunden haben, müssen Sie dazu die richtige grammatische Form finden.
- Bei Verben müssen Sie sich fragen: Welches Tempus? Welche Konjugation? Aktiv oder Passiv? Welche Kasus- oder Präpositional-Ergänzung?
- Bei Substantiven, Artikeln, Pronomen fragen Sie sich: Welcher Numerus, Genus, Kasus?
- Bei Adverbien und Konjunktionen achten Sie auf den Zusammenhang der Sätze.

Schriftlichen Ausdruck 2 lösen

Wenn Sie die Aufgaben lösen wollen, können Sie auf verschiedene Weise vorgehen:

Sie lesen den Text mit den Lücken und finden spontan und intuitiv die richtige Lösung.

Oder Sie müssen – was häufiger der Fall sein dürfte – die richtige Lösung über eine Analyse erarbeiten.

Beim Lösen der Aufgaben gehen Sie am besten nach folgenden Schritten vor:

Schritt 1   Welche Wortart fehlt?

Lesen Sie dazu den ersten Satz mit der Lücke.

> durch Ihre Stellenanzeige in den Westfälischen Nachrichten habe ich ___**1**___, dass …

Das Hilfsverb „haben" signalisiert, dass in der folgenden Lücke eine weitere Verform kommen muss.

Schritt 2   Welches Wort passt?

Suchen Sie in dieser Wortart das passende Wort. Dazu können Sie zwei Wege wählen:

A   Sehen Sie sich den Satz im Lückentest an und analysieren Sie, welches Wort hier fehlen könnte.

Der Verfasser des Briefes erklärt, durch eine Stellenanzeige eine Information bekommen zu haben, die er im Folgesatz genauer beschreibt. In diesem Zusammenhang gäbe es verschiedene Verben, die hier inhaltlich passen, zum Beispiel „lesen", „sehen", „erfahren". In der Formulierung „durch Ihre Stellenanzeige" legt die Präposition „durch" fest, dass hier nur das Wort „erfahren" passt. Sonst müsste es heißen: „**in** der Stellenanzeige gelesen/gesehen".

B   Wenn Sie an dieser Stelle nicht weiterkommen, gehen Sie an die entsprechende Stelle in der Textvorlage zum Thema und lesen Sie dort nach, worum es gehen könnte.

Am Anfang dieser Textvorlage steht, dass die Person eine Anzeige gelesen hat. Es geht also um eine Information, die jemand aus der Zeitung bekommen hat. Mit dieser Information kehren Sie zurück zum Lückentext und wissen jetzt, was in der Lücke **1** inhaltlich stehen sollte. Es bedeutet aber nicht automatisch, dass hier auch das Wort „lesen" passt. Sie müssen jetzt mit der Analyse des Satzzusammenhangs weitermachen, siehe A.

Schritt 3   Welche grammatische Form muss das gefundene Wort haben?

Stellen Sie fest, welche grammatische Form der Satzzusammenhang verlangt.

Der Verfasser berichtet, was geschehen ist, also über Vergangenes. Das Hilfsverb „haben" zeigt klar, dass ein Partizip II folgen muss. Der Satz zur Lücke **1** verlangt grammatisch die Verbform Partizip II „erfahren", damit er korrekt ist. Und dies ist die Lösung.

Weitere Beispiele:

> […] dass Ihre Spedition noch Auszubildende für den ___**2**___ des Speditionskaufmanns sucht.

Schritt 1   Durch den vorausgehenden Artikel und den folgenden Genitiv-Anschluss ist klar, dass hier ein Substantiv stehen muss.

Schritt 2   Das gesuchte Wort steht im Kontext von „Auszubildende" und „Speditionskaufmann" und kann nur aus dem Bereich Arbeit oder Beruf kommen. Der Artikel „den" legt die Lösung formal fest: „Beruf". Diese Lösung ist auch inhaltlich die bessere.

Schritt 3   Das Lösungswort kann ohne weitere grammatische Veränderung eingesetzt werden.

> Zurzeit arbeite ich ....**7**.... Verkäufer in einem großen Kaufhaus, […]

Schritt 1   Das Verb „arbeiten" mit der Ergänzung „Verkäufer" signalisiert, dass hier eine Präposition oder eine Präposition mit Artikel als Verb-Anschluss gesucht wird.

Schritt 2   Der Satzzusammenhang zwischen „arbeite ich" und „Verkäufer" bezeichnet eine Funktion, die mit „als" ausgedrückt wird.

Schritt 3   Die Präposition „als" steht ohne Artikel vor dem Substantiv. Dies ist die Lösung.

TIPP   *Für den SA 2 ist es sinnvoll, Grammatikkapitel wie „Verben mit Präpositionen" (z. B. sich kümmern um, handeln von), „Funktionsverb-Gefüge" (z. B. Bescheid geben, zur Verfügung stellen) und Substantiv-Verbindungen (z. B. „Ausbildung zum Speditionskaufmann", „die Entwicklung der Preise") zu wiederholen.*

Übung   Machen Sie jetzt den gesamten Test zum SA 2.

Arbeitsschritte

Arbeiten Sie in der Prüfung entsprechend dem Training nach folgenden Schritten:

Schritt 1   Lesen Sie sich die Aufgabenstellung durch.

Schritt 2   Sehen Sie sich die Textvorlage zum Thema kurz an.

Schritt 3   Lesen Sie den Lückentext Wort für Wort bis zur jeweiligen Lücke.

Schritt 4   Untersuchen Sie den Satzzusammenhang und stellen Sie fest, welches Wort hier inhaltlich und grammatisch passt (➡ Lösungsschritte 1–3, Seite 93).

Schritt 5   Tragen Sie Ihre Lösungen in den Antwortbogen ein.

Schritt 6   Überprüfen Sie noch einmal, ob Ihre Lösungen inhaltlich richtig und grammatisch korrekt sind.

Wie Sie mit dem Antwortbogen arbeiten, erfahren Sie auf Seite 145.

Mündlicher Ausdruck

In der Prüfung zum Goethe-Zertifikat C1 besteht der Mündliche Ausdruck (MA), das heißt die Mündliche Prüfung, aus zwei Teilen: dem ersten Teil MA 1 und dem zweiten Teil MA 2 mit je 12,5 erreichbaren Punkten.

Die Mündliche Prüfung wird als Paarprüfung durchgeführt, in Ausnahmefällen auch als Einzelprüfung. Darüber entscheidet Ihr Prüfungszentrum.

Die Prüfungszeit ist für die Paarprüfung mit 15 Minuten, für die Einzelprüfung mit 10 Minuten festgelegt.

Zur Vorbereitung des MA 1 und MA 2 bekommen Sie vor der Paarprüfung 15 Minuten Zeit, vor der Einzelprüfung 10 Minuten Zeit.

Leseverstehen			Hörverstehen		Schriftlicher Ausdruck		Mündlicher Ausdruck	
LV 1	LV 2	LV 3	HV 1	HV 2	SA 1	SA 2	MA 1	MA 2

Der Prüfungsteil Mündlicher Ausdruck hat zwei Teile, die sich stark voneinander unterscheiden:
- unterschiedliche Prüfungstypen: Kurzvortrag und Diskussion,
- unterschiedliche Materialien für die Vorbereitung auf die Prüfung,
- unterschiedliche Prüfungsdurchführung,
- unterschiedliche Prüfungsdauer.

Deshalb ist es wichtig, sich auf jeden dieser Teile zum MA speziell vorzubereiten, da Sie in jedem Teil als Sprecher/in anders handeln müssen.

Der Prüfungsteil Mündlicher Ausdruck besteht aus diesen zwei Teilen:

Mündlicher Ausdruck 1
Themenvorgabe
für den Vortrag
mit fünf Leitpunkten

➡ 12,5 Punkte
🕐 3 – 4 Minuten Vortrag

Mündlicher Ausdruck 2
Problemstellung
mit sechs Alternativen
zur Lösung,
dazu drei Aufträge

➡ 12,5 Punkte
🕐 7 – 8 Minuten Gespräch

Im folgenden Training können Sie nacheinander den MA 1 und MA 2 durcharbeiten.

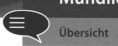
Erstes Training Mündlicher Ausdruck 1

In diesem Trainingsteil erfahren Sie, was Sie über den Mündlichen Ausdruck 1 (MA 1) wissen müssen. Dazu bekommen Sie einen Übungstest mit verschiedenen wichtigen Erläuterungen und Hilfestellungen. Auf der CD können Sie sich außerdem zwei mündliche Prüfungen anhören (➡ CD 2, Track 6, 7).

▶ **Wie ist der MA 1 aufgebaut?**

Der MA 1 besteht aus dem Aufgabenblatt 1A oder 1B.

Themenvorgabe 1A	Themenvorgabe 1B
Aufgabenstellung mit Angabe zur Sprechzeit	Aufgabenstellung mit Angabe zur Sprechzeit
fünf Leitpunkte	fünf Leitpunkte

▶ **Was müssen Sie im MA 1 tun?**

Sie sollen einen kurzen Vortrag halten und dabei das Thema anhand der Leitpunkte behandeln. Sie müssen dabei die Form eines Vortrags einhalten.

▶ **Wie viel Zeit haben Sie für den MA 1?**

Der Vortrag sollte eine Länge von drei bis vier Minuten haben.

▶ **Wie viel Zeit haben Sie zur Vorbereitung auf diesen Vortrag?**

Von der Vorbereitungszeit von insgesamt zehn oder fünfzehn Minuten können Sie sich für den MA 1 die Hälfte der Zeit reservieren.

▶ **Wie viele Punkte können Sie für den MA 1 bekommen?**

MA 1	MA 2	MA gesamt
12,5 Punkte	12,5 Punkte	25 Punkte

> Sehen Sie sich den kompletten Übungstest zum MA 1 an.
> Lesen Sie die Themenvorgaben 1A und 1B mit der Aufgabenstellung und den fünf Leitpunkten kurz durch.
> Danach können Sie mit dem Training beginnen.

Mündlicher Ausdruck 1A

Das Leben in Großstädten wird für viele Menschen immer attraktiver, obwohl damit gesundheitliche Schäden, Lärm und ständiger Stress verbunden sind.

Halten Sie einen kurzen Vortrag (3 – 4 Minuten). Die folgenden Punkte dienen Ihnen dabei zur Orientierung:

- Beispiele für diese Art des Lebens (eigene Erfahrung?)

- Bedeutung dieser Entwicklung in Ihrem Heimatland

- Argumente, die **für** das Leben in der Großstadt sprechen

- Argumente, die **gegen** diese Art des Lebens sprechen

- Ihre persönliche Meinung zu diesem Thema

Mündlicher Ausdruck 1B

Fast die Hälfte aller Personen in Großstädten und Städten mittlerer Größe wohnt laut Statistik in einem Single-Haushalt, lebt also allein.

Halten Sie einen kurzen Vortrag (3 – 4 Minuten). Die folgenden Punkte dienen Ihnen dabei zur Orientierung:

- Beispiele für diese Art des Lebens (eigene Erfahrung?)

- Bedeutung und Stellenwert der Single-Haushalte in Ihrer Heimat

- Argumente, die **für** diese Art des Lebens sprechen

- Argumente, die **gegen** diese Art des Lebens sprechen

- Ihre persönliche Meinung zu diesem Thema

Training

In diesem Training lernen Sie die einzelnen Bestandteile des Mündlichen Ausdrucks 1 kennen und können sich Schritt für Schritt in Aufgabenstellung, Anforderungen und Durchführung der Mündlichen Prüfung einarbeiten.

Zur **Vorbereitung auf die Mündliche Prüfung** erhalten Sie die folgenden Unterlagen:
–   zum MA 1 das **Aufgabenblatt** mit der Themenvorgabe 1A oder 1B,
–   zum MA 2 das **Aufgabenblatt** mit der Problemstellung (➡ Seite 111),
–   Konzeptpapier für Ihre Notizen.

Zum Prüfungsteil MA 1 gibt es in der Prüfungspraxis je nach Institution zwei Möglichkeiten: Entweder Sie bekommen nur das Aufgabenblatt 1A oder 1B oder Sie können zwischen 1A oder 1B auswählen, was seltener vorkommt.

Diese Unterlagen, mit denen Sie sich vorbereitet haben, benutzen Sie auch in der Prüfung.

Das Training zum MA 1 besteht aus folgenden Teilen:

> **Aufgabenblatt**

> **Vorbereitung auf die Mündliche Prüfung**

> **Kriterien zur Bewertung**

> **Mündlicher Ausdruck 1: Vortrag**

Aufgabenblatt

Zur Mündlichen Prüfung, Teil MA 1, erhalten Sie ein Aufgabenblatt mit verschiedenen Teilen:
–   Textvorlage zum Thema 1A oder 1B,
–   Aufgabenstellung mit Angabe der Sprechzeit,
–   fünf Leitpunkte zur Behandlung des Themas.

► **Was steht in der Themenvorgabe?**

Die Darstellung eines Sachverhalts von allgemeiner Bedeutung gibt das Thema vor, zu dem Sie einen Vortrag halten sollen. In Ihrem Vortrag soll diese Problematik in jedem Punkt Ihrer Argumentation präsent sein und kontrovers behandelt werden.
Die Vorgaben 1A und 1B unterscheiden sich nur im Thema.
Auch wenn der Text sehr kurz ist, enthält er die wichtigsten Aspekte zum Thema, an die Sie sich genau halten müssen.

Beispiele zu 1A:

- Leben in Großstädten
- für viele Menschen immer attraktiver
- obwohl […] gesundheitliche Schäden

▶ **Wie machen Sie sich mit dem Thema vertraut?**

In der Vorbereitung auf die Prüfung sollten Sie sich folgende Fragen stellen, egal, ob Ihnen das Thema fremd oder vertraut ist:

- Kenne ich das Thema bereits aus dem Sprachkurs oder aus dem Lehrbuch?
- Habe ich über das Thema schon etwas gelesen – in der Zeitung, im Internet, in einem Buch?
- Habe ich bereits eine Meinung dazu?
- Kenne ich genügend deutsche Wörter und Ausdrücke, um das Thema kontrovers zu behandeln?

> *Also, das Thema A ist leicht – solche Probleme gibt es in jeder Mega-City, auch bei uns. Beim Thema B ist es schwierig, über Probleme zu reden, denn ich finde das Leben als Single toll! Da brauche ich etwas Fantasie oder ich muss mich an Fernsehgeschichten erinnern.*

Charlie Y., Hongkong

▶ **Was steht in der Aufgabe?**

Die Aufgabenstellung zu Thema 1A und 1B ist gleich:

Halten Sie einen kurzen Vortrag (3 – 4 Minuten).

Beachten Sie, dass Sie diese drei bis vier Minuten mit Ihrem Vortrag füllen müssen!

Die folgenden Punkte dienen Ihnen dabei zur Orientierung:

Für Ihren Vortrag bekommen Sie also fünf Leitpunkte, auf die Sie sich beziehen können, wie hier in 1B:

- Beispiele für diese Art des Lebens (eigene Erfahrung?)
- Bedeutung und Stellenwert der Single-Haushalte in Ihrer Heimat
- Argumente, die **für** diese Art des Lebens sprechen
- Argumente, die **gegen** diese Art des Lebens sprechen
- Ihre persönliche Meinung zu diesem Thema

Diese fünf Leitpunkte sollen Ihnen Anregungen zum Inhalt des Vortrags geben und helfen, den Vortrag zu strukturieren.

> *Diese „Leitpunkte" sind prima – nicht nur für die Prüfung. In meiner Firma muss ich auch oft kurze Vorträge halten – und die kann ich auch so aufbauen, jetzt sogar auf Deutsch!*

Jan van D., Amsterdam

 Sie können für Ihren Vortrag auch andere Formen der Argumentation wählen. Es ist jedoch zu empfehlen, sich an die vorgegebenen Leitpunkte zu halten: Sie erleichtern Ihnen den Ablauf Ihres Vortrags. Und die Prüfer/innen können leichter erkennen, dass Sie die Aufgabenstellung erfüllt haben.

Vorbereitung auf die Mündliche Prüfung

Die Vorbereitung auf die Mündliche Prüfung findet unter Aufsicht in einem bestimmten Raum statt. Beachten Sie dabei, dass Sie laut Prüfungsbestimmungen keine Hilfsmittel wie zum Beispiel ein Wörterbuch oder ein Mobiltelefon benutzen und auch mit niemandem sprechen dürfen. Sie dürfen auch kein eigenes Papier benutzen. Für Ihre Notizen bekommen Sie gestempeltes Konzeptpapier.

▶ Wozu machen Sie sich Notizen?

Sie können Ihren Vortrag nur gut vorbereiten, wenn Sie vorab Ideen sammeln, die Hauptpunkte Ihres Vortrags zusammenstellen und gliedern. Freies Sprechen ohne Notizen führt meistens dazu, dass der Vortrag ungeordnet abläuft und dass Sie wichtige Argumente vergessen.
Die Notizen, die Sie sich in der Vorbereitungszeit gemacht haben, dürfen Sie in der Prüfung benutzen. Allerdings dürfen Sie nicht vom Blatt ablesen, sondern sollten sich nur ab und zu an Ihrer Gliederung und den wichtigsten Argumenten orientieren.

▶ Wie machen Sie sich Notizen?

Da Sie nicht viel Zeit haben, ist es wichtig, dass Sie keine ganzen Sätze schreiben, sondern nur Stichworte notieren. Diese Stichworte können Sie in der Prüfung auch mit den Augen schneller erfassen. Effektive Notizen sind kurz und bestehen meistens aus ein bis zwei Wörtern (Substantive, Adjektive oder Verben). Auch kurze Fragen sind nützlich.

Das Konzept zu Ihrem Vortrag können Sie nach folgenden Schritten zusammenstellen:
1. Gehen Sie vom Thema aus zu den Leitpunkten und notieren Sie dort Ideen und Aspekte, die Ihnen zu den einzelnen Punkten einfallen und über die Sie im Vortrag sprechen könnten. Schreiben Sie diese Stichworte direkt auf das Aufgabenblatt.
2. Überlegen Sie, womit Sie Ihren Vortrag beginnen und wie Sie ihn abschließen wollen (siehe letzter Leitpunkt). Machen Sie auch hierzu kurze Notizen.
3. Stellen Sie für den zentralen Teil Ihres Vortrags die wichtigsten Pro- und Contra-Argumente zusammen.

 Benutzen Sie bestimmte Zeichen, um Ihre Notizen zu strukturieren:
   – *Vermerken Sie deutlich, zum Beispiel mit einem Ausrufezeichen,*
     über welche Argumente oder Aspekte Sie leicht sprechen können.
   – *Machen Sie dort ein Fragezeichen, wo Sie nicht sicher sind.*
   – *Benutzen Sie die Abkürzung „z. B." für ein Beispiel.*
   – *Verbinden Sie Ihre Ideen mit + / = / ⟶ / *.*

Und noch ein Tipp:
Schreiben Sie groß und deutlich, sodass Sie bei Ihrem Vortrag Ihre Notizen leicht erfassen können! Damit haben Sie eine Vorlage mit den Argumenten und Ideen, nach denen Sie Ihren Vortrag halten können.

Nach dem Ende der Vorbereitungszeit – 15 Minuten oder 10 Minuten – beginnt die Mündliche Prüfung, zu der Sie abgeholt werden.

Kriterien zur Bewertung

Im Prüfungsteil Mündlicher Ausdruck 1 wird von Ihnen verlangt, dass Sie bestimmte Anforderungen erfüllen. Diese Anforderungen bestehen aus fünf Kriterien, an die Sie sich beim Sprechen halten müssen. Nach diesen einzelnen Kriterien wird Ihre Leistung bewertet.

Kriterium I Erfüllung der Aufgabenstellung	Kriterium II Kohärenz und Flüssigkeit	Kriterium III Ausdruck	Kriterium IV Korrektheit	Kriterium V Aussprache und Intonation
1. Produktion – Inhaltliche Angemessenheit – Ausführlichkeit **2. Interaktion** – Gesprächs-fähigkeit	– Verknüp-fungen – Sprechtempo, Flüssigkeit	– Wortwahl – Umschrei-bungen – Wortsuche	– Morphologie – Syntax	– Laute – Wortakzente – Satzmelodie

Mit dem **Kriterium I „Erfüllung der Aufgabenstellung"** werden zwei verschiedene Leistungen beurteilt:

1. Produktion
Inhaltliche Angemessenheit

Sie sollen sich in Ihrem Vortrag genau an das Thema halten und dabei alle in der Aufgabe auf-geführten Aspekte behandeln.

Die Leitpunkte geben Ihnen dabei Anregungen und Hilfen, müssen aber nicht alle abgehandelt werden.

Ihr Vortrag soll in der Darstellung klar strukturiert sein. Dabei sollen Sie deutlich machen, wo Ihr Vortrag beginnt und wo er abgeschlossen ist.

Sie sollen in Ihrem Vortrag Ihren Standpunkt zum Thema klar zu erkennen geben, zum Beispiel, ob Sie zustimmen, Gegenargumente vorbringen, Vergleiche anstellen oder Ihre ganz persönliche Meinung vorbringen.

Ausführlichkeit

Sie sollen zu jedem thematischen Aspekt ausführlich genug Stellung nehmen. Ihr Vortrag muss dabei unbedingt mindestens drei Minuten dauern.

2. Interaktion
Gesprächsfähigkeit

Gesprächsfähigkeit bedeutet im monologischen Teil der Prüfung, dass Sie Ihren Vortrag an Ihre Zuhörer/innen richten, ohne aber mit ihnen einen Dialog zu führen.

Zum Beispiel können Sie mit einer rhetorischen Bemerkung die Aufmerksamkeit Ihrer Zuhörer/innen gewinnen:

– *Sicherlich haben Sie auch schon beobachtet oder erlebt, dass ....*
– *Man könnte dieses Problem aber auch aus einem anderen Blickwinkel betrachten ...*

Kriterium I Erfüllung der Aufgabenstellung	Kriterium II Kohärenz und Flüssigkeit	Kriterium III Ausdruck	Kriterium IV Korrektheit	Kriterium V Aussprache und Intonation
1. Produktion – Inhaltliche Angemessenheit – Ausführlichkeit **2. Interaktion** – Gesprächs- fähigkeit	– Verknüp- fungen – Sprechtempo, Flüssigkeit	– Wortwahl – Umschrei- bungen – Wortsuche	– Morphologie – Syntax	– Laute – Wortakzente – Satzmelodie

Mit dem **Kriterium II „Kohärenz und Flüssigkeit"** wird bewertet, wie zusammenhängend und flüssig Sie Ihren Vortrag insgesamt präsentieren.

Verknüpfungen
Sie sollen Ihre Gedanken zum Thema zusammenhängend und klar strukturiert vorbringen. Dabei sollten Sie die gedanklichen Abschnitte sinnvoll und deutlich miteinander verbinden. Sie zeigen hier, dass Sie in der Lage sind, zur Verknüpfung der Gedanken geeignete Ausdrucksmittel einzusetzen.

Sprechtempo und Flüssigkeit
Auf der Stufe C1 wird von Ihnen erwartet, dass Sie in authentischem Sprechtempo reden können. Dabei sollten Sie nicht stockend sprechen und nicht zu häufig nach Worten suchen. Stockende und bruchstückhafte Sprechweise wird auf dieser Stufe negativ bewertet.

Kriterium I Erfüllung der Aufgabenstellung	Kriterium II Kohärenz und Flüssigkeit	Kriterium III Ausdruck	Kriterium IV Korrektheit	Kriterium V Aussprache und Intonation
1. Produktion – Inhaltliche Angemessenheit – Ausführlichkeit **2. Interaktion** – Gesprächs- fähigkeit	– Ver- knüpfungen – Sprechtempo, Flüssigkeit	– Wortwahl – Um- schreibungen – Wortsuche	– Morphologie – Syntax	– Laute – Wortakzente – Satzmelodie

Mit dem **Kriterium III „Ausdruck"** wird bewertet, wie differenziert und umfangreich Ihr Wortschatz ist und ob Sie ihn angemessen einsetzen können.

Wortwahl
Korrekte Wortwahl:
Ihre Wortwahl sollte in den meisten Fällen fehlerfrei und treffend sein. Fehlgriffe in der Wortwahl werden negativ bewertet.
Beispiele für Fehlgriffe (➡ CD 2, Track 6):
- *große Städte* (allgemeine Beschreibung) statt *Großstadt* (fester Begriff)
- *eine Familie anfangen* statt *eine Familie gründen*
- *kräftig anfangen zu lernen* statt *schnell und intensiv anfangen zu lernen*
- *das spricht überall so* statt *das gilt überall so*

Angemessene Wortwahl:

Im Vortrag müssen Sie im Unterschied zu einem Alltagsgespräch die dazu angemessene Stil- und Sprachebene einhalten.

Beispiele für falsche Stilebene (➡ CD 2, Track 6):

– *quatschen* statt *sich unterhalten*

– *ein bissl unpraktisch* statt *etwas/ein bisschen unpraktisch*

– *Keine Seele berührt es, …* statt *Niemand interessiert sich dafür, …*

– *okay?* statt *… nicht? / … nicht wahr?* als Bestätigungspartikel am Satzende

Außerdem muss die Wortwahl zum Thema passen. Im Unterschied zu einem informellen Alltagsgespräch stellen Sie im Vortrag komplexe Zusammenhänge und Argumente zum Thema vor. Hierzu benötigen Sie die entsprechenden Ausdrucksmittel.

Beispiele für falschen Ausdruck:

– *Wie passiert so etwas?* (Unfall oder Zufall, auf informeller Sprachebene) statt *Wie geschieht so etwas?* (allgemeiner Ausdruck für Entwicklung)

Varianz der Ausdrucksweise:

Sie sollten die Ausdrücke für einen Sachverhalt variieren, durch Synonyme oder konkretere Beschreibungen. Negativ bewertet wird eine zu vage und allgemeine Ausdrucksweise, in der bestimmte Inhalte und Bedeutungen nicht deutlich genug differenziert sind.

Beispiele:

– Statt *Was ist das Thema?* sagen Sie besser *Zuerst möchte ich darüber sprechen, worum es bei diesem Thema geht / um welches Thema es sich handelt / was mit diesem Thema eigentlich gemeint ist …*

– Statt *Es gibt so viele Sachen* sagen Sie besser *es bestehen / es bieten sich … an / es gibt verschiedene Bedingungen/Aspekte/Möglichkeiten/Wege …*

Umschreibungen und Wortsuche

Sie zeigen, dass Sie den Wortschatz beherrschen, indem Sie selten nach Worten suchen oder einen fehlenden Ausdruck umschreiben müssen.

Beispiele für Wortsuche, die negativ bewertet wird:

– *Die Zeiten, … also ich meine die Termine … oder wie lange man für den Weg zur Arbeit braucht, also die* **Fahrzeiten** *…*

– *Das Positive an dieser Lebensart – so wie jemand lebt, also das Gute, ich meine die* **Vorteile** *…*

Kriterium I Erfüllung der Aufgabenstellung	Kriterium II Kohärenz und Flüssigkeit	Kriterium III Ausdruck	Kriterium IV Korrektheit	Kriterium V Aussprache und Intonation
1. Produktion – Inhaltliche Angemessenheit – Ausführlichkeit **2. Interaktion** – Gesprächs- fähigkeit	– Verknüp- fungen – Sprechtempo, Flüssigkeit	– Wortwahl – Umschrei- bungen – Wortsuche	– Morphologie – Syntax	– Laute – Wortakzente – Satzmelodie

Das **Kriterium IV „Korrektheit"** verlangt von Ihnen, dass Ihr Vortrag in den meisten Fällen grammatisch korrekt ist. Regelverstöße werden je nach Anzahl negativ bewertet, besonders wenn für die Zuhörer das Verständnis beeinträchtigt wird.

Prüfungstraining | Goethe-Zertifikat C1 | © 2008 Cornelsen Verlag Berlin. Alle Rechte vorbehalten.

Morphologie

Sie sollen die grammatischen Formen möglichst fehlerfrei beherrschen, zum Beispiel Verbformen, Genus und Plural von Substantiven, Adjektiv-Endungen, Wahl des Kasus und der Kasus-Endungen.

Syntax

Fehler im Satzbau und in der Wortstellung sollten möglichst selten vorkommen.

Achten Sie auch darauf, dass Gruppen von Substantiven richtig miteinander verbunden werden, zum Beispiel mit dem Genitiv oder einer Präposition, oder dass Funktionsverbgefüge richtig benutzt werden, zum Beispiel *Bescheid geben / zur Diskussion stellen*.

Besonders im Vortrag sollen Ihre Sätze vollständig sein und nicht abgebrochen werden.

Beachten Sie, dass Sie die Grammatik der Stufe C1 beherrschen sollen.

Kriterium I Erfüllung der Aufgabenstellung	Kriterium II Kohärenz und Flüssigkeit	Kriterium III Ausdruck	Kriterium IV Korrektheit	Kriterium V Aussprache und Intonation
1. Produktion – Inhaltliche Angemessenheit – Ausführlichkeit **2. Interaktion** – Gesprächsfähigkeit	– Verknüpfungen – Sprechtempo, Flüssigkeit	– Wortwahl – Umschreibungen – Wortsuche	– Morphologie – Syntax	– Laute – Wortakzente – Satzmelodie

Mit dem **Kriterium V „Aussprache und Intonation"** wird bewertet, wie gut Sie in diesem Bereich die deutsche Standardsprache beherrschen.

Laute

Sie sollen zeigen, dass Sie die deutschen Laute und Lautgruppen korrekt und verständlich produzieren können, zum Beispiel Umlaute, kurze oder lange Vokale, schwierige Konsonantenverbindungen wie „pf", „cht"„sch", „str" und „tz". Auf der Stufe C1 sollten Sie nur mit einem wenig wahrnehmbaren fremdsprachlichen Akzent sprechen.

Wortakzent

Die einzelnen Wörter, die Sie aussprechen, sollten an der richtigen Stelle betont werden. Ist das nicht der Fall, sind diese Wörter für die Zuhörer/innen oft schwer verständlich. Dies wird dann negativ bewertet.

Satzmelodie

In Ihren Sätzen soll der Hauptakzent an der richtigen Stelle stehen, meist am Satzende, außer, wenn Sie etwas besonders hervorheben.

Mit der richtigen Tonhöhe sollen Sie dem Zuhörer deutlich signalisieren, ob Sie eine Frage stellen, eine Aussage treffen oder etwas in Zweifel ziehen.

Sie sollten außerdem durch geeignete Pausen den Zuhörern/Zuhörerinnen deutlich machen, wann ein neuer Gedankengang kommt.

Mündlicher Ausdruck 1: Vortrag

▶ **Wie läuft das Begrüßungsgespräch ab?**

Bevor die eigentliche Prüfung beginnt, werden Sie von den Prüfern/Prüferinnen begrüßt, die sich Ihnen zuerst vorstellen. Danach sollen Sie sich selbst vorstellen.
Dieses Vorstellungsgespräch wird nicht bewertet, es dient lediglich dazu, eine entspannte, persönliche Atmosphäre zu schaffen.
Trotzdem sollten Sie sich auf diese Vorstellung gut vorbereiten, denn wenn Sie hier sicher auftreten und korrekt sprechen, machen Sie bereits einen ersten guten Eindruck auf die Prüfer/innen.

Normalerweise werden Ihnen folgende Fragen gestellt:
– *Wie ist Ihr Name?*
– *Woher kommen Sie?*
– *Wo haben Sie Deutsch gelernt?*
– *Wie lange haben Sie schon Deutsch gelernt?*
– *Wozu brauchen Sie diese Prüfung, für den Beruf oder für die Ausbildung?*
– *(Wenn Sie studieren:) Was studieren Sie? Warum dieses Fach?*
– *(Wenn Sie berufstätig sind:) Warum brauchen Sie Deutsch für diesen Beruf?*
– *(Waren Sie schon einmal in Deutschland, in Österreich, in der Schweiz?)*
– *(Kennen Sie diese Prüfung?)*

In den Beispielprüfungen auf der CD können Sie hören, wie ein solches Gespräch ablaufen kann
(➡ CD 2, Track 6, 7).

▶ **Wie halten Sie Ihren Vortrag?**

Nach diesem kurzen Vorstellungsgespräch werden Sie aufgefordert, Ihren Vortrag zu halten.
Ein Vortrag ist die Rede einer Person nach bestimmten Standards:
– Abhandlung eines Themas, verbunden mit Argumenten,
– Sprache auf hoher und differenzierter Stilebene, keine Umgangssprache,
– Aufbau der Darstellung oder Argumentation klar erkennbar.

Es genügt also nicht, einfach zu reden, wie man das im Alltag gewohnt ist. Man muss auf eine andere Sprache bzw. auf ein anderes Register „umschalten": andere Ausdrücke als in der Umgangssprache, keine Abtönungspartikel wie *doch, ja, denn, halt, ne,* keine Satzbrocken, keine Verkürzungen. Und was man sagt, sollte eine erkennbare inhaltliche Gliederung haben.
Dies wird in den Kriterien I, II und III mit bewertet.

▶ **Wie ist Ihr Vortrag aufgebaut?**

A   Einleitung
1.   Angabe des Themas
Beispiele:
– *In meinem Vortrag spreche ich über: „Das Leben der Menschen in Großstädten und ihre Probleme damit …*
– *Das Thema meines Vortrags ist: „Wie leben Singles in Großstädten?"*

2. Einführung in das Thema

Beispiele:

- *Was spricht für das Leben in der Großstadt, was spricht dagegen?*
- *Wenn man über das Leben von Singles spricht, gibt es Argumente dafür und Argumente dagegen.*
- *Zu diesem Thema möchte ich mit einem Beispiel aus eigener Erfahrung beginnen …*

B   Hauptteil: Behandlung des Themas

Nach der Einführung behandeln Sie anhand der Leitpunkte das Thema und seine Teilaspekte. Die Leitpunkte führen Sie zu den verschiedenen Aspekten des Themas und zu Ihren Argumenten.

1.   Beispiele für diese Art des Lebens (eigene Erfahrung?)

Beispiele:

- *Für viele junge Menschen ist das Single-Leben, wie ich selbst weiß, die moderne Art zu leben. Aber …*
- *Da ich selbst in einer Großstadt lebe und dort gern lebe, kenne ich auch die Probleme, die dabei auftreten können.*

2.   Bedeutung dieser Entwicklung in Ihrem Heimatland (Thema 1A)

Bedeutung und Stellenwert der Single-Haushalte in Ihrer Heimat (Thema 1B)

Beispiele:

- *In einer Mega-City wie Hongkong kann man diese Entwicklung sehr gut beobachten: …*
- *In meinem Heimatland ist das Thema Single-Leben noch nicht so aktuell. Nur in zwei Großstädten …*

3.   Argumente, die **für** diese Art des Lebens sprechen

Beispiele:

- *Das Leben in Großstädten bietet den Menschen viele Vorteile: Die Großstadt bietet eine bessere Infrastruktur und viele Unterhaltungsmöglichkeiten …*
- *Der größte Vorteil des Single-Lebens ist sicherlich die Unabhängigkeit …*

4.   Argumente, die **gegen** diese Art des Lebens sprechen

Beispiele:

- *Im Gegensatz zu den genannten Vorteilen stehen große Nachteile wie …*
- *Gegen die Entscheidung als Single zu leben, spricht …*

5.   Ihre persönliche Meinung zu diesem Thema

Beispiele:

- *Meiner Ansicht nach bietet die Großstadt / das Single-Leben …*
- *Ich persönlich gebe … den Vorzug, denn …*
- *Ich bin überzeugt davon, dass … / Ich bin der festen Überzeugung, dass …*

C   Zusammenfassung und Abschluss

Ihren Vortrag können Sie auch mit Ihrer Meinungsäußerung zum letzten Leitpunkt abschließen, sofern Sie damit auch eine kleine Zusammenfassung Ihres Vortrags bieten. Sie können diesen Schluss mit Ausdrücken einleiten, die das Ende Ihres Vortrags deutlich signalisieren.

Beispiele:

- *Abschließend/Zusammenfassend möchte ich sagen, dass …*
- *Wie bereits erwähnt/dargestellt, bin ich der Auffassung, dass …*

Die Prüfer/innen und Zuhörer/innen müssen während Ihres Vortrags Ihre Standpunkte deutlich erkennen können.

▸ **Welche Ausdrucksmittel helfen Ihnen?**

Die Prüfer/innen erkennen Ihren Gedankengang und die Gliederung nur, wenn Sie dazu geeignete Ausdrucksmittel verwenden.

Diese Ausdrucksmittel beschreiben nicht das Thema, das Sie behandeln, sondern wie Sie dazu stehen und wie Sie das den Zuhörern/Zuhörerinnen präsentieren wollen.

Ihre Sätze bestehen oft aus zwei Teilen:

	formaler Teil	**thematischer Teil**
Beispiel:	*Ich bin der Auffassung,*	*dass die Großstädte den Menschen viele Vorteile bieten.*

Für den Hauptteil des Vortrags stehen Ihnen zur Darstellung der Themen und Ihrer Argumente verschiedene Ausdrucksformen zur Verfügung:

Zustimmung	*Ich bin (persönlich) davon überzeugt, dass … / Ich finde es völlig richtig, wenn …*
Ablehnung	*Das ist sicher abzulehnen, weil … / Das erscheint mir höchst fraglich, denn …*
Einschränkung	*Dies könnte auf den ersten Blick positiv erscheinen, aber …*
Beurteilung	*Meiner Auffassung/Meinung nach ist …*
Alternative	*Einerseits ist … andererseits hat …*
Vergleich	*In … sieht das ganz anders aus: … / entwickelt sich das ähnlich*
Folge	*Das könnte dazu führen, dass … / könnte folgende Konsequenzen haben: …*
Beispiel	*Hierzu kann ich aus eigener Erfahrung ein gutes Beispiel anführen: …*

Diese Argumentationsformen lassen sich in der Ausführung Ihres Vortrags natürlich kombinieren, zum Beispiel: Ablehnung mit Folgen, Beurteilung mit Vergleich, Alternative mit Beispiel.

Mit diesen Varianten können Sie die jeweiligen Abschnitte interessant und abwechslungsreich gestalten.

Der Einsatz solcher formaler Ausdrücke zur Redeorganisation wird von den Prüfern/Prüferinnen sehr positiv bewertet.

Was für ein Service! Jetzt habe ich mein „Werkzeug im Kasten" und kann damit leicht Argumente zusammenbauen – egal, über welches Thema!

Søren H., Kopenhagen

Arbeitsschritte

Unmittelbar vor der Mündlichen Prüfung bekommen Sie 15 oder 10 Minuten zur Vorbereitung.
In dieser Zeit bereiten Sie sowohl den Teil MA 1 als auch den Teil MA 2 vor.
Reservieren Sie für einen Teil ungefähr die Hälfte der Zeit.

Zu jedem Teil bekommen Sie die schriftlichen Vorlagen zur Prüfung:
- für den MA 1 das Aufgabenblatt mit dem Thema für den Vortrag,
- für den MA 2 das Aufgabenblatt mit der Problemstellung.

Bei der Vorbereitung auf den Vortrag zum MA 1 gehen Sie nach folgenden Schritten vor:

Schritt 1	Sehen Sie sich das Aufgabenblatt mit der Themenvorgabe an.
Schritt 2	Lesen Sie kurz das Thema und markieren Sie für sich besonders wichtige Ideen.
Schritt 3	Lesen Sie kurz die fünf Leitpunkte durch.
Schritt 4	Notieren Sie Stichworte zu den Leitpunkten als Konzept für Ihren Vortrag.
Schritt 5	Notieren Sie auch Stichworte für die Einleitung und den Schluss Ihres Vortrags.
Schritt 6	Lesen und überprüfen Sie am Ende Ihr fertiges Konzept noch einmal, bevor Sie in die Prüfung gehen!

Über den Ablauf der Prüfung können Sie sich im zweiten Training (➡ Seite 153 – 156) und auf der zweiten im Buch eingelegten CD informieren (➡ CD 2, Track 6, 7).

Im zweiten Training bekommen Sie auch wichtige Hinweise zur Zeitorganisation, zur Bewertung und zur Verminderung von Sprechblockaden.

Übung   Machen Sie sich zu den Vorlagen MA 1A und MA 1B je ein Konzept für einen Vortrag.
Gehen Sie dabei nach den Arbeitsschritten 1– 6 vor.
Versuchen Sie jetzt, zu jedem Thema einen freien Vortrag zu halten.
Wenn Sie eine Person kennen, die gut Deutsch spricht, so bitten Sie diese, Ihnen zuzuhören und Sie zu korrigieren.

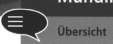
Erstes Training Mündlicher Ausdruck 2

In diesem Trainingsteil erfahren Sie, was Sie über den Mündlichen Ausdruck 2 (MA 2) wissen müssen.
Dazu bekommen Sie einen Übungstest mit wichtigen Erläuterungen und Hilfestellungen.
Auf der CD können Sie sich außerdem zwei Mündliche Prüfungen anhören (➡ CD 2, Track 6, 7).

► **Wie ist der MA 2 aufgebaut?**

Der MA 2 besteht aus drei Teilen:

Problemstellung
sechs Alternativen zur Lösung
drei Aufträge

► **Was müssen Sie im MA 2 tun?**

Sie sollen mit einem Partner oder einer Partnerin ein Gespräch führen. Gesprächsanlass ist ausgehend
von einer Situation eine Problemstellung. Ziel des Gesprächs ist die Einigung auf eine für die Situation
und das Problem geeignete Lösung.

► **Wie viel Zeit haben Sie für den MA 2?**

Das Gespräch sollte ein Länge von ca. acht Minuten haben.

► **Wie viel Zeit haben Sie zur Vorbereitung auf dieses Gespräch?**

Von der Vorbereitungszeit von insgesamt zehn oder fünfzehn Minuten sollten Sie sich für den MA 2
die Hälfte der Zeit reservieren.

► **Wie viele Punkte können Sie für den MA 2 bekommen?**

MA 1	MA 2	MA gesamt
12,5 Punkte	12,5 Punkte	25 Punkte

> **Sehen Sie sich das Aufgabenblatt zum MA 2 mit der Problemstellung, den Alternativen und
> der Aufgabenstellung an.**
> **Danach können Sie mit dem Training beginnen.**

Mündlicher Ausdruck 2

Ein Kollege / eine Kollegin einer Tochterfirma im Ausland kommt nach Deutschland, um einige Jahre in Ihrer Firma zu arbeiten. Dafür muss er/sie Deutsch lernen.

Welchen Kurs würden Sie ihm/ihr empfehlen?

Es gibt folgende Angebote:

- Unterricht in der Klasse an einem Sprachinstitut in Deutschland

- Einzelunterricht an einem Sprachinstitut in Deutschland

- ein Sprachkurs vorab in seiner/ihrer Heimat

- ein Fernlernkurs vorab in seiner/ihrer Heimat

- Unterricht bei einem Privatlehrer

- ein Multimedia-Kurs zum Selbstlernen

- Vergleichen Sie die Angebote und begründen Sie Ihre Meinung.

- Reagieren Sie auch auf die Äußerungen Ihres Gesprächspartners oder Ihrer Gesprächspartnerin.

- Kommen Sie am Ende Ihres Gesprächs zu einer Entscheidung.

Training

In diesem Training lernen Sie die Bestandteile des Mündlichen Ausdrucks 2 (MA 2) kennen und können sich Schritt für Schritt in Aufgabenstellung, Anforderungen und Durchführung der Mündlichen Prüfung einarbeiten.

Zur **Vorbereitung auf die Mündliche Prüfung** erhalten Sie die folgenden Unterlagen:
- zum MA 1 das **Aufgabenblatt** mit der Themenvorgabe 1A oder 1B (➥ Seite 97 – 98),
- zum MA 2 das **Aufgabenblatt** mit der Problemstellung,
- Konzeptpapier für Ihre Notizen.

Das Training zum MA 2 besteht aus folgenden Teilen:

Aufgabenblatt
Vorbereitung auf die Mündliche Prüfung
Kriterien zur Bewertung
Mündlicher Ausdruck 2: Diskussion

Aufgabenblatt

Zur Mündlichen Prüfung, Teil MA 2, erhalten Sie ein Aufgabenblatt mit verschiedenen Teilen:
- Problemstellung,
- sechs Alternativen zur Lösung,
- drei Aufträge.

▶ Was ist die Problemstellung?

Bei dieser Aufgabe bekommen Sie den Auftrag, zu einer bestimmten Situation ein Problem zu lösen und dazu Empfehlungen zu geben.

> Ein Kollege / eine Kollegin einer Tochterfirma im Ausland kommt nach Deutschland, um einige Jahre in Ihrer Firma zu arbeiten. Dafür muss er/sie Deutsch lernen.
> Welchen Kurs würden Sie ihm/ihr empfehlen?

Dazu sollen Sie ein Gespräch mit Ihrem Prüfungspartner / Ihrer Prüfungspartnerin (Paarprüfung) oder mit einem Prüfer / einer Prüferin (Einzelprüfung) führen.

▶ Welche Angebote zur Lösung erhalten Sie?

Die sechs Angebote dienen als Gesprächsgrundlage und müssen als Alternativen zur Lösung des Problems diskutiert werden. Die Reihenfolge, in der Sie über diese Angebote sprechen, ist beliebig. Sie sollen aber möglichst auf alle Angebote eingehen oder alternative Ideen einbringen.

Prüfungstraining | Goethe-Zertifikat C1 | © 2008 Cornelsen Verlag Berlin. Alle Rechte vorbehalten.

- Unterricht in der Klasse an einem Sprachinstitut in Deutschland
- Einzelunterricht an einem Sprachinstitut in Deutschland
- ein Sprachkurs vorab in seiner/ihrer Heimat
- ein Fernlernkurs vorab in seiner/ihrer Heimat
- Unterricht bei einem Privatlehrer
- ein Multimedia-Kurs zum Selbstlernen

TIPP *Wenn Ihnen ein Angebot nicht klar ist oder wenn Sie einen Begriff nicht verstehen, dann wenden Sie sich an Ihren Gesprächspartner / Ihre Gesprächspartnerin und fragen nach. Selbst wenn Sie beide dabei zu keiner Klarheit finden, zeigen Sie den Prüfern/Prüferinnen trotzdem Ihre Gesprächsfähigkeit. Es ist in jedem Fall besser, über etwas Fragliches zu sprechen, als den Punkt komplett wegfallen zu lassen!*

▶ **Welche konkreten Aufträge bekommen Sie dazu?**

Zum Inhalt und Ablauf des Gesprächs erhalten Sie drei Aufträge.

1. Vergleichen Sie die Angebote und begründen Sie Ihre Meinung.

Sie sollen sich zu jedem Angebot äußern, es mit den anderen Angeboten vergleichen und dann beurteilen und begründen, warum es für den Zweck geeignet oder nicht so geeignet ist.

2. Reagieren Sie auch auf die Äußerungen Ihres Gesprächspartners oder Ihrer Gesprächspartnerin.

In dem Gespräch können Sie selbst aktiv Vorschläge machen. Sie sollen aber auch auf die Äußerungen Ihres Gesprächspartner / Ihrer Gesprächspartnerin inhaltlich und kommunikativ angemessen eingehen. Dabei sollten Sie den Gedankengang Ihres Gesprächspartners / Ihrer Gesprächspartnerin aufnehmen und dazu Stellung beziehen, indem Sie zustimmen oder einen Alternativvorschlag machen. Für diese Gesprächsform sollten Sie geeignete Ausdrucksmittel einsetzen (➡ Seite 121–122).

3. Kommen Sie am Ende Ihres Gesprächs zu einer Entscheidung.

Sie sollen am Ende des Gesprächs gemeinsam zu einer Einigung kommen, das heißt, sich für das Ihrer Meinung nach beste Angebot oder die besten Angebote entscheiden. Dieses Ziel müssen Sie in der Prüfung unbedingt erreichen.

Beachten Sie: Die genaue und differenzierte Umsetzung dieser Aufträge wird von den Prüfern/ Prüferinnen im Kriterium I bewertet.

Angabe zur Sprechzeit: Auf dem Aufgabenblatt fehlt eine Angabe zur Dauer des Gesprächs. Nach den Prüfungsbestimmungen sind dafür ca. 8 Minuten vorgesehen (➡ Seite 156 im zweiten Training).

Ganz schön schwierig, dieser Teil: Ich muss alles verstehen können, was eine fremde Person sagt und auch noch spontan darauf reagieren! Und sie muss auch verstehen, was ich dann sage. Das muss ich unbedingt üben.

Kim S., Seoul

Vorbereitung auf die Mündliche Prüfung

Hier gelten die gleichen Vorschriften wie für den ersten Teil der Mündlichen Prüfung (➡ MA 1, Seite 101). Der zweite Prüfungsteil verlangt jedoch eine andere Art der Vorbereitung als der MA 1. Sie müssen sich zunächst mit der Problemstellung, dann mit den Angeboten und schließlich mit den Aufträgen für das Prüfungsgespräch vertraut machen.

▶ **Wie machen Sie sich mit den Angeboten in der Aufgabe vertraut?**

In der Vorbereitung auf die Prüfung sollen Sie sich mit jedem Angebot befassen, egal ob Ihnen dieses fremd oder vertraut ist.

Stellen Sie sich folgende Fragen, um anschließend darüber sprechen zu können:
–   Kenne ich eine solche Möglichkeit oder Situation bereits aus dem Sprachkurs oder aus dem Lehrbuch?
–   Habe ich z. B. einen solchen Sprachkurs schon einmal besucht oder davon gehört?
–   Kenne ich genug Ausdrücke, um differenziert über dieses Angebot zu sprechen?
–   Gebe ich bereits einem Angebot den Vorzug und warum?

 TIPP *Sie sollen in der Diskussion ein Angebot kurz und präzise beschreiben, aber nicht zu ausführlich, damit das Gespräch im Gang bleibt und nicht unterbrochen wird.*

> *Meine Strategie bei dieser Vorbereitung ist: Ich sortiere zuerst die Angebote aus, die für mich nicht so attraktiv sind, und konzentriere mich dann auf die Angebote, die ich mir gut vorstellen kann. Im Gespräch kann ich mich dann genau darauf beziehen.*

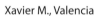

Xavier M., Valencia

▶ **Wie bereiten Sie sich am besten auf das Gespräch vor?**

Zur besseren Vorbereitung unterstreichen Sie in jedem Angebot den zentralen Begriff, der sich von den anderen Angeboten unterscheidet, z. B. „Unterricht in der <u>Klasse</u> an einem Sprachinstitut <u>in Deutschland</u>" gegenüber „Unterricht bei einem <u>Privatlehrer</u>". Das erleichtert Ihnen im Gespräch, sich auf das Wesentliche zu beziehen.

Zu jedem Angebot machen Sie sich dann folgende Notizen:
–   Was halten Sie von dem jeweiligen Angebot?
–   Warum schlagen Sie dieses Angebot vor oder warum nicht?
–   Überlegen Sie, welche Widersprüche und Gegenvorschläge Ihr Gesprächspartner / Ihre Gesprächspartnerin eventuell vorbringen könnte.
–   Für welches Angebot würden Sie sich entscheiden?
–   Welche Argumente haben Sie in Bezug auf die Problemstellung?

▶ **Wie machen Sie sich Notizen?**

Da Sie nicht viel Zeit haben, ist es wichtig, dass Sie auch während dieser Vorbereitung nur Stichworte notieren. Diese Stichworte können Sie in der Prüfung mit den Augen schneller erfassen.
Effektive Notizen sind kurz und bestehen meistens aus ein bis zwei Wörtern (Substantive, Adjektive oder Verben). Auch kurze Fragen sind nützlich.

TIPP *Benutzen Sie bestimmte Zeichen, um Ihre Notizen zu strukturieren:*
- *Abkürzungen wie „z. B." für ein Beispiel,*
- *Zeichen wie + für Ihre Favoriten.*

Und noch ein Tipp:

Schreiben Sie so groß und deutlich, dass Sie bei Ihrem Gespräch gut auf Ihre Notizen zurückgreifen können!

Damit haben Sie eine Vorlage mit den Argumenten und Ideen, mit denen Sie flexibel reagieren können.

Kriterien zur Bewertung

Im Prüfungsteil Mündlicher Ausdruck 2 wird von Ihnen verlangt, dass Sie innerhalb des Gesprächs bestimmte Anforderungen erfüllen. Diese Anforderungen stimmen mit vielen der fünf Kriterien überein, an die Sie sich auch beim Vortrag im MA 1 halten müssen.

Jeder Teil der Prüfung wird nach diesen Kriterien gesondert bewertet.

Kriterium I Erfüllung der Aufgabenstellung	Kriterium II Kohärenz und Flüssigkeit	Kriterium III Ausdruck	Kriterium IV Korrektheit	Kriterium V Aussprache und Intonation
1. Produktion – Inhaltliche Angemessenheit – Ausführlichkeit **2. Interaktion** – Gesprächs-fähigkeit	– Verknüp-fungen – Sprechtempo, Flüssigkeit	– Wortwahl – Umschrei-bungen – Wortsuche	– Morphologie – Syntax	– Laute – Wortakzente – Satzmelodie

Mit dem **Kriterium I „Erfüllung der Aufgabenstellung"** werden zwei verschiedene Leistungen beurteilt:

1. Produktion
Inhaltliche Angemessenheit

Sie sollen sich in Ihrem Gespräch genau an das Thema und das vorgegebene Ziel halten und sich am Anfang und zum Schluss explizit darauf beziehen.

Die Leitpunkte formulieren einen Katalog von Möglichkeiten, die Sie in Ihrem Gespräch diskutieren sollen.

Sie sollen sich zu jedem Angebot und jeder Möglichkeit äußern und dabei auf die Aussagen des Gesprächspartners / der Gesprächspartnerin eingehen.

Sie sollen also nicht wie im Vortrag monologisch über jede Möglichkeit sprechen, sondern im Dialog die Ideen dazu gemeinsam entwickeln.

Ausführlichkeit

Sie sollen zu jedem Vorschlag und auf die Reaktion Ihres Gesprächpartners / Ihrer Gesprächspartnerin ausführlich genug Stellung nehmen. Ihre Ausführungen sollten dabei nur so lang sein, dass Ihr Gegen-über auch zu Wort kommen kann.

2. Interaktion
Gesprächsfähigkeit

In diesem dialogischen Teil der Prüfung sollen Sie zeigen, dass Sie eine Diskussion führen und in Gang halten können.

Dabei sollen Sie
- die Angebote/Möglichkeiten sichten, besprechen und vergleichen,
- dazu Stellung nehmen und auf die Ansicht Ihres Gegenübers reagieren,
- Vorschläge machen und diese begründen,
- auf Argumente und Gegenvorschläge reagieren,
- gemeinsam Alternativen erarbeiten,
- zu einer gemeinsamen Entscheidung kommen.

Kriterium I Erfüllung der Aufgabenstellung	Kriterium II Kohärenz und Flüssigkeit	Kriterium III Ausdruck	Kriterium IV Korrektheit	Kriterium V Aussprache und Intonation
1. Produktion – Inhaltliche Angemessenheit – Ausführlichkeit **2. Interaktion** – Gesprächs-fähigkeit	– Verknüp-fungen – Sprechtempo, Flüssigkeit	– Wortwahl – Umschrei-bungen – Wortsuche	– Morphologie – Syntax	– Laute – Wortakzente – Satzmelodie

Mit dem **Kriterium II „Kohärenz und Flüssigkeit"** wird bewertet, wie zusammenhängend und flüssig Sie im Dialog sprachlich agieren.

Verknüpfungen

Sie sollen in dem Gespräch Ihre Gedanken zum Thema zusammenhängend und klar strukturiert vorbringen. Sie zeigen hier, dass Sie in der Lage sind, zur Verknüpfung Ihrer Gedanken geeignete Ausdrucksmittel einzusetzen.
Außerdem zeigen Sie, dass Sie auf Äußerungen Ihres Gegenübers sprachlich angemessen eingehen können, indem Sie wichtige Ausdrücke in Ihre Reaktion mit aufnehmen. Dadurch entsteht in dem Dialog eine gedankliche Verbindung.

Sprechtempo und Flüssigkeit

Auf der Stufe C1 wird von Ihnen erwartet, dass Sie in authentischem Sprechtempo reden können. Dabei sollten Sie nicht stockend sprechen und nicht zu häufig nach Worten suchen. Stockende und bruchstückhafte Sprechweise wird auf dieser Stufe negativ bewertet.

Zu einem authentischen Gespräch gehört aber auch, dass Sie Ihrem Gegenüber gelegentlich ins Wort fallen oder dessen Gedanken fortsetzen. Dies wird nicht negativ bewertet.

Ihr Gesprächspartner / Ihre Gesprächpartnerin darf von Ihnen erwarten, dass Sie zügig reagieren. Sollte Ihr Gedankenfluss ausnahmsweise stocken, dann sollten Sie angemessen signalisieren können, dass Ihr Gegenüber das Gespräch fortsetzen soll (➡ Wenn Ihnen die Worte fehlen, Seite 157).

Kriterium I Erfüllung der Aufgabenstellung	Kriterium II Kohärenz und Flüssigkeit	Kriterium III Ausdruck	Kriterium IV Korrektheit	Kriterium V Aussprache und Intonation

1. Produktion
– Inhaltliche Angemessenheit
– Ausführlichkeit
2. Interaktion
– Gesprächs-
  fähigkeit
	– Verknüp-
	  fungen
	– Sprechtempo,
	  Flüssigkeit
		– Wortwahl
		– Umschrei-
		  bungen
		– Wortsuche
			– Morphologie
			– Syntax
				– Laute
				– Wortakzente
				– Satzmelodie

Das **Kriterium III „Ausdruck"** bewertet, wie differenziert und umfangreich Ihr Wortschatz ist und ob Sie ihn angemessen einsetzen können.

Dazu gehören hier besonders Ausdrücke, die die Kommunikation mit dem Gesprächspartner / der Gesprächspartnerin sichern und den Dialog in Gang halten.

Wortwahl
Korrekte Wortwahl:
Ihre Wortwahl sollte möglichst fehlerfrei und treffend sein. Fehlgriffe in der Wortwahl werden negativ bewertet.

Angemessene Wortwahl:
Im Dialog müssen Sie im Unterschied zu einem Alltagsgespräch die angemessene Stil- und Sprach-ebene einhalten und passende Ausdrucksmittel für den Diskurs verwenden.

Beispiele:
– *Was halten Sie denn davon?*
– *Da bin ich nicht ganz Ihrer Meinung, ich finde vielmehr, dass …*
– *Meinen Sie nicht auch, dass …*
– *Wenn ich mir das genau überlege, dann meine ich auch, dass …*
– *Wollen wir uns nicht auf … einigen?*

Varianz der Ausdrucksweise:
Sie sollten die Ausdrücke für einen Sachverhalt variieren, durch Synonyme oder konkretere Beschrei-bungen. Negativ bewertet wird eine zu vage und allgemeine Ausdrucksweise, in der bestimmte Inhalte und Bedeutungen nicht deutlich genug differenziert sind.

Beispiel:
– Sie sagen statt *Wir haben da verschiedene Möglichkeiten* besser *Uns liegen hier verschiedene Angebote vor.*

Umschreibungen und Wortsuche
Sie zeigen, dass Sie den Wortschatz beherrschen, indem Sie selten nach Worten suchen oder einen fehlenden Ausdruck umschreiben müssen.

1 Mündlicher Ausdruck 2

Training

Kriterium I Erfüllung der Aufgabenstellung	Kriterium II Kohärenz und Flüssigkeit	Kriterium III Ausdruck	Kriterium IV Korrektheit	Kriterium V Aussprache und Intonation
1. Produktion – Inhaltliche Angemessenheit – Ausführlichkeit 2. Interaktion – Gesprächs- fähigkeit	– Verknüp- fungen – Sprechtempo, Flüssigkeit	– Wortwahl – Umschrei- bungen – Wortsuche	– Morphologie – Syntax	– Laute – Wortakzente – Satzmelodie

Das **Kriterium IV „Korrektheit"** verlangt von Ihnen, dass Sie in den meisten Fällen grammatisch korrekt sprechen. Regelverstöße werden je nach Anzahl negativ bewertet, denn sie können beim Gesprächs-partner / bei der Gesprächspartnerin das Verständnis beeinträchtigen und damit den Dialog stören.

Morphologie

Sie sollten die grammatischen Formen möglichst fehlerfrei beherrschen, zum Beispiel Verbformen, Genus oder Plural von Substantiven, Adjektiv-Endungen, Wahl des Kasus und der Kasusendungen.

Syntax

Fehler im Satzbau und in der Wortstellung sollten möglichst selten vorkommen.

Achten Sie auch darauf, dass Gruppen von Substantiven richtig miteinander verbunden werden, zum Beispiel mit dem Genitiv oder einer Präposition, oder dass Funktionsverbgefüge richtig benutzt werden, zum Beispiel *Bescheid geben, zur Diskussion stellen*.

Im Unterschied zum Vortrag können Sie im spontanen Dialog auch ab und zu in unvollständigen oder abgebrochenen Sätzen sprechen. Das gilt aber nicht, wenn Sie einen eigenen Gedankengang fort-laufend formulieren.

Beispiel 1:
– *Einzelunterricht hat den Vorteil, dass man die Zeit selbst bestimmen kann. Der Nachteil ist aber, dass ein solcher Unterricht wahrscheinlich zu teuer ist, außer die Firma bezahlt ihn.*

Beispiel 2:
– *Worauf sollen wir uns einigen? – Am besten auf den Einzelunterricht. Der ist …*

Beachten Sie, dass Sie die Grammatik sicher beherrschen sollen. Auch Kurzformen und Verknappungen müssen grammatisch korrekt sein.

Kriterium I Erfüllung der Aufgabenstellung	Kriterium II Kohärenz und Flüssigkeit	Kriterium III Ausdruck	Kriterium IV Korrektheit	Kriterium V Aussprache und Intonation
1. Produktion – Inhaltliche Angemessenheit – Ausführlichkeit 2. Interaktion – Gesprächs- fähigkeit	– Verknüp- fungen – Sprechtempo, Flüssigkeit	– Wortwahl – Umschrei- bungen – Wortsuche	– Morphologie – Syntax	– Laute – Wortakzente – Satzmelodie

Mit dem **Kriterium V „Aussprache und Intonation"** wird bewertet, wie gut Sie in diesem Bereich die deutsche Standardsprache beherrschen.

Laute
(➡ Ausführungen im Training zum MA 1, S. 105)

Wortakzent
(➡ Ausführungen im Training zum MA 1, S. 105)

Satzmelodie
In Ihren Sätzen soll der Hauptakzent an der richtigen Stelle stehen, meist am Satzende, außer, wenn Sie etwas besonders hervorheben wollen.

Mit der richtigen Tonhöhe signalisieren Sie dem Zuhörer / der Zuhörerin deutlich, ob Sie eine Frage oder Rückfrage stellen, eine Aussage treffen, etwas in Zweifel ziehen oder eine Reaktion von Ihrem Gegenüber wünschen.

Sie sollten außerdem durch geeignete Pausen Ihrem Gegenüber Gelegenheit geben, Ihren Gedankengängen zu folgen und sich eventuell einschalten zu können.

Beachten Sie: Im Gespräch ist die richtige Tonhöhe ein entscheidendes Signal für Ihr Gegenüber.

Beispiel:
– *Worauf sollen wir uns nun einigen? … Auf den Einzelunterricht?*
Die aufsteigende Tonhöhe am Ende signalisiert eine skeptische oder ablehnende Reaktion. Es kann auch eine (verwunderte) Nachfrage sein.
– *Auf den Einzelunterricht!*
Die absteigende Tonhöhe am Ende signalisiert ein Einverständnis und damit das Ergebnis.

Mündlicher Ausdruck 2: Diskussion

Nach dem Begrüßungsgespräch und dem Prüfungsteil MA 1 folgt das Gespräch zum Prüfungsteil MA 2. Dieses Gespräch soll bestimmte Standards erfüllen:

– Diskussion über ein Thema mit stichhaltigen Argumenten,
– klar erkennbarer Standpunkt in der Argumentation,
– Standardsprache in gehobenem Stil, keine populäre Umgangssprache,
– höflich distanzierte Ansprache in der Sie-Form.

Es genügt also nicht, einfach zu reden, wie man das im Alltag in informeller Umgebung gewohnt ist. Sie müssen auf eine andere Sprache „umschalten", und was Sie sagen, soll insgesamt eine Form haben. Dies wird in den Kriterien I, II und III mit bewertet.

▸ **Wie wird das Gespräch geführt?**

Auch das Gespräch im Prüfungsteil MA 2 hat eine Struktur: einen Beginn, einen Abschluss und dazwischen die Diskussion der beiden Gesprächspartner/innen. Dieser Verlauf ist der gleiche in der Paarprüfung wie auch in der Einzelprüfung, in der ein Prüfer oder eine Prüferin Ihr Gesprächspartner ist.

Sie sollten diesen Ablauf üben, um den Prüfern/Prüferinnen zu zeigen, dass Sie die sprachlichen Fähigkeiten zu dieser Gesprächsführung besitzen.

Ablauf des Gesprächs

A Angabe des Ziels und des Themas
Beispiel:
– *Wir haben die Aufgabe, für einen Kollegen, der nach Deutschland kommt, einen passenden Sprachkurs zu finden …*

B Hauptteil: Diskussion über die Eignung der Angebote
Sie diskutieren mit Ihrem Gesprächspartner / Ihrer Gesprächspartnerin anhand der vorgegebenen Aufträge über die Eignung der einzelnen Angebote und entscheiden sich für eines.
Die Diskussion kann nach folgenden Schritten ablaufen:

1. Erster Vorschlag zu einem Angebot:
    Eine/r der Prüfungsteilnehmer/innen (PT A) beschreibt kurz eines der Angebote und bezieht dazu Stellung. Sofort oder nachdem der andere Prüfungsteilnehmer oder die andere Prüfungsteilnehmerin (PT B) darauf reagiert hat, gibt er/sie eine Begründung dieser Position.

2. Zweiter Vorschlag zu einem weiteren Angebot:
    PT B macht einen Gegenvorschlag und begründet diesen.

3. Diskussion:
    Die PT A und B diskutieren den ersten oder zweiten Vorschlag.

4. Weiterer Vorschlag:
    PT A oder B stellt das dritte Angebot zur Diskussion und gibt dazu eine Erklärung oder Begründung.

5. Widerspruch oder Zustimmung:
    Der andere PT, A oder B, stimmt zu oder lehnt ab, mit Begründung.

6. Entscheidung:
    Die PT A und B einigen sich schließlich auf ein Angebot bzw. mehrere Angebote oder ein PT überzeugt den anderen, dass ein bestimmtes Angebot am besten wäre.
    Die Gesprächspartner/innen haben also am Ende gemeinsam eine Lösung ausgehandelt.

C Abschluss der Diskussion und Ergebnis
Einer der PT formuliert das Ergebnis und gibt eine kurze Erklärung für diese Auswahl.

Die Teile A und C müssen so in jedem Gespräch vorkommen.
Die Schritte im Teil B sind ein nützliches Beispiel für einen erfolgreichen Ablauf, sind aber je nach Prüfungssituation und Konstellation der Personen variabel. Wichtig ist dabei, dass jedes Angebot besprochen wird, dass jeder der PT gleichermaßen zu Wort kommt und dass eine Einigung erreicht wird.

Für den Fall, dass sich die PT zu früh auf ein bestimmtes Angebot einigen können, sollte die Diskussion trotzdem fortgesetzt werden. Einer der beiden PT bringt dann eventuell eine Alternative ins Gespräch.

Damit die Prüfung positiv bewertet wird, müssen Sie dafür sorgen, dass die Prüfer/innen Ihren Gesprächsablauf deutlich erkennen können.

120   Prüfungstraining | Goethe-Zertifikat C1 |

Beispiele für solch einen Gesprächverlauf finden Sie auf der zweiten im Buch eingelegten CD (➥ CD 2, Track 6, 7, Prüfungsbewertung dazu Seite 160–163).

▶ Welche Redemittel brauchen Sie für dieses Gespräch?

In diesem organisierten Gespräch (Diskurs) erkennen die Prüfer/innen Ihren Gedankengang und die Entwicklung des Gesprächs nur, wenn Sie dafür geeignete Redemittel verwenden.

Diese Redemittel zum Diskurs beschreiben nicht das Thema, das Sie behandeln, sondern, wie Sie dazu stehen und wie Sie das Ihrem Gesprächspartner / Ihrer Gesprächspartnerin vermitteln wollen.

Ihre Sätze bestehen oft aus zwei Teilen:

	formaler Teil	**thematischer Teil**
1. Beispiel:	*Ich stimme Ihnen zu,*	*dass dieses Angebot weniger geeignet ist.*

Diese Einleitung ist kommunikativer statt nur zu sagen: *Dieses zweite Angebot ist nicht geeignet!*

2. Beispiel:	*Meinen Sie nicht auch,*	*dass das letzte Angebot am besten ist?*

Die Frage mit Einleitung ist freundlicher und respektvoller gegenüber dem anderen PT, als immer nur eine direkte Frage zu stellen: *Ist das letzte Angebot nicht am besten?*

Für den Teil **B** stehen Ihnen für den Diskurs verschiedene Redemittel zur Verfügung:

Aufgabe, Thema, Angebot darstellen/ beschreiben	*Wir haben die Aufgabe, …* *Wir sollen uns mit … beschäftigen …* *Dieses Angebot lässt sofort erkennen, dass …*
Meinung äußern oder erfragen	*Meiner Meinung/Ansicht nach … / Meines Erachtens …* *Also ich meine zu diesem Angebot Folgendes: …* *Sagen Sie, wie finden Sie …* *Finden Sie nicht auch, dass …* *Was/Wie denken Sie darüber?*
auf Äußerungen reagieren:	*Dazu möchte ich jetzt gern etwas sagen: … / Lassen Sie mich dazu noch Folgendes ergänzen …*
– nachfragen	*Habe ich Sie richtig verstanden? Sie meinen …* *Was genau meinen Sie damit?*
– zustimmen	*Richtig! Da bin ich ganz Ihrer Meinung/Auffassung.* *In diesem Punkt kann ich Ihnen zustimmen.* *Sie haben völlig recht: …*
– widersprechen	*Entschuldigung, aber da bin ich ganz anderer Meinung.* *Tut mir leid – das sehe ich ganz anders: …* *Nein, das finde ich (überhaupt) nicht: …*
– einschränken	*Moment, das stimmt doch nur teilweise …* *Einerseits ja, aber andererseits auch wieder nicht, denn …* *Ja, das könnte passen, allerdings finde ich eher …*

– Kompromiss oder Alternative vorschlagen	*Wie wäre es, wenn …* *Könnten wir nicht vielleicht …?* *Was meinen Sie, sollten wir nicht … ?* *Vielleicht gibt es noch eine Alternative: …* *Ich würde … vorschlagen. Oder sehen Sie das anders?*
entscheiden und abschließen	*Wenn ich mir das so überlege, dann bin ich für …* *Wollen wir uns nicht für … entscheiden?* *Zusammenfassend/Abschließend kann man sagen, dass …* *Ich glaube, wir können mit dieser Auswahl zufrieden sein.*

Die Verwendung dieser Redemittel im Verlauf des Gesprächs zeigt Ihre sprachliche Kompetenz und wird daher von den Prüfern/Prüferinnen sehr positiv bewertet.

> *Wunderbar, mein Text ist fertig: „Richtig! Sie haben völlig recht, da kann ich Ihnen zustimmen, einerseits ja, andererseits doch nicht, aber vielleicht gibt es noch eine Alternative, und abschließend … Was wollte ich eigentlich sagen? – OK! So machen wir das!"*

Patricia M., Dublin

▶ **Wie läuft das Gespräch in der Paarprüfung ab?**

Zunächst eröffnet eine/r der beiden Gesprächspartner/innen das Gespräch (Teil A ➡ Seite 120). Dann läuft das Gespräch zwischen den beiden Gesprächspartnern/Gesprächspartnerinnen frei ab, ohne dass ein Prüfer / eine Prüferin eingreift (Teil B ➡ Seite 120).

Das Schlusswort hat, je nach Vereinbarung, eine/r der Gesprächspartner/innen (Teil C ➡ Seite 120).

Folgende Probleme können im Gespräch auftreten:

1. Ihr Gesprächspartner / Ihre Gesprächspartnerin redet die ganze Zeit sehr viel und Sie selbst kommen zu wenig zu Wort. Dann sollten Sie eingreifen und das Wort an sich ziehen, notfalls, indem Sie unterbrechen. Geeignete Redemittel dafür wären zum Beispiel:
   - *Moment bitte, darf ich dazu etwas sagen?*
   - *Das ist sehr interessant, aber … / Genau! Aber …*
   - *Entschuldigung, darf ich Sie hier unterbrechen …*
   - *Bevor Sie weitersprechen, lassen Sie mich noch etwas dazu sagen …*

2. Ihr Gesprächspartner / Ihre Gesprächspartnerin weiß nicht mehr weiter und braucht Hilfe. Geeignete Redemittel dafür wären zum Beispiel:
   - *Meinen Sie vielleicht …?*
   - *Haben Sie vielleicht ein Beispiel?*
   - *Vielleicht habe ICH eine Idee. Meinen Sie das so …?*

   (weitere Vorschläge dazu ➡ „Wenn Ihnen die Worte fehlen", Seite 157)

Arbeitsschritte

Zur Vorbereitung auf die Prüfung bekommen Sie für den MA 2 ein Aufgabenblatt mit der Problemstellung, mit sechs Alternativen zur Lösung und mit drei Aufträgen.

Bei der Vorbereitung auf den Prüfungsteil MA 2 gehen Sie nach folgenden Schritten vor:

Schritt 1   Sehen Sie sich das Aufgabenblatt mit der Problemstellung, den Angeboten und den Aufträgen dazu an.

Schritt 2   Beschäftigen Sie sich mit den Angeboten und machen Sie sich dazu Notizen.

Schritt 3   Machen Sie ein Konzept für das Gespräch:
Notieren Sie entsprechend den Aufträgen in Stichworten, welche Angebote Sie vorschlagen oder nicht gern vorschlagen würden, und nennen Sie dazu die Gründe. Überlegen Sie, welche Argumente Ihr Gesprächspartner / Ihre Gesprächspartnerin dazu eventuell vorbringen wird.

Schritt 4   Überlegen Sie, welches Angebot Ihr Favorit wäre, und bereiten Sie Argumente dafür vor.

Schritt 5   Lesen Sie am Ende Ihr fertiges Konzept noch einmal durch, bevor Sie in die Prüfung gehen!

Über den Ablauf der Prüfung können Sie sich im zweiten Training (➡ Seite 153 – 156) und auf der im Buch eingelegten zweiten CD (➡ CD 2, Track 6, 7) informieren.

Übung   Machen Sie sich zur Vorlage MA 2 ein Konzept für ein Gespräch.
Gehen Sie dabei nach den Arbeitsschritten 1– 5 vor.
Versuchen Sie jetzt, mit jemandem, der gut Deutsch spricht, dazu ein Gespräch zu führen (➡ Beispiel für Übungsmöglichkeiten, Seite 155).

Zweites Training Leseverstehen

Durchführung der Prüfung

Das Training mit dem Übungstest 1 hat Sie in den Prüfungsteil Leseverstehen mit seinen drei Teilen LV 1–3 eingeführt. Dabei konnten Sie die wichtigsten Arbeitsphasen trainieren. Mit dem **Übungstest 2** können Sie nun das gesamte Leseverstehen unter Prüfungsbedingungen durcharbeiten.

Unter Prüfungsbedingungen heißt:

1. Sie arbeiten LV 1–3 ohne Hilfen und zusätzliche Erklärungen durch. Das heißt, Sie benutzen keine Hilfsmittel wie Wörterbücher oder Grammatiken und Sie holen sich auch niemanden zu Hilfe!

2. Beim LV 1 und LV 3 machen Sie sich – wie in der Prüfung auch – Notizen in den Aufgabenblättern und schreiben dort auch Ihre Lösungen auf. Danach übertragen Sie die Lösungen in den Antwortbogen.

3. Sie halten sich genau an die vorgegebene Gesamtzeit und machen Ihre eigenen Erfahrungen mit der Zeitorganisation für die einzelnen Teile des Leseverstehens.

Wenn es an einer Stelle Schwierigkeiten gibt und Sie das Gefühl haben, dass es nicht gut lief, gehen Sie zurück zum ersten Training (➡ Seite 8–37). Informieren Sie sich dort über hilfreiche Strategien und üben diese eventuell noch einmal.

Beachten Sie die folgenden wichtigen Techniken zum Lösen der Aufgaben:

- Verlieren Sie nicht zu viel Zeit beim ersten Lesen der Texte und der Aufgaben, sondern orientieren Sie sich nur kurz über Thema und Aufgabenstellung und beginnen Sie dann zügig mit der Bearbeitung des Tests.

- Wenn Sie danach die Aufgaben lösen wollen, müssen Sie konzentriert die Aufgaben und die Texte erfassen. Dabei ist es bei LV 1 und LV 2 nicht nötig, im jeweiligen Text Wort für Wort alles zu verstehen. Konzentrieren Sie sich anhand von Schlüsselwörtern auf das Wichtigste!

- Arbeiten Sie möglichst effektiv mit den Prüfungsblättern: Schreiben Sie hinein, machen Sie Notizen, unterstreichen und markieren Sie. Üben Sie schon vor der Prüfung, wie Sie besser und gezielter mit dem Prüfungsmaterial arbeiten können.

- Arbeiten Sie zunächst LV 1–3 nacheinander durch. Stellen Sie aber dabei fest, für welches LV Sie die meiste Zeit brauchen. Mit dieser Erfahrung können Sie dann in der realen Prüfung selbst entscheiden, mit welchem LV Sie beginnen und mit welchem Sie den Prüfungsteil beenden.

- Halten Sie sich an die vorgegebene Gesamtzeit! Wenn Sie trainieren wollen, wie Sie die knappe Zeit möglichst günstig einteilen, sehen Sie sich vorher die Hinweise zur Zeitorganisation an (➡ Seite 125). Hier werden Vorschläge zu einer Zeiteinteilung in kleinen Schritten gegeben.

- Übertragen Sie am Ende Ihre Ergebnisse in den Antwortbogen und beachten Sie die Hinweise und Vorschläge dazu (➡ Seite 126).

Und jetzt viel Erfolg bei der Arbeit!

Zeitorganisation

Wie bei allen Prüfungen ist die Zeit zur Bearbeitung des Leseverstehens ziemlich knapp. Zur Vorbereitung auf die Prüfung gehört also auch, dass Sie trainieren, mit den Zeitvorgaben ökonomisch umzugehen.

Sie sollten bei jedem Prüfungsteil für sich persönlich die Erfahrung machen, wie viel Zeit Sie dafür brauchen. Ein Teil geht erfahrungsgemäß schneller, ein anderer Teil braucht wiederum mehr Zeit.

Obwohl Sie also im Rahmen der Zeitvorgaben variieren können, sollten Sie unbedingt Folgendes beachten:

Diese Ratschläge haben mir viel gebracht: Zuerst habe ich das LV 3 gemacht, dann schnell das LV 1 und zum Schluss – mit etwas mehr Zeit – dieses „beinharte" LV 2. Diese Strategie hat funktioniert!

Benoit Ch., Genf

Bei Problemen in einem Prüfungsteil oder bei bestimmten Aufgaben sollten Sie nicht „hängen bleiben" und zu viel Zeit verlieren. Diese Zeit fehlt Ihnen womöglich bei einem anderen Prüfungsteil, wodurch Sie unnötig Punkte verlieren können. Gleiches gilt für das Lesen der Texte: Wer nicht zügig liest, wie im Training vorgeschlagen wird, verliert wertvolle Zeit.

Im LV 2 müssen Sie sich beim Notieren der Lösungen in Stichworten ebenfalls beeilen.

▸ **Wie können Sie Ihre Zeit gut einteilen?**

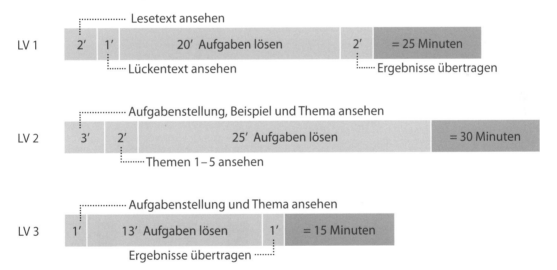

Beachten Sie: Sie können natürlich innerhalb dieses Rahmens die Zeiteinteilung variieren!

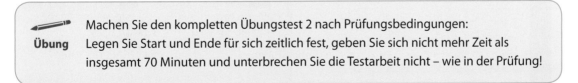

Übung   Machen Sie den kompletten Übungstest 2 nach Prüfungsbedingungen: Legen Sie Start und Ende für sich zeitlich fest, geben Sie sich nicht mehr Zeit als insgesamt 70 Minuten und unterbrechen Sie die Testarbeit nicht – wie in der Prüfung!

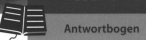
Antwortbogen

Der Erfolg in der Prüfung hängt davon ab, dass Sie Ihre (richtigen) Lösungen rechtzeitig und genau in die Antwortbögen übertragen.

► Wie füllen Sie den Antwortbogen richtig aus?

Wenn Sie das Leseverstehen (LV 1–3) fertig bearbeitet haben, übertragen Sie Ihre Lösungen in den Antwortbogen zum Leseverstehen.

Zunächst tragen Sie Ihre persönlichen Daten ein.

Für jedes LV (1–3) gibt es eine eigene Rubrik. Für jede Antwort auf eine Aufgabe aus den verschiedenen Leseverstehen gibt es eine entsprechende Zeile:
– für das LV 1 die Zeilen 1–10 für die Lösungen,
– für das LV 2 auf einer eigenen Seite fünf verschiedene Kästen zu je einem Thema. In jedem Kasten gibt es für jeden Text (A–D) eine Schreibzeile zum Ausfüllen. Zum LV 2 ist das Aufgabenblatt gleichzeitig der Antwortbogen (➡ Seite 132).
– für das LV 3 die Zeilen 21–30 mit den Kästchen A, B, C und D als Alternativen für die Lösung.

Der Antwortbogen zum LV 3 ist richtig ausgefüllt, wenn Sie die Antwort, die Sie als korrekt ansehen, mit einem ✗ ankreuzen. Bitte markieren Sie wirklich nur mit einem ✗ (nicht mit ✔ oder Sonstigem), da diese Markierung eindeutig ist.
Bitte passen Sie beim Übertragen der Lösungen auf, dass Sie bei der richtigen Aufgabennummer bleiben und nicht in die falsche Rubrik oder Zeile geraten.

► Was machen Sie, wenn Sie etwas falsch notiert oder falsch angekreuzt haben?

Wenn Sie aus Versehen eine Antwort falsch geschrieben bzw. falsch angekreuzt haben, müssen Sie diese Stelle eindeutig durchstreichen, zum Beispiel durch ein großes Ƶ. Danach notieren Sie Ihre richtige Antwort gut leserlich in die entsprechende Zeile.

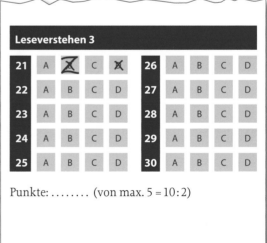

Antwortbogen Leseverstehen

Prüfungszentrum: ....

Name: ....

Vorname: ....

Geburtsdatum: .... Geburtsort: ....

Leseverstehen 1

1	_____
2	_____
3	_____
4	_____
5	_____
6	_____
7	_____
8	_____
9	_____
10	_____

Punkte: .... (von max. 10)

Leseverstehen 2 (11–20)

max. 10 Punkte
(➥ Seite 132)

Leseverstehen 3

21	A	B	C	D	**26**	A	B	C	D
22	A	B	C	D	**27**	A	B	C	D
23	A	B	C	D	**28**	A	B	C	D
24	A	B	C	D	**29**	A	B	C	D
25	A	B	C	D	**30**	A	B	C	D

Punkte: .... (von max. 5 = 10 : 2)

Leseverstehen 1–3 Gesamtergebnis
Punkte: .... (von max. 25)

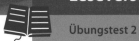

Leseverstehen 1 (25 Minuten)

Ergänzen Sie bitte im folgenden Text die fehlenden Informationen.
Lesen Sie dazu den Text auf der Seite gegenüber.
Schreiben Sie Ihre Lösungen zunächst auf dieses Blatt und
tragen Sie dann Ihre Ergebnisse in den **Antwortbogen** (Nr. 1–10) ein.

Es ist bis heute ein Geheimnis, warum die berühmte Mozartkugel diesen Namen ...0.... .	0 *trägt*
Für Kinder, auf Besuch in Salzburg, ist viel interessanter, wie Mozart eigentlich ...1... und dass er sogar eingesperrt wurde; denn der Fürst-bischof hatte ...2..., dass Mozart der Komponist des Oratoriums war.	1 .... 2 ....
Philipp, der Reiseführer, erzählt ihnen das alles sehr spannend und zeigt ihnen auch, wie Mozart vermutlich ...3... hat.	3 ....
Dank Philipp ist eine Reise nach Salzburg mit Kindern keine Gefahr für den ...4... in der Familie. Selbst kleinen Kindern machen seine ...5... Spaß und wecken Interesse an vergangenen Zeiten. Nach so einer Stadtführung wissen die Kinder über Salzburg und die Salzburger ...6... .	4 .... 5 .... 6 ....
Kinder brauchen eine bildliche Vorstellung von Geschichte. Daher wurde ein neues Konzept für die Besichtigung von Museen und Städten ...7... . So werden jetzt in Salzburg die Kinder angeregt, sich selbst zu ...8..., indem sie historische Vorlagen kopieren oder zusammensetzen.	7 .... 8 ....
Auch im Schloss Hellbrunn erwartet die Besucher eine besondere ...9..., dieses Mal für die Erwachsenen!	9 ....
So wird jeder ...10. sowohl für die Erwachsenen als auch die Kinder zu einem schönen Erlebnis.	10 ....

Mozart für die Kleinen

In Salzburg wird Kindern Kunst und Kultur auf spielerische Weise näher gebracht

Es ist und bleibt ein Geheimnis. Nicht einmal Martin Fürst weiß, warum die Mozartkugel Mozartkugel heißt, und dabei ist er immerhin der Ur-Urenkel des Erfinders jener gleichermaßen geheimnisvollen Kreation aus Marzipan, Nougat, Pistazie und Schokolade. Mozart selbst jedenfalls hat die Kugeln sicher nie genascht.

Wobei das den Kindern, die sich eine Kugel nach der anderen in den Mund stopfen, völlig egal ist. Interessanter ist, wie Philipp, ihr Reiseführer, erzählt, dass der großartige Wolfgang Amadeus Mozart in Wirklichkeit gar nicht aussah wie auf den Bildern von damals, sondern sehr viel kleiner war, nur 1,50 Meter groß, und außerdem ein völlig vernarbtes Gesicht hatte, weil er als Kind an Pocken erkrankt war.

Und noch etwas Faszinierendes kann Philipp berichten: Als Elfjähriger wurde Mozart eine Woche lang eingesperrt, weil der Fürstbischof bezweifelte, dass Mozart sein Oratorium allein komponiert hatte. Philipp kann gut erzählen, und er kann gut Menuett tanzen, wie damals zu Mozarts Zeiten. Der junge Mann führt Gäste durch seine Geburtsstadt, darunter solche mit ganz speziellen Ansprüchen: Kinder!

Eine Städtereise mit Kindern kann so gefährlich sein wie eine Herde von Elefantenbullen durch einen Porzellanladen zu führen. Dass eine Reise nach Salzburg allerdings weder die elterlichen Nerven noch den Familienfrieden zerstören muss, ist Menschen wie Philipp zu verdanken. Die Historie erklärt er mit Geschichten, die selbst Kindergartenkinder bei Laune halten. Um Jahreszahlen oder Namen geht es dabei so gut wie nie. Dafür aber wissen die Kleinen nach der Stadtführung genau Bescheid, warum die Salzburger sich selbst heute noch als „Stierwäscher" bezeichnen.

Unter Pädagogen ist es längst kein Geheimnis mehr, dass Kinder einen bildhaften, konkreten Zugang zur Geschichte brauchen. Deshalb wurden neue Konzepte für die Besichtigung von Museen und Städten entwickelt, die den zuständigen städtischen Kulturbeamten als „Museumspädagogik" und „Stadtmarketing" inzwischen geläufig sind. Daher hat Salzburg klug auf spezielle Kinderstationen gesetzt, und zwar bei der Neukonzeptionierung des Salzburg-Museums. WoDi heißt der nette Wolf, der die jungen Besucher an die Pfote nimmt und durch die Ausstellung führt. Er regt zu eigener Betätigung an, wie Durchpausen oder Kopieren historischer Münzen, oder lässt Puzzles von Stadtwappen zusammensetzen.

Auch das Schloss Hellbrunn macht den Kleinen Spaß. Dass es bei diesem Lustschloss auch lustig zugehen kann, zeigt sich spätestens im Park bei den Wasserspielen, wenn zur großen Überraschung aus versteckten Düsen Wasser auf die Besucher gespritzt wird, meist zur Freude der Kinder auf die Erwachsenen.

Vermutlich werden es die Kinder sein, die ihre Eltern bald wieder zu einem Ausflug in die Stadt überreden werden. Und dabei hilft vielleicht der Ausspruch des kleinen Mozart: „Ohne das Reisen ist man wohl ein armseliges Geschöpf."

Nach: Katharina Matzig, Süddeutsche Zeitung, 26.07.07, Seite 45

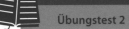

Leseverstehen 2 (30 Minuten)

Lesen Sie bitte die vier Texte. In welchen Texten (A – D) gibt es Aussagen
zu den Themenschwerpunkten (1 – 5)?

1 Entspannungsübungen zur Vorbereitung

2 Zeitorganisation vor dem Konzert

3 Essen und Trinken als Hilfsmittel

4 Unmittelbare Vorbereitung auf den Auftritt

5 Lösung der Anspannung bei Konzertbeginn

Bei jedem Themenschwerpunkt sind ein, zwei oder drei Stichpunkte möglich,
insgesamt aber nicht mehr als **zehn** (Aufgaben 11 – 20).
Schreiben Sie Ihre Antwort direkt in den **Antwortbogen**.
Beachten Sie bitte das Beispiel:

Beispiel:

	0 Symptome der Nervosität
A	—
☒	*vor schwierigen Passagen etwas angespannt*
C	—
☒	*zittrige Hände / flaues Gefühl im Magen / Noten kommen mir fremd vor*

Wie bereiten sich Musiker auf ihr Konzert vor? Wie geht es ihnen unmittelbar vor dem Auftritt? Haben
sie Lampenfieber, Stress oder gar Angst? Mit welchen Methoden bewältigen sie diese Situation?
Vier junge Profis berichten.

A

Henrike
Nachmittags mache ich gern ein Schläfchen oder lege die Füße hoch. Wenn ich mich
daran halte, weiß ich, dass meine Stimme beim Konzert richtig geölt ist und gut
„läuft". Das Singen geht dann ganz mühelos, wie von selbst. Wenn ich von zu Hause
los muss, schlüpfe ich entweder schon hier in ein langes Kleid oder ich ziehe mich
erst am Veranstaltungsort um. Wichtig sind vor allem bequeme Schuhe, weil wir bei
manchen Konzerten den ganzen Abend über stehen müssen.
Unmittelbar vor dem Auftritt werfe ich gern noch einen Blick auf die Noten – vor
allem bei schweren Stücken. In der Regel wärme ich meine Stimme mindestens eine
Stunde lang auf und übe einige Koloraturen.
Mit dem Essen vor dem Auftritt muss ich aufpassen: Während des Konzerts darf ich
keinen Hunger bekommen, sonst „knurrt" der Magen, denn Singen ist zum Großteil
Baucharbeit und ein zu leerer Bauch ist keine gute Stütze für die Stimme. Zu viel
Essen tut allerdings auch nicht gut. Deshalb esse ich vorher gern eine einfache
Brezel. Lampenfieber oder gar Panikattacken kenne ich nicht, wir sind in unseren
Auftritten sehr routiniert. Ich verlasse mich auf mein gutes Training und meine
Erfahrung und bei einer kleinen Unsicherheit geht die Welt auch nicht unter.

B

Ingo

Hektik mag ich vor dem Konzert nicht, deshalb fahre ich so zeitig los, dass ich auch mal eine S-Bahn verpassen kann und trotzdem pünktlich vor dem Auftritt ankomme.

Und natürlich versuche ich so fit und ausgeschlafen wie möglich zum Konzert zu kommen, vor allem, wenn ich mal ein Solo zu spielen habe. Ansonsten helfen in der Wartezeit zwischen Probe und Auftritt starker Kaffee und ein gutes Buch, zum Beispiel ein Krimi oder ein spannendes Sachbuch. Das lenkt wunderbar ab.

Eine Stunde vor dem Konzert bin ich dann vor Ort, spiele mich die halbe Stunde bis Saaleinlass auf dem Podium ein und sehe nach, ob die Töne noch am selben Platz sind.

Beispiel ➡ Ein Rezept gegen Nervosität gibt es nicht. Die Spannung ist auf jeden Fall da, denn die Mikrofone sind immer präsent – wir spielen ja nicht nur für die Zuhörer im Saal, sondern auch für die Hörfunkübertragung. **Vor schwierigen Passagen bin ich manchmal etwas angespannt.** Zittrige Hände oder einen flauen Magen bekomme ich davon aber nicht – ich bin eher aufmerksamer und kann mich gedanklich umso konzentrierter mit dem Stück auseinandersetzen.

C

Timo

Vormittags singe ich mich ein bisschen ein und mache die Stimme warm und geschmeidig – das reicht bis zum Abend. Durch die ständigen Proben benutzen wir unsere Stimme sowieso jeden Tag, sie muss also für ein einzelnes Konzert nicht extra trainiert werden. Außerdem will ich alle Kraft für den Auftritt bewahren.

Tagsüber denke ich nicht ans Konzert. Ich gehe ganz normalen Tagesverrichtungen nach: Kind von der Schule abholen, einkaufen, dann Hausaufgaben kontrollieren. Ich wohne mitten in der Stadt, und zwar ganz bewusst, so bin ich mit dem Fahrrad schnell am Veranstaltungsort. Diese Zeit auf dem Rad ist mir sehr wichtig, die Spannung lässt nach, ich komme zur Ruhe und ich kann mich innerlich auf das Konzert einstimmen. Der Körper wird warm und die Stimme somit auch. Die eigentliche Konzentration stellt sich dann vor Ort sehr schnell ein, wenn ich im Konzertsaal bin: Der Schalter kippt, der Alltag ist weg und allein das Konzert steht im Vordergrund. Übrigens, bevor ich auf die Bühne gehe, trinke ich Kaffee und Cola – das Koffein macht mich konzentrierter.

D

Caroline

Ich mache ein paar Yoga-Übungen, das macht mich wach und entspannt gleichzeitig den Körper. Über Lampenfieber sprechen wir unter uns Orchestermusikern selten; jeder von uns sucht sich seinen eigenen Weg, damit klar zu kommen. Schon das Warten auf den ersten Einsatz macht mich

Beispiel ➡ zum Beispiel nervös. Bei mir sind es dann die **typischen Symptome: zittrige Hände, flaues Gefühl im Magen** – manchmal **kommen mir** für einen Moment sogar die **Noten fremd vor.** Im ersten Orchesterjahr war ich natürlich aufgeregter als heutzutage, jetzt hilft die Routine. Doch eine Unsicherheit bleibt für uns Klarinettisten: das Klarinettenblatt. Es kann sich durch Einflüsse wie Luftfeuchtigkeit und Temperatur verändern. Eventuell funktioniert es dann nicht mehr optimal. Vieles kann man dann durch Blastechnik kompensieren, sodass es der Zuhörer nicht hört – außer es quietscht. Die Vorstellung, dass das Instrument an einer Solostelle nicht funktioniert, ist mein absoluter Albtraum. Hat man aber die ersten Takte gespielt, löst sich die Anspannung und man kann sich befreiter auf die Musik einlassen. Ein gewisses Kribbeln allerdings ist gut; ich habe öfter erlebt, dass gerade die Konzerte, bei denen wir Musiker vor Anspannung buchstäblich auf der Stuhlkante saßen, besser gelangen und mehr Atmosphäre hatten als andere.

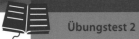

Antwortbogen Leseverstehen 2

Aufgaben 11–20

Text   Themen

1   Entspannungsübungen zur Vorbereitung

A

B

C

D

2   Zeitorganisation vor dem Konzert

A

B

C

D

3   Essen und Trinken als Hilfsmittel

A

B

C

D

4   Unmittelbare Vorbereitung auf den Auftritt

A

B

C

D

5   Lösung der Anspannung bei Konzertbeginn

A

B

C

D

Punkte: . . . . (von max. 10)

Leseverstehen 3 (15 Minuten)

Lesen bitte Sie den Text und kreuzen Sie bei den Aufgaben (Nr. 21–30) das jeweils passende Wort (A, B, C oder D) an. Nur eine Antwort ist richtig.

Tragen Sie am Ende Ihre Ergebnisse in den **Antwortbogen** ein.

„Coaching": Hilfe beim Neustart

Wo will ich hin? ..0.. findet den Weg zu einem Neuanfang im Beruf oder im Privatleben nur mit professioneller Unterstützung. Ursprünglich verstand man unter „Coaching" eine Beratung von Menschen in Führungspositionen, die ihre berufliche Situation ..21.. wollen, um dann später aufzusteigen und Karriere zu machen. So streng wird dieser Begriff heute ..22.. nicht mehr gefasst. Heutzutage ist „Coaching" ein hilfreiches ..23.. zur zielgerichteten Lebensgestaltung. Dabei spielt es keine Rolle, ob es sich um Führungskräfte, Angestellte oder einfach nur Privatpersonen ..24... Es kommt recht häufig vor, dass Menschen in scheinbar ausweglosen Situationen feststecken und ..25.. davon sind, ihre Wünsche und Ziele verwirklichen zu können. Sie schaffen es nicht, die Richtung in ihrem Leben zu wechseln, obwohl sie es gern täten und der Wunsch nach Veränderung sehr stark ist. Auslöser ..26.. kann zum Beispiel Frust in ihrem gegenwärtigen Job oder die Unsicherheit an einer neuen Arbeitsstelle sein. Mitunter ist es aber auch die Schwierigkeit, Beruf und Privatleben ..27.. zu bringen. „Coaching" kann all ..28.. helfen, die ein klar umrissenes Problem haben, dies aber nicht selbständig lösen können. Der Klient bekommt dann eine Anleitung zur Selbsthilfe sowie Tipps für eine schrittweise Verhaltensänderung. Umsetzen muss der oder die Betroffene diese dann natürlich selbst.

Mit Gesprächen, Rollenspielen und anderen Techniken versucht dabei ein Coach, bei dem Klienten ..29.. Denkmuster aufzubrechen und neue Sichtweisen ins Spiel zu bringen. Eine radikale Änderung des Blickwinkels zeigt dann oft den richtigen ..30.., sich weiterzuentwickeln, sich zu ändern oder das anstehende Problem zu lösen. Die Basis für eine erfolgreiche Zusammenarbeit ist aber immer eine gute Chemie zwischen den Beteiligten. Mehr Informationen zu diesem Thema bekommen Sie beim Deutschen Bundesverband Coaching e. V.

Beispiel: 0

A   Niemand   **Lösung: C**

B   Jemand

X   Mancher

D   Welcher

21

A   versuchen

B   verbessern

C   verbinden

D   verlängern

22

A   allerdings

B   trotzdem

C   deshalb

D   folglich

23

A   Einsatz

B   Ziel

C   Apparat

D   Instrument

24

A   handelt

B   geht

C   beläuft

D   bezieht

25

A   ganz nah

B   weit entfernt

C   mittendrin

D   weit

26

A   dafür

B   hierzu

C   dabei

D   dazu

27

A   in Einklang

B   in Bezug

C   auf den Punkt

D   in Beziehung

28

A   denjenigen

B   derjenigen

C   diejenigen

D   demjenigen

29

A   eingefügte

B   eingetretene

C   eingemachte

D   eingefahrene

30

A   Weg

B   Bahn

C   Richtung

D   Tendenz

Zweites Training Hörverstehen

Durchführung der Prüfung

Mit dem Übungstest 1 wurden Sie in den Prüfungsteil Hörverstehen eingeführt und konnten dabei die wichtigsten Arbeitsphasen trainieren. Mit dem **Übungstest 2** können Sie hier ein gesamtes Hörverstehen unter Prüfungsbedingungen durcharbeiten.

Unter Prüfungsbedingungen heißt:

1. Sie nehmen die Aufgaben zu HV 1 und HV 2 zur Hand. Sie stellen die CD an den Anfang des Übungstests (➡ CD 1, Track 11, 12). Sie arbeiten jetzt nach den Vorgaben auf der CD das gesamte Hörverstehen durch. Stoppen Sie die CD nicht, auch wenn Sie an einer Stelle Schwierigkeiten haben, denn das gehört zu den praktischen Erfahrungen in dieser Trainingsphase. Benutzen Sie keine Hilfsmittel und holen Sie auch niemanden zur Hilfe.

2. Sie schreiben Ihre Lösungen direkt in das Aufgabenblatt oder kreuzen Ihre Lösungen dort an – wie in der Prüfung.

3. Danach übertragen Sie Ihre Lösungen in den Antwortbogen. Nehmen Sie sich dazu nur fünf Minuten Zeit (➡ Hinweise Seite 136).

4. Korrigieren Sie Ihre Lösungen anhand des Lösungsschlüssels (➡ im Einleger, Seite 2).

Wenn es an einer Stelle Schwierigkeiten gibt und Sie das Gefühl haben, dass es nicht gut lief, gehen Sie zurück zum ersten Training (➡ Seite 38 – 63). Informieren Sie sich dort über hilfreiche Strategien.

Beachten Sie folgende wichtige Techniken zum Lösen der Aufgaben:

– Verlieren Sie nicht zu viel Zeit beim Lesen und Lösen der Aufgaben, sondern folgen Sie dem Hörtext wie auf der CD vorgegeben. Sie verlieren sonst den Anschluss an den Hörtext und damit wichtige Informationen. Lassen Sie lieber eine ungelöste Aufgabe vorläufig liegen.

– Sie müssen im Hörtext nicht alles Wort für Wort verstehen, vielmehr sollen Sie sich nur auf das Auffinden der Informationen konzentrieren, die Sie zum Lösen der Aufgaben brauchen.

– Unterscheiden Sie immer zwischen Ihrem Wissen und der Information aus dem Text. Ihre persönliche Meinung ist hier nicht gefragt und kann sogar zu schweren Fehlern führen. Konzentrieren Sie sich also nur auf die gehörten Informationen: Was genau wird im Text gesagt?

– Arbeiten Sie möglichst effektiv mit den Prüfungsblättern: Schreiben Sie hinein, machen Sie Notizen, unterstreichen und markieren Sie. Üben Sie schon vor der Prüfung, wie Sie besser und gezielter mit dem Prüfungsmaterial arbeiten können.

– Halten Sie sich genau an die Zeitvorgaben der CD! (➡ Hinweise zur Zeitorganisation, Seite 135)

– Übertragen Sie am Ende Ihre Ergebnisse in den Antwortbogen und beachten Sie die folgenden Hinweise und Vorschläge dazu.

Und jetzt viel Erfolg bei der Arbeit!

Zeitorganisation

Wie bei allen Prüfungen ist die Zeit auch für das Hörverstehen ziemlich knapp, besonders, da Sie von den Zeitvorgaben der laufenden CD abhängig sind. Zur Vorbereitung auf die Prüfung gehört also auch hier, dass Sie Strategien trainieren, um konzentriert zuzuhören und schnell zu reagieren.

Indem Sie den Übungssatz 2 exakt nach Prüfungsbedingungen ablaufen lassen, können Sie für sich persönlich wichtige Erfahrungen machen:

– Welches Hörverstehen macht Ihnen mehr Schwierigkeiten, das HV 1 oder das HV 2?

– Wie kommen Sie damit zurecht, dass Sie das HV 1 nur einmal hören?

– Können Sie bei den Aufgaben zum HV 1 die Ergänzungen oder fehlenden Informationen schnell und korrekt notieren?

– Bleiben Sie innerhalb eines Hörtextes an einer unverständlichen Stelle hängen und versäumen dann, was danach weiter gesagt wird? Oder schaffen Sie es, einfach weiter zuzuhören?

– Können Sie die Informationen im Text leicht finden? Oder müssen Sie an einigen Stellen Ihre Fantasie oder Ihre persönlichen Vermutungen zur Hilfe nehmen?

– Schaffen Sie es, schnell Stichworte zu notieren?

– Können Sie im HV 2 die Auswahlantworten gut unterscheiden? Oder bedeutet das für Sie zu viel Lesearbeit?

– Haben Sie genug Konzentration, am Ende Ihre Lösungen korrekt in den Antwortbogen zu übertragen?

Wenn Sie bei einigen der genannten Punkte Probleme haben, sollten Sie dazu ein gesondertes Training ansetzen oder Sie wiederholen einiges aus dem ersten Training (➡ Seite 39–63).

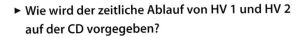

Also, im ersten Hörtext muss man beim Schreiben super schnell sein. Der zweite Test ist etwas gemütlicher, denn man kennt diese Aufgaben aus dem Kurs. Bei der Auswahl von A, B oder C muss man aber aufpassen.

Ansgar F., Göteborg

▶ **Wie wird der zeitliche Ablauf von HV 1 und HV 2 auf der CD vorgegeben?**

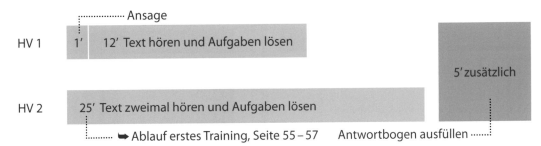

Ansage

| HV 1 | 1' | 12' Text hören und Aufgaben lösen | 5' zusätzlich |

| HV 2 | 25' Text zweimal hören und Aufgaben lösen |

➡ Ablauf erstes Training, Seite 55–57   Antwortbogen ausfüllen

Übung   Machen Sie den kompletten Übungstest 2 nach Prüfungsbedingungen: Legen Sie Start und Ende für sich zeitlich fest, geben Sie sich nicht mehr Zeit als vorgegeben und unterbrechen Sie die Testarbeit nicht – wie in der Prüfung!

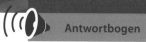
Antwortbogen

Die Prüfung ist erfolgreich, wenn Sie Ihre (richtigen) Lösungen rechtzeitig und genau in die Antwortbögen übertragen haben.

▶ **Wie füllen Sie den Antwortbogen richtig aus?**

Wenn das Hörverstehen (HV 1 und HV 2) beendet ist, haben Sie noch fünf Minuten Zeit, um Ihre Lösungen von den Aufgabenblättern in den Antwortbogen zu übertragen.

Zunächst tragen Sie Ihre persönlichen Daten ein.

Für jedes HV (1 und 2) gibt es eine eigene Rubrik und für jede Aufgabe aus den verschiedenen HV-Teilen eine entsprechende Zeile:
- Für das HV 1 sind das die Zeilen 1–10. Hier tragen Sie die gefundenen Stichworte und Antworten ein.
- Für das HV 2 kreuzen Sie in den Zeilen 11–20 die Lösungen an, die Sie schon im Aufgabenblatt notiert haben.

Der Antwortbogen zu HV 2 ist richtig ausgefüllt, wenn Sie bei der Antwort, die Sie als korrekt ansehen, ein **X** machen. Bitte markieren Sie wirklich nur mit einem **X** (nicht mit ✔ oder Sonstigem), da diese Markierung eindeutig ist.

Bitte passen Sie beim Übertragen der Lösungen auf, dass Sie bei der richtigen Aufgabennummer bleiben und nicht in die falsche Rubrik oder Zeile geraten.

▶ **Was machen Sie, wenn Sie etwas falsch notiert oder falsch angekreuzt haben?**

Wenn Sie bei den Lösungen zum HV 1 einen Fehler gemacht haben, streichen Sie falsche Wörter ganz durch und schreiben Sie die richtigen daneben.
Wenn Sie bei den Lösungen zum HV 2 etwas falsch angekreuzt haben, müssen Sie dieses Feld deutlich durchstreichen, am besten mit einem **Z**. Danach kreuzen Sie Ihre richtige Antwort an.
Nur so wissen die Korrektoren Bescheid.

Auch wenn die Zeit knapp ist, sollten Sie Ihre Übertragungen aus den Aufgabenblättern kurz überprüfen!

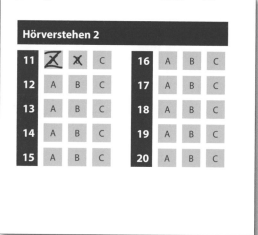

Antwortbogen Hörverstehen

Prüfungszentrum: ....

Name: ....

Vorname: ....

Geburtsdatum: .... Geburtsort: ....

Hörverstehen 1

1	_____
2	_____
3	_____
4	_____
5	_____
6	_____
7	_____
8	_____
9	_____
10	_____

.... Punkte (von max. 10)

Hörverstehen 2

11	A	B	C	**16**	A	B	C
12	A	B	C	**17**	A	B	C
13	A	B	C	**18**	A	B	C
14	A	B	C	**19**	A	B	C
15	A	B	C	**20**	A	B	C

Lösungen: .... x 1,5 = ... Punkte (von max. 15)

Hörverstehen 1–2 Gesamtergebnis:
Punkte: .... (von max. 25)

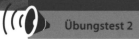
Hörverstehen 1 (12 Minuten)

1 🔳 Sie hören den Text **nur einmal**.

Notieren Sie Stichworte.

Tragen Sie anschließend Ihre Lösungen in den **Antwortbogen** (Nr. 1–10) ein.

Beispiele:

01 Frau Paulis Wunsch: *Sport treiben*

02 Konkrete Vorstellung zur Sportart: *keine genaue*

1	Gesundheitliche Probleme der Anruferin:	....
2	Sportmöglichkeiten für/gegen diesen Befund:	....
3	Kursangebote mit Musik:	....
4	Grund gegen Vormittagskurse:	....
5	Ende aller Kurse:	....
6	Teilnahmeberechtigung als Mitglied:	....
7	Möglichkeiten der Anmeldung:	....
8	Verkehrsanbindung zum Sportverein:	....
9	Bekleidung für die Gymnastik:	....
10	Alle Informationen:	....

Hörverstehen 2 (25 Minuten)

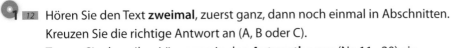

Hören Sie den Text **zweimal**, zuerst ganz, dann noch einmal in Abschnitten.
Kreuzen Sie die richtige Antwort an (A, B oder C).
Tragen Sie dann Ihre Lösungen in den **Antwortbogen** (Nr. 11–20) ein.

Beispiel:

0   **In dem Interview geht es um …**

  A   Lügen, ihre Gründe und ihre Akzeptanz.
  B   die Promotion des Sozialpsychologen Reinhard.
  C   die täglichen Sünden der Menschen.

Lösung: A

11   **Warum werden Lügen heutzutage weniger stark abgelehnt?**

  A   Weil das Nicht-Lügen ein wichtiger Teil der Religion ist.
  B   Weil das Lügen nichts mit den klassischen moralischen Normen zu tun hat.
  C   Weil sich die Einstellung der Gesellschaft dazu geändert hat.

12   **Welche Wirkung hat die Lüge auf den Belogenen?**

  A   Er kann den Verstoß gegen das religiöse Gebot nicht ertragen.
  B   Er wird in seinem Lebensstandard doppelt geschädigt.
  C   Ihm wird geschadet und das Vertrauen geht verloren.

13   **Wie erklärt der Lügner nachträglich, warum er gelogen hat?**

  A   Mit Argumenten, warum die Lüge notwendig und richtig war.
  B   Mit den Lügen anderer, vor denen er sich schützen muss.
  C   Mit der Schwierigkeit, im Alltag ohne Lügen zu leben.

14   **Man benutzt den Begriff „Notlüge", …**

  A   um aus der Lüge etwas Positives zu machen.
  B   um andere Leute zu täuschen.
  C   um die Lüge moralisch zu entlasten.

15   **Welches egoistische Ziel kann eine Lüge haben?**

  A   Sie ist nützlich, um einen guten Partner zu finden.
  B   Sie nützt dem Lügner auf sozialem oder kommerziellem Gebiet.
  C   Sie lässt den Lügner vor anderen in bestem Licht erscheinen.

16   Wofür plädiert Marc-André Reinhard?

A   Man sollte andere nicht durch bedingungslose Wahrheit verletzen.

B   Man sollte öfter die Wahrheit sagen, damit die Brutalität in der Welt abnimmt.

C   Man sollte statt zu lügen mehr den Wert des Zusammenlebens achten.

17   Reinhard meint, dass es besser ist, …

A   auch mal mit Ehrlichkeit die eigene Beziehung zu belasten.

B   mit Rücksicht auf die eigene Beziehung nicht immer die volle Wahrheit zu sagen.

C   sich selbst und die anderen immer positiv zu sehen.

18   Was ist für Reinhard eine „schlechte Lüge"?

A   Wenn jemand eigene Informationen nicht von wahren Aussagen unterscheidet.

B   Wenn jemand bewusst falsch informiert, um daraus Nutzen zu ziehen.

C   Wenn einem bewusst wird, dass man dem anderen schadet.

19   Reinhard akzeptiert, dass Ärzte auch mal lügen, …

A   damit die therapeutischen Bemühungen nicht gestört werden.

B   damit ein Patient nicht die Achtung vor ihnen verliert.

C   damit sich schwerkranke Patienten besser fühlen.

20   Was sagt Reinhard über Politiker?

A   Ihre Lügen werden besonders stark verurteilt.

B   Politiker dürfen nur lügen, wenn sie hohes Ansehen genießen.

C   Die Öffentlichkeit sollte schärfer beurteilen, ob sie die Wahrheit sagen.

Zweites Training Schriftlicher Ausdruck

Durchführung der Prüfung

Das erste Training mit dem Übungstest 1 hat Sie in den Prüfungsteil Schriftlicher Ausdruck (SA 1 und SA 2) eingeführt. Dabei konnten Sie die wichtigsten Arbeitsphasen trainieren.

Mit diesem zweiten Training können Sie hier den gesamten Schriftlichen Ausdruck unter Prüfungs-bedingungen durcharbeiten.

Unter Prüfungsbedingungen heißt:

1. Sie arbeiten SA 1 und SA 2 ohne Hilfen und zusätzliche Erklärungen durch. Das heißt, Sie benutzen keine Hilfsmittel wie Wörterbücher oder Grammatiken und Sie holen sich auch niemanden zur Hilfe.

2. Sie schreiben Ihre Arbeit – wie in der Prüfung – sofort in den Antwortbogen. Für Ihre Notizen nehmen Sie ein extra Papier; in der Prüfung bekommen Sie ein besonderes Konzeptpapier.

3. Sie halten sich genau an die vorgegebene Zeit und machen Ihre eigenen Erfahrungen mit der Zeitorganisation für diesen Prüfungsteil.

Wenn es an einer Stelle Schwierigkeiten gibt und Sie das Gefühl haben, dass es nicht gut lief, gehen Sie zurück zum ersten Training. Informieren Sie sich dort über hilfreiche Strategien und üben diese evtl. noch einmal (➡ Seite 64 – 94).

Beachten Sie die folgenden wichtigen Techniken zum Lösen der Aufgaben:

Zum SA 1:

- Sehen Sie sich die Statistik und die Inhaltspunkte dazu genau an. Machen Sie sich kurze Notizen, was Sie dazu schreiben können.
- Notieren Sie ein kurzes Konzept, in dem Sie zu dem jeweiligen Inhaltspunkt Ihre Ideen festhalten. Schreiben Sie aber kein ausführliches Konzept.
- Beginnen Sie so schnell wie möglich mit dem Schreiben. Achten Sie darauf, dass Sie jeden Inhalts-punkt vollständig und ausführlich genug behandeln.
- Denken Sie daran, dass Ihr Text eine Einleitung und einen Schluss haben sollte.
- Schreiben Sie Ihren Text sofort gut lesbar in den Antwortbogen. Zum Vorschreiben und anschlie-ßendem Übertragen auf den Antwortbogen haben Sie nicht genug Zeit!
- Nach dem SA 1 sollten Sie sich unbedingt Zeit für ihre eigene Korrektur reservieren (➡ Seite 143).

Zum SA 2:

- Verlieren Sie nicht zu viel Zeit mit der ersten Textvorlage, sondern konzentrieren Sie sich auf den Brief mit Lücken.
- Schreiben Sie Ihre Lösungen sofort in den Antwortbogen.
- Arbeiten Sie SA 1 und SA 2 nacheinander durch. Es ist zu empfehlen, diese Reihenfolgen einzu-halten, da Sie sonst beim SA 2 womöglich zu viel Zeit verlieren.
- Halten Sie sich möglichst genau an die vorgegebene Zeit! Wenn Sie trainieren wollen, wie Sie die knappe Zeit möglichst günstig einteilen, sehen Sie sich vorher das Zeittraining an (➡ Seite 144).

Und jetzt viel Erfolg bei der Arbeit!

Wenn Ihnen die Worte fehlen

Jeder, der schon einmal in einer Prüfungssituation war, kennt vielleicht diese unangenehme Erfahrung: Man soll etwas schreiben, aber es fällt einem nichts ein – die Ideen und die Worte fehlen!
Es kann passieren, dass Sie gute Gedanken haben, aber nicht wissen, wie Sie das auf Deutsch ausdrücken können. Vielleicht haben Sie auch Probleme mit der Statistik oder mit einem Inhaltspunkt. Entweder Sie verstehen nicht genau, was Sie schreiben sollen oder es kommen unbekannte, fremde Ausdrücke vor. Und es kann passieren, dass Sie eine Idee haben und beginnen, zu einem Inhaltspunkt etwas zu schreiben, plötzlich aber ihre Ideen und Gedanken zu Ende sind.

▶ Was können Sie gegen diese Blockaden tun?

Meistens funktioniert es leider nicht, wenn Sie versuchen, durch langes und intensives Nachdenken diese Blockade zu brechen. Eher sollten Sie versuchen, bestimmte **Strategien** anzuwenden (folgende Beispiele zu Übungstest 1, SA 1A ➡ Seite 67).

Sie wählen eine andere Ausdrucksform:

– Sie formulieren nicht sofort Ihre Ideen, sondern Sie leiten Ihren Gedanken ein, zum Beispiel: „Wenn man sich die Statistik zum Medien-Konsum anschaut, fällt sofort auf, dass …"
– Sie formulieren den Gegensatz zu dem, was sie vorher geschrieben haben, zum Beispiel: „Jugendliche spielen oft am Computer, bei Erwachsenen ist sicher ein anderes Verhalten zu erwarten: …"
– Sie erklären, dass Sie zu diesem Punkt nichts sagen können, weil Sie damit keine Erfahrungen haben, zum Beispiel: „Ich habe keine Erfahrung mit Videospielen, aber ich kann mir vorstellen, …"
– Sie stellen weitere Fragen zum Thema, wenn Sie nichts dazu aussagen können, zum Beispiel: „Man kann auch die Frage stellen: Warum hat das Radio im Medien-Konsum so eine große Bedeutung?"
– Sie stellen Vermutungen an oder stellen sich andere Möglichkeiten vor, wenn Sie etwas nicht klar sagen können, zum Beispiel: „Ich nehme an, … / Es könnte sein, … / Es ist gut möglich, dass das Internet in Zukunft noch stärker vertreten sein wird."
– Sie nutzen Wörter und Ausdrücke aus der Statistik oder dem Inhaltspunkt, indem Sie ein Synonym oder eine Umschreibung dazu finden, zum Beispiel: „Ein hervorstechendes Ergebnis der Umfrage ist …" statt „An dieser Statistik ist auffällig, …"

Sie nutzen Ihre Fantasie oder Ihre eigenen Erfahrungen:

– Stellen Sie sich Ideenfelder oder Wortgruppen vor, zum Beispiel: Wie und wie oft nutze ich persönlich die verschiedenen Medien? Wo sind wahrscheinlich Unterschiede zwischen den verschiedenen Gruppen? Gibt es eventuell Probleme bei zu viel Medien-Konsum?
– Stellen Sie sich die Situation in der Statistik bildlich vor. Vielleicht erinnern Sie sich an entsprechende Informationen aus Zeitung, Fernsehen oder Internet zu diesem Thema.
– Stellen Sie sich vor, dass Sie einer Person etwas über das Thema erzählen oder mit ihr über die Statistik sprechen. Beachten Sie aber, dass Sie beim Schreiben nicht den Sprechstil übernehmen!
– Stellen Sie sich vor, was die Leute in Ihrer Heimat oder in Ihrer früheren Heimat zu diesem Thema sagen würden. Das können Sie dann mit Ihrer eigenen Meinung vergleichen und aufschreiben.
– Stellen Sie sich vor, wie eine solche Statistik in Ihrer Heimat aussehen könnte.

Was Ihnen persönlich bei einer Schreibblockade hilft, müssen Sie für sich selbst herausfinden – am besten schon vor der Prüfung!

Die eigene Korrektur

Wenn Sie die Arbeit zum SA 1 geschrieben haben, sollten Sie sich unbedingt am Ende noch Zeit nehmen, Ihren Text zu überprüfen. Dafür sollten Sie sich ca. fünf Minuten reservieren.

▶ Was überprüfen Sie?

Inhaltspunkte:
– Haben Sie zu jedem Inhaltspunkt etwas geschrieben, ungefähr drei bis vier Sätze?
– Haben Sie alles, was im Inhaltspunkt steht, bearbeitet?

Form:
– Ist Ihr Text deutlich in Absätze gegliedert? Ist er lesefreundlich? Müssen Sie eventuell nachträglich noch Absätze einfügen?

Textaufbau:
– Haben Sie zum gesamten Text am Anfang eine Einleitung geschrieben? Müssen Sie hier noch etwas ergänzen?
– Haben Sie zum gesamten Text am Ende einen Schlusssatz oder eine Zusammenfassung oder eine Beurteilung geschrieben? Müssen Sie hier eventuell noch etwas ergänzen?
– Ist in den Textabschnitten gleich am Anfang klar, was Ihr Ziel ist oder worauf Sie sich beziehen?

Ausdruck:
– Haben Sie Wörter benutzt, bei denen Sie nicht sicher sind, ob sie richtig sind?
– Haben Sie Wörter benutzt, die für Sie neu oder fremd sind?
– Haben Sie Wörter aus Ihrer Muttersprache einfach ins Deutsche übersetzt?
– Entspricht Ihre Ausdrucksweise dem Stil einer schriftlichen Arbeit?

Korrektheit:
– Haben Sie beim Durchlesen Grammatikfehler erkannt?
  Stehen die Verben an der richtigen Stelle? Stimmen die Verbformen (Endung, Tempus, Modalverb, Passiv, Konjunktiv)? Ist ein richtiges Subjekt vorhanden? Haben die Substantive den richtigen Artikel? Stimmen die Pronomen oder fehlen welche? Stimmen die Adjektiv-Endungen? Sind die Präpositionen richtig gewählt? Sind die Sätze richtig miteinander verbunden?
– Haben Sie beim Durchlesen Orthografiefehler erkannt?
  Stimmt die Groß-/Kleinschreibung? Sind Wörter richtig getrennt oder zusammengeschrieben? Haben Sie Umlaute vergessen?
– Haben Sie beim Durchlesen Fehler bei den Satzzeichen erkannt?
  Fehlen Kommas oder sind zu viele Kommas gesetzt?

Für die kurze Korrekturzeit in der Prüfung ist es wichtig, die eigenen, individuellen Fehler zu kennen und zu erkennen, also die Fehler, die Sie immer wieder machen. Die eigenen Fehler können Sie entdecken, wenn Sie andere korrigierte Arbeiten von sich zur Hand nehmen und sich die Fehlertypen ansehen.

Schließlich haben Sie Ihr persönliches „Fehler-Profil". Und jetzt können Sie ganz ökonomisch Ihre schriftliche Arbeit daraufhin korrigieren: Sind da wieder diese typischen Fehler?

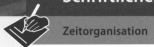

Zeitorganisation

Im Prüfungsteil Schriftlicher Ausdruck ist die Zeit zur Bearbeitung besonders knapp. Zur Vorbereitung auf die Prüfung müssen Sie trainieren, die Zeit für den SA 1 und den SA 2 gut einzuteilen.

Für den SA 1 haben Sie 65 Minuten Zeit, für den SA 2 nur 15 Minuten. Für den SA 1 bekommen Sie viermal mehr Punkte als für den SA 2, so dass es sich lohnen könnte, etwas mehr für den SA 1 zu verwenden und den SA 2 auf zehn Minuten zu beschränken. Sie sollten in diesem Training für sich persönlich die Erfahrung machen, wie viel Zeit Sie für die jeweiligen Teile brauchen. Wie Sie in den verschiedenen Arbeitsschritten zügig arbeiten, haben Sie im Training zu SA 1 (➡ Seite 76 – 79) und SA 2 (➡ Seite 93) erfahren.

▶ Wie ist der Zeitablauf in der Prüfung?

1. Ausgabe der Antwortbögen: Sie tragen Ihre persönlichen Daten ein.
2. Ausgabe der Themenblätter: Sie wählen ein Thema aus (A oder B), das Sie bearbeiten wollen. Sie haben dafür **fünf Minuten** Zeit.
3. Ausgabe der Aufgabenblätter. Ab jetzt läuft die Bearbeitungszeit von insgesamt 80 Minuten, 65 Minuten für den SA 1 und 15 Minuten für den SA 2 (Variationsmöglichkeit siehe oben!)
4. Abgabe der Testpapiere: sofort nach Ablauf der 80 Minuten!

▶ Wie können Sie Ihre Zeit gut einteilen?

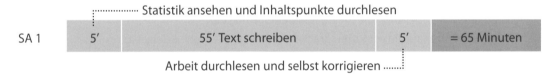

Wie viel Zeit brauchen Sie für die einzelnen Arbeitsschritte beim Schreiben?

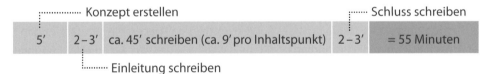

Die Zeit, die Sie pro Inhaltspunkt brauchen, kann stark schwanken, sollte aber über 15 Minuten nicht hinausgehen!

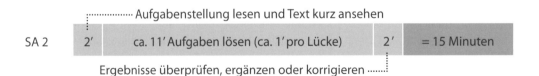

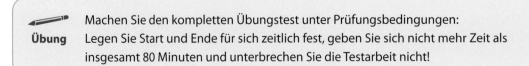

> Machen Sie den kompletten Übungstest unter Prüfungsbedingungen:
> **Übung** Legen Sie Start und Ende für sich zeitlich fest, geben Sie sich nicht mehr Zeit als insgesamt 80 Minuten und unterbrechen Sie die Testarbeit nicht!

Antwortbogen

Der Erfolg in der Prüfung hängt auch davon ab, dass Sie die Vorgaben des Antwortbogens genau erfüllen. Für den Schriftlichen Ausdruck gibt es zwei verschiedene Typen von Antwortbögen:

Für den SA 1: Eine Doppelseite mit Linien, auf die Sie Ihren Text schreiben.
Für den SA 2: Eine Seite mit Text und Lücken zum Lösen der Aufgaben 1–10.

▶ Wie schreiben Sie in den Antwortbogen zum SA 1?

Sehen Sie sich dazu den Antwortbogen an, der hinter dem Schriftlichen Ausdruck 1 folgt (➡ Seite 149–150). In diesen Antwortbogen können Sie Ihren Text zum Übungstest 2 schreiben.

In der Prüfung tragen Sie zuerst Ihre persönlichen Daten ein: Familienname, Vorname, Geburtsdatum, Geburtsort, Prüfungsort. In manchen Prüfungszentren müssen Sie nur Ihren Namen eintragen; das wird Ihnen dann dort gesagt.

Zum Schreiben finden Sie auf dem Antwortbogen einen Block mit Linien. Rechts und links ist Platz für die Korrekturen der Prüfer/innen reserviert; am Ende der zweiten Seite finden Sie einen Bewertungskasten für die Korrektoren.

Achten Sie darauf, dass Sie immer innerhalb der vorgegebenen Linien schreiben und dass der linke und rechte Rand sowie der Kasten am Ende frei bleiben.

> *Mir hat eine Lehrerin erzählt, wie schlimm das für die Korrektoren ist, wenn jemand zu eng auf dem Papier schreibt, über den Rand hinaus schreibt oder keine neue Zeile beginnt, wo ein neuer Abschnitt kommt. Was schon schlecht aussieht, wird wahrscheinlich auch schlechter bewertet!*

Dimitra P., Thessaloniki

▶ Wie füllen Sie den Antwortbogen zum SA 2 richtig aus?

Wie im ersten Training vorgeschlagen (➡ Seite 91), schreiben Sie Ihre Lösungen am besten direkt in den Antwortbogen. So gewinnen Sie Zeit und vermeiden zusätzliche Fehler beim Übertragen. Achten Sie darauf, dass Sie immer innerhalb der vorgegebenen Linie schreiben und schreiben Sie möglichst deutlich.

▶ Was können Sie machen, wenn Sie einen Fehler im SA 1 oder SA 2 korrigieren wollen?

Wenn Sie etwas falsch geschrieben haben, müssen Sie diese Stelle eindeutig durchstreichen. Wenn Sie etwas Längeres korrigieren und neu schreiben müssen, können Sie dazu ausnahmsweise den oberen oder unteren freien Rand benutzen. Verweisen Sie dabei mit Nummern oder Symbolen (*/x/y) auf die entsprechende Textstelle in Ihrer Arbeit.

Schriftlicher Ausdruck 1 (65 Minuten)

Wählen Sie für den **Schriftlichen Ausdruck 1** eines der beiden Themen aus.
Danach erhalten Sie das Aufgabenblatt mit dem Thema 1A oder 1B.

Thema 1A:

Ansehen und Prestige bestimmter Berufe

Sie haben die Aufgabe, sich schriftlich dazu zu äußern, welche Berufe ein hohes Ansehen genießen und welche nicht.

Dazu bekommen Sie Informationen in Form einer grafischen Darstellung.

Thema 1B:

Berufswünsche von Jungen und Mädchen

Sie haben die Aufgabe, sich schriftlich zum Thema Berufswünsche im Kindesalter zu äußern.

Dazu bekommen Sie Informationen in Form einer grafischen Darstellung.

Schriftlicher Ausdruck 1 (65 Minuten)

Thema 1A

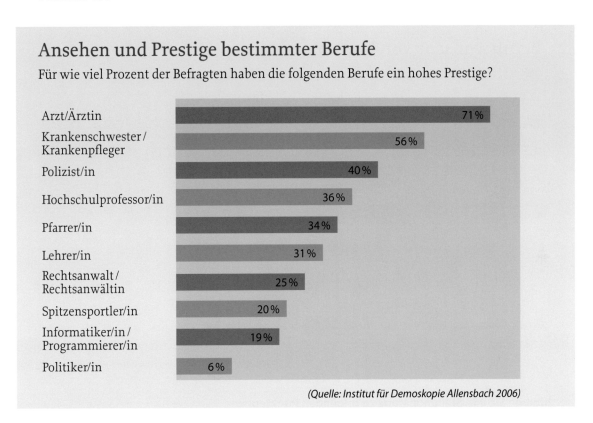

Ansehen und Prestige bestimmter Berufe

Für wie viel Prozent der Befragten haben die folgenden Berufe ein hohes Prestige?

Beruf	Prozent
Arzt/Ärztin	71%
Krankenschwester/Krankenpfleger	56%
Polizist/in	40%
Hochschulprofessor/in	36%
Pfarrer/in	34%
Lehrer/in	31%
Rechtsanwalt/Rechtsanwältin	25%
Spitzensportler/in	20%
Informatiker/in/Programmierer/in	19%
Politiker/in	6%

(Quelle: Institut für Demoskopie Allensbach 2006)

Schreiben Sie,

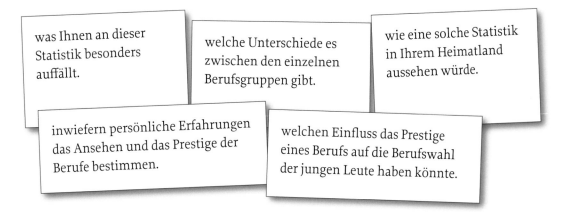

was Ihnen an dieser Statistik besonders auffällt.

welche Unterschiede es zwischen den einzelnen Berufsgruppen gibt.

wie eine solche Statistik in Ihrem Heimatland aussehen würde.

inwiefern persönliche Erfahrungen das Ansehen und das Prestige der Berufe bestimmen.

welchen Einfluss das Prestige eines Berufs auf die Berufswahl der jungen Leute haben könnte.

Hinweise:

Bei der Beurteilung wird auch darauf geachtet,

- ob alle Inhaltspunkte bearbeitet wurden,
- wie korrekt Ihr Text ist,
- wie gut Sätze und Abschnitte miteinander verbunden sind.

Schreiben Sie mindestens 200 Wörter.

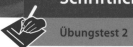

Schriftlicher Ausdruck 1 (65 Minuten)

Thema 1B

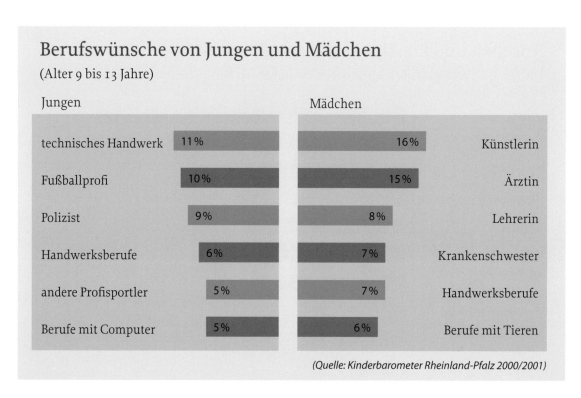

Berufswünsche von Jungen und Mädchen
(Alter 9 bis 13 Jahre)

Jungen		Mädchen	
technisches Handwerk	11%	16%	Künstlerin
Fußballprofi	10%	15%	Ärztin
Polizist	9%	8%	Lehrerin
Handwerksberufe	6%	7%	Krankenschwester
andere Profisportler	5%	7%	Handwerksberufe
Berufe mit Computer	5%	6%	Berufe mit Tieren

(Quelle: Kinderbarometer Rheinland-Pfalz 2000/2001)

Schreiben Sie Ihre Stellungnahme zu folgenden Punkten:

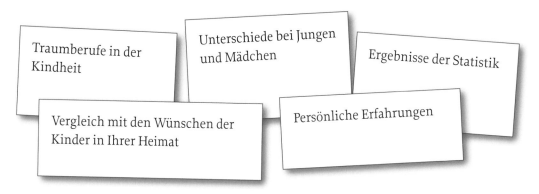

- Traumberufe in der Kindheit
- Unterschiede bei Jungen und Mädchen
- Ergebnisse der Statistik
- Vergleich mit den Wünschen der Kinder in Ihrer Heimat
- Persönliche Erfahrungen

Hinweise:

Bei der Beurteilung wird auch darauf geachtet,
- ob alle Inhaltspunkte bearbeitet wurden,
- wie korrekt Ihr Text ist,
- wie gut Sätze und Abschnitte miteinander verbunden sind.

Schreiben Sie mindestens 200 Wörter.

Antwortbogen Schriftlicher Ausdruck 1

Prüfungszentrum: ....

Name: ....

Vorname: ....

Geburtsdatum: .... Geburtsort: ....

Inhalts-punkt Nr.		Korrek-turen

Inhalts-
punkt Nr.

Korrek-
turen

Ergebnisse:

Inhalt: _____ Punkte

Textaufbau: _____ Punkte

Ausdruck: _____ Punkte

Korrektheit: _____ Punkte

Ihr Gesamtergebnis: _____ **Punkte**

Schriftlicher Ausdruck 2 (15 Minuten)

Gestern Nachmittag hat sich die Tochter von Frau Schneider beim Freizeitsport das Bein gebrochen.
Frau Schneider schreibt zwei Briefe: einen an ihre Freundin in Potsdam und einen Entschuldigungs-
brief an den Schuldirektor.
Ergänzen Sie bitte die Lücken 1–10 in dem zweiten Brief.
In jede Lücke passen **ein** oder **zwei** Wörter.
Verwenden Sie dazu eventuell die Informationen aus dem ersten Brief.
Schreiben Sie Ihre Antworten auf den **Antwortbogen.**

| ⇧ ▼ ⇩ ▼ | 🖅 Antworten | 🖅 Allen antworten | 🖅 Weiterleiten | 🐾 | 🖨 | 🖼 | 🗑 | 🖹 | 𝔸 | 📒 Posteingang ▼ |

Betreff: Auweia!

Liebe Susanne,
wie geht's dir und den deinen? Ich hoffe doch gut! Bei uns ist gestern leider ein Unfall passiert:
Anna hat sich beim Tae-Kwon-Do das linke Bein verletzt. Nach dem Hochspringen ist sie so un-
glücklich auf dem Boden aufgekommen, dass der linke Knöchel gebrochen ist. Sie musste direkt
in die Unfallklinik und dort wird sie nun übers Wochenende bleiben.
Endlich hatte sie einen Sport gefunden, der ihr viel Spaß macht – und dann so was! Na ja, es wird
alles wieder gut verheilen, hat uns der Arzt versichert. Und das ist ja das Wichtigste.
Allerdings hat sie zwei Unterrichtstage verpasst und am Sportunterricht in der Schule wird sie
vorerst nicht teilnehmen können. Aber das Schlimmste wird für sie sein, dass sie auch nicht mit
auf die Klassenfahrt nach Hamburg fahren kann. Und darauf hatte sie sich so gefreut!
Aber genug gejammert jetzt! Ich glaube, sie würde sich sehr über einen Brief von dir freuen, du
bist doch ihre Lieblingstante.
Es grüßt dich herzlich
deine Lena

Beispiel 0: *geehrter*

An den Schuldirektor des Wilhelms-Gymnasiums

Sehr ...0... Herr Würmeling,

gestern hat sich unsere Tochter Anna Schneider, Klasse 10b, ...**1**... Tae-Kwon-Do in ihrem Verein

den Knöchel gebrochen. Sie ...**2**... sofort operiert werden. ...**3**... kann sie heute nicht am Unterricht

teilnehmen. Wir bitten dies zu entschuldigen. Auch morgen wird sie leider ...**4**..., da sie noch zur

Beobachtung in der Klinik bleiben muss.

Nach ...**5**... des Arztes wird sie nach der Entlassung voraussichtlich in den nächsten sechs Wochen

gar nicht und danach nur bedingt am Sportunterricht teilnehmen ...**6**... Dies betrifft ihre aktive

Teilnahme, selbstverständlich wird sie anwesend ...**7**...

Was die Klassenfahrt nach Hamburg betrifft, die für die Zeit vom 22. ...**8**... 26. September anbe-

raumt ist, so müssen wir hier leider auch absagen, ...**9**... mit einem Gipsbein macht das wenig Sinn.

Das Attest von Dr. Weinmann ...**10**... ich nach. Vielen Dank für Ihr Verständnis.

Mit freundlichen Grüßen

Gerlinde Schneider

Antwortbogen Schriftlicher Ausdruck 2

Prüfungszentrum: ....

Name: ....

Vorname: ....

Geburtsdatum: .... Geburtsort: ....

Beispiel 0: *geehrter*

An den Schuldirektor des Wilhelms-Gymnasiums

Sehr ...0... Herr Würmeling,

gestern hat sich unsere Tochter Anna Schneider, Klasse 10 b, **1** ....

Tae-Kwon-Do in ihrem Verein den Knöchel gebrochen. Sie **2** ....

sofort operiert werden. **3** .... kann sie heute nicht am Unterricht

teilnehmen. Wir bitten dies zu entschuldigen. Auch morgen wird sie leider

4 .... da sie noch zur Beobachtung in der Klinik bleiben muss.

Nach **5** .... des Arztes wird sie nach der Entlassung voraussichtlich

in den nächsten sechs Wochen gar nicht und danach nur bedingt am Sport-

unterricht teilnehmen **6** .... Dies betrifft ihre aktive Teilnahme,

selbstverständlich wird sie anwesend **7** ....

Was die Klassenfahrt nach Hamburg betrifft, die für die Zeit vom

22. **8** .... 26. September anberaumt ist, so müssen wir hier leider

auch absagen, **9** .... mit einem Gipsbein macht das wenig Sinn.

Das Attest von Dr. Weinmann **10** .... ich nach. Vielen Dank für

Ihr Verständnis.

Mit freundlichen Grüßen

Gerlinde Schneider

Zweites Training Mündlicher Ausdruck

Durchführung der Mündlichen Prüfung

Die Mündliche Prüfung – sowohl die Paarprüfung als auch die Einzelprüfung – wird von zwei Prüfern/Prüferinnen durchgeführt. Normalerweise findet die Mündliche Prüfung als Paarprüfung statt, in Ausnahmefällen als Einzelprüfung. Darüber entscheidet das Prüfungszentrum.

Paar- und Einzelprüfung und die Vorbereitung darauf unterscheiden sich in den Zeiten:

Phase	Paarprüfung	Zeit	Einzelprüfung	Zeit
0. Vorbereitung	Kandidat/in 1 Kandidat/in 2	15 Min.	Kandidat/in	10 Min.
1. Begrüßung und Vorstellung	Vorstellung Prüfer/innen Vorstellung Kandidat/in 1 Vorstellung Kandidat/in 2	1 Min. 1 Min.	Vorstellung Prüfer/innen Vorstellung Kandidat/in	1 Min.
2. MA 1	Vortrag Kandidat/in 1 Vortrag Kandidat/in 2	3 – 4 Min. 3 – 4 Min.	Vortrag Kandidat/in	3 – 4 Min.
3. MA 2	Gespräch zwischen Kandidat/in 1 und 2	8 Min.	Gespräch zwischen Kandidat/in und Prüfer/in	5 – 6 Min.

▶ Welche Funktion haben die Prüfer/innen?

In dieser Prüfung haben die Prüfer/innen vor allem die Aufgabe, den Ablauf zu organisieren. Sie sorgen dafür, dass die einzelnen Prüfungsphasen in der vorgegebenen Zeit ablaufen.

Die Prüfer/innen haben die Funktion von Moderatoren und greifen nur dann in die Prüfung ein, wenn
–   der Vortrag oder das Gespräch zu kurz ist; dann stellen sie Zusatzfragen,
–   der Vortrag oder das Gespräch zu lang ist; dann unterbrechen sie an geeigneter Stelle,
–   der Vortrag oder das Gespräch ins Stocken gerät,
–   beim MA 2 eine/r der Kandidat/innen so dominant ist, dass der andere Kandidat / die andere Kandidatin zu wenig zu Wort kommt.

Im Sonderfall der Einzelprüfung übernimmt eine/r der Prüfer/innen im MA 2 die Rolle des Gesprächspartners / der Gesprächspartnerin.

Hauptaufgabe der Prüfer/innen ist es, die Leistung der Prüfungskandidaten zu bewerten und in den Ergebnisbogen einzutragen (➡ Seite 158).

▶ Wie sollten Sie sich als Kandidat/in in der Prüfung präsentieren?

Besonders am Anfang und dann im Verlauf der Prüfung sollten Sie auf die Prüfer/innen, aber auch auf Ihren Gesprächspartner / Ihre Gesprächspartnerin einen guten Eindruck machen.

Hierzu gibt es ein paar wichtige Empfehlungen:
–   Zeigen Sie sich schon beim Betreten des Prüfungsraums freundlich, optimistisch und zuversichtlich, keineswegs ängstlich.
–   Sprechen Sie von Anfang an klar und deutlich, zum Beispiel bei der Begrüßung.

- Sprechen Sie nicht zu schnell und machen Sie gelegentlich eine Sprechpause; das ist für Sie selbst und auch für die Zuhörer/innen eine Erholung!
- Halten Sie Blickkontakt mit den Prüfern/Prüferinnen und Ihrem Gesprächspartner/ Ihrer Gesprächspartnerin.
- Unterstützen Sie das, was Sie sagen, durch passende Gestik/Mimik.
- Bedanken Sie sich am Ende der Prüfung bei den Prüfern/ Prüferinnen.

Durch dieses Auftreten gewinnen Sie mehr Sicherheit und erreichen eine entspanntere Prüfungsatmosphäre.

> *Jede Prüfung bringt Stress, das ist klar. Aber wenn ihr euch kooperativ zeigt und nicht ängstlich auf den Boden schaut, dann kann das bei den Prüfern auch mehr Punkte bringen – glaube ich!*

▸ Wie können Sie sich auf die Prüfung vorbereiten?

Das erste Training mit dem Übungstest 1 hat Sie in den Prüfungsteil Mündlicher Ausdruck mit seinen zwei Teilen eingeführt. Dabei konnten Sie die wichtigsten Arbeitsphasen trainieren.

Andrea C., Bukarest

Mit diesem zweiten Training mit dem **Übungstest 2** können Sie den gesamten Mündlichen Ausdruck unter realen Prüfungsbedingungen durcharbeiten.

Unter Prüfungsbedingungen heißt:

> 1. Sie bereiten die Prüfungsteile MA 1 und MA 2 ohne Hilfen und zusätzliche Erklärungen vor, genauso wie später in der Vorbereitungszeit zur realen Prüfung. Dazu benutzen Sie keine Hilfsmittel wie Wörterbücher oder Grammatiken. Sie bitten auch niemanden um Hilfe.
>
> 2. Sie spielen die Prüfung zum MA 1 und MA 2 mit der Hilfe einer Person durch, die gut genug Deutsch spricht (➡ Übungsvorschläge, Seite 155).
>
> 3. Sie halten sich genau an die vorgegebene Zeit in der Vorbereitung und in der „Prüfung" und machen so Ihre eigenen Erfahrungen mit dem zeitlichen Ablauf der Prüfung.

Wenn es an einer Stelle Schwierigkeiten gibt und Sie das Gefühl haben, dass es nicht gut lief, gehen Sie zurück zum ersten Training (➡ Seite 95–123). Informieren Sie sich dort über hilfreiche Strategien und üben Sie diese evtl. noch einmal.

Mit folgenden Techniken können Sie lernen, die Vorbereitung und die Prüfung gut zu organisieren:

- Verlieren Sie nicht zuviel Zeit beim ersten Lesen der Aufgaben zum MA 1 und MA 2. Teilen Sie sich auch die Zeit so ein, dass Sie beide Prüfungsteile vorbereiten können.
- Machen Sie sich kurze Notizen zur jeweiligen Aufgabe:
  Zum MA 1 stellen Sie mithilfe der Leitpunkte das Konzept für Ihren Vortrag zusammen.
  Zum MA 2 überlegen Sie sich Argumente zu den verschiedenen Vorschlägen und notieren diese direkt ins Aufgabenblatt.
- Trainieren Sie den MA 1 und MA 2 nacheinander, wie in der Prüfung. Diese Reihenfolge ist in der Prüfung festgelegt.
- Halten Sie sich genau an die vorgegebene Zeit! Wenn Sie wissen wollen, wie Sie diese Zeit möglichst günstig einteilen können, sehen Sie sich vorher das Zeittraining an (➡ Seite 156).

Wenn möglich, sollten Sie den Vortrag und das Gespräch aufnehmen. Hören Sie sich diese Aufnahmen an und überprüfen Sie, was Sie gesagt haben:

1. Habe ich mich genau an Thema und Aufgabenstellung gehalten?
2. Habe ich im MA 1 wirklich einen Vortrag (mit Einleitung und Schluss) gehalten?
3. Habe ich das Gesagte klar genug aufgebaut?
   Und habe ich vorher gesagt, worüber ich sprechen will?
4. Habe ich deutlich gesagt, was meine Meinung ist, was ich vorschlage, wo ich zustimme?
   Und habe ich Ausdrücke benutzt, die meine Ansichten und Argumente deutlich zeigen?
5. Bin ich im MA 2 auf meinen Gesprächspartner / meine Gesprächspartnerin eingegangen?
6. Habe ich im Ausdruck genügend Variationen benutzt?
7. Mache ich typische Grammatikfehler und wenn ja, welche?
8. Spreche ich deutlich und verständlich genug?
   Mache ich beim Sprechen genügend kurze Pausen an der richtigen Stelle, damit mich die Zuhörer/innen gut verstehen können?
9. Habe ich Strategien, wenn mir plötzlich nichts mehr einfällt?
10. Liege ich mit Vortrag und Gespräch in der richtigen Zeit?

Mit dieser Methode können Sie schon in der Vorbereitung erkennen, wo Sie Probleme haben und worauf Sie in der Prüfung achten müssen. Versuchen Sie, an diesen Problemen zu arbeiten, sie teilweise zu lösen oder Strategien dagegen zu entwickeln.

> *Ich kenne da schon ein paar Sachen, auf die ich aufpassen muss: Ich will immer zu lange Sätze machen – oder ich will Wörter benutzen, bei denen ich unsicher bin – oder ich rede und höre nicht auf ... Klar, ich kann mich natürlich nicht total ändern. Aber ein paar von diesen Strategien helfen!*
>
> Ewa F., Warschau

▶ Wie können Sie die Prüfungssituation durchspielen?

Am Anfang jeder Prüfung steht die Prüfungsangst oder zumindest ein beklemmendes Gefühl. Die beste Methode dagegen ist, sich nicht nur die Prüfungsteile auf dem Papier anzusehen, sondern diese Prüfungssituation durchzuspielen. Dann wissen Sie „aus eigener Erfahrung", was Sie erwartet. Am besten trainieren Sie die Prüfung zusammen mit anderen Personen, zum Beispiel mit einem Lehrer / einer Lehrerin und Kursteilnehmern/Kursteilnehmerinnen. Bilden Sie ein Prüfungsteam von drei bis vier Personen – wie in der richtigen Prüfung – und trainieren Sie gemeinsam:

1. **Sehen Sie sich die Testvorlagen zum Übungstest 1 (➡ Seite 97, 98, 111) an.**
2. **Hören Sie sich gemeinsam die Paarprüfung von der CD an.**
3. **Jeweils zwei Personen übernehmen jetzt die Rolle der Prüfer/innen und zwei Personen die Rolle der Prüfungskandidat/innen.**
4. **Spielen Sie dann anhand der Vorbereitungsmaterialien aus diesem Buch die Prüfung möglichst genau durch.**
5. **Dabei bewerten die „Prüfer" die Leistungen der „Prüfungskandidaten" anhand des Ergebnisbogens (➡ Seite 158).**
6. **Besprechen Sie nach Abschluss dieser „Prüfung" die Erfahrungen, die Sie damit gemacht haben: Was war besonders schwierig? Was ist gut gelaufen?**
7. **Wechseln Sie die Rollen von Prüfern/Prüferinnen und Kandidaten/Kandidatinnen und spielen Sie die Prüfung mit dem Übungstest 2 (➡ Seite 164–166) noch einmal durch.**

Wenn Sie diese Übung einige Male machen, gewinnen Sie mehr Sicherheit für die reale Prüfung.

Zeitorganisation

Im Prüfungsteil Mündlicher Ausdruck ist die Zeit für die beiden Prüfungsteile MA 1 und MA 2 festgelegt, dazu gehört auch die festgelegte Vorbereitungszeit.

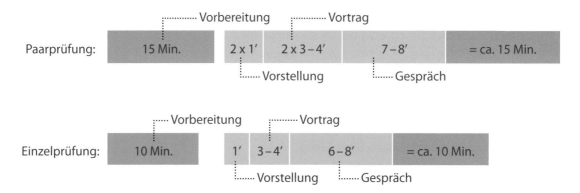

▶ Wie können Sie Ihre Vorbereitungszeit einteilen?

Die Zeit zur Vorbereitung ist auf fünfzehn Minuten bzw. zehn Minuten begrenzt. Innerhalb dieser Zeit müssen Sie sich auf beide Prüfungsteile (MA 1 und MA 2) vorbereiten. In der Regel sollten Sie etwa die Hälfte der Zeit für je einen Prüfungsteil einplanen.

Sollten Sie in diesem Training die Erfahrung machen, dass Ihnen ein Teil, zum Beispiel der Vortrag, leichter fällt, dann können Sie mehr Vorbereitungszeit für den anderen Teil reservieren.

TIPP   *Sie sollten ein Gefühl dafür bekommen, wie lang drei Minuten für den Vortrag und sieben bis acht Minuten für das Gespräch sind. Trainieren Sie deshalb die beiden Prüfungsteile immer mit dem Blick auf die Uhr!*

Übung   Legen Sie für das Training zur Mündlichen Prüfung Start und Ende zeitlich fest. Geben Sie sich nicht mehr als zehn Minuten für die Vorbereitung. Spielen Sie dann die beiden Prüfungsteile in der vorgegebenen Zeit durch. Unterbrechen Sie dieses Training nicht – wie in der Prüfung!

Wenn Ihnen die Worte fehlen

Viele, die schon einmal in einer mündlichen Prüfung waren, haben die unangenehme Erfahrung gemacht: Man muss etwas sagen, aber es fällt einem nichts ein – die Ideen und die Worte fehlen! Außerdem kann es vorkommen, dass Sie gute Gedanken haben, aber in diesem Moment nicht wissen, wie Sie das auf Deutsch ausdrücken können.

Oder es kann passieren, dass Sie anfangen, über etwas zu sprechen, und plötzlich haben Sie den Faden verloren. Sie wissen nicht, wie es weitergehen soll.

▶ Was können Sie gegen diese Blockaden tun?

Zum Nachdenken haben Sie in dieser Situation kaum Zeit. Sie brauchen also bestimmte **Strategien**, die Ihnen helfen, diese Blockade zu brechen. Hier einige Vorschläge aus der Praxis:

- Werfen Sie einen Blick auf den Text oder auf den Leitpunkt, zu dem Sie gerade etwas gesagt haben. Können Sie noch etwas dazu sagen oder noch einmal mit anderen Worten von vorn beginnen?

- Werfen Sie einen kurzen Blick auf Ihr Konzeptpapier. Was kommt als Nächstes? Was können Sie noch sagen? Steht da ein Ausdruck, der Ihnen weiterhilft?

- Wiederholen Sie einfach, was Sie gerade gesagt haben. Beginnen Sie diese Wiederholung mit einer Einleitung, zum Beispiel: *Ich möchte das noch einmal betonen … / Also, noch einmal …* Oft findet man dann wieder zu seinen Gedanken zurück.

- Geben Sie ein persönliches Beispiel zu einer Situation oder nennen Sie ein Beispiel aus Ihrer Heimat oder Ihrer früheren Heimat.

- Gewinnen Sie Zeit durch Ausdrücke, die das Sprechen organisieren, aber wenig zum Thema sagen, zum Beispiel: *Also, dieses Problem kann man von verschiedenen Seiten betrachten/interpretieren … / Es kommt darauf an, von welchem Standpunkt man dieses Problem / diese Frage betrachtet …* Sprechen Sie dann weiter oder lassen Sie – im MA 2 – Ihren Gesprächspartner fortsetzen.

- Formulieren Sie eine Variante von dem, was Sie gerade gesagt haben. Das wirkt so, als ob Sie Ihre Gedanken besonders betonen, zum Beispiel: *Anders ausgedrückt: … / Negativ ausgedrückt … / Kritisch betrachtet … / Man könnte aber dieses Problem auch ganz anders sehen: …*

- Schließen Sie Ihren Gedanken ab und sprechen Sie einen neuen Aspekt des Themas an, zum Beispiel: *Dazu könnte man viel sagen … / Nun komme ich zu einem anderen wichtigen Aspekt … / Daran kann man noch die Frage anschließen …*

- Machen Sie eine kleine Sprechpause. Das wirkt in Vorträgen oder Diskussionen gut. Während der Pause stellen Sie sich im MA 1 eine reale Person vor, zu der Sie sprechen, oder eine Umgebung aus Ihrem Leben. Im MA 2 bieten Sie dem Gesprächspartner / der Gesprächspartnerin damit Gelegenheit, das Wort zu ergreifen.

- Übergeben Sie – im MA 2 – das Wort an Ihren Gesprächspartner / Ihre Gesprächspartnerin, zum Beispiel: *Mehr möchte ich dazu im Moment nicht sagen. Und Sie, was meinen Sie? / Dazu möchte ich jetzt gern Ihre Meinung hören … / Was sagen Sie eigentlich dazu, stimmen Sie mir zu?*

- Oder Sie sagen im MA 1 einfach, was passiert ist und dass Sie nach Worten suchen, zum Beispiel: *Moment bitte, ich habe gerade den Anschluss verloren … / Moment, was wollte ich jetzt sagen? / Soweit habe ich mich mit dem Thema noch nicht beschäftigt … / Vielleicht kann ich noch ein Beispiel bringen …*

Wenn Sie sich in so einer Situation differenziert ausdrücken können und sich zu helfen wissen, macht das sogar einen guten Eindruck auf die Prüfer/innen.

Was Ihnen persönlich gegen eine Sprechblockade hilft, müssen Sie selbst erproben.

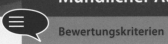

Bewertungskriterien des Goethe-Instituts

Kreuzen Sie bei allen fünf Kriterien das Ergebnis für den MA 1 und den MA 2 an!

Kriterium I Erfüllung der Aufgabenstellung		Kriterium II Kohärenz und Flüssigkeit	Kriterium III Ausdruck	Kriterium IV Korrektheit	Kriterium V Aussprache und Intonation
1. Produktion – Inhaltliche Angemessenheit – Ausführlichkeit	2. Interaktion – Gesprächsfähigkeit	– Verknüpfungen – Sprechtempo Flüssigkeit	– Wortwahl – Umschreibungen – Wortsuche	– Morphologie – Syntax	– Laute – Wortakzent – Satzmelodie
2,5 Punkte: sehr gut und sehr ausführlich	sehr gut und sehr interaktiv	**2,5 Punkte:** sehr gut und klar zusammenhängend, angemessenes Sprechtempo	**2,5 Punkte:** sehr gut mit wenig Umschreibungen und wenig Wortsuche	**2,5 Punkte:** nur sehr vereinzelte Regelverstöße	**2,5 Punkte:** kaum wahrnehmbarer fremdsprachlicher Akzent
MA 1 MA 2	MA 1 MA 2	MA 1 MA 2	MA 1 MA 2	MA 1 MA 2	MA 1 MA 2
2 Punkte: gut und sehr ausführlich	gut und interaktiv	**2 Punkte:** gut und zusammenhängend, noch angemessenes Sprechtempo	**2 Punkte:** über weite Strecken angemessene Ausdrucksweise, jedoch einige Fehlgriffe	**2 Punkte:** stellenweise Regelverstöße mit Neigung zur Selbstkorrektur	**2 Punkte:** ein paar wahrnehmbare Regelverstöße, die aber das Verständnis nicht beeinträchtigen
MA 1 MA 2	MA 1 MA 2	MA 1 MA 2	MA 1 MA 2	MA 1 MA 2	MA 1 MA 2
1,5 Punkte: gut und ausführlich genug	Gesprächsfähigkeit vorhanden, aber nicht sehr aktiv	**1,5 Punkte:** nicht immer zusammenhängend	**1,5 Punkte:** vage und allgemeine Ausdrucksweise, die bestimmte Bedeutungen nicht genügend differenziert	**1,5 Punkte:** häufige Regelverstöße, die das Verständnis noch nicht beeinträchtigen	**1,5 Punkte:** deutlich wahrnehmbare Abweichungen, die das Verständnis stellenweise behindern
MA 1 MA 2	MA 1 MA 2	MA 1 MA 2	MA 1 MA 2	MA 1 MA 2	MA 1 MA 2
1 Punkt: unvollständige Äußerung und zu kurz	Beteiligung nur auf Anfrage	**1 Punkt:** stockende bruchstückhafte Sprechweise, beeinträchtigt die Verständigung stellenweise	**1 Punkt:** situationsunspezifische Ausdrucksweise und größere Zahl von Fehlgriffen	**1 Punkt:** überwiegend Regelverstöße, die das Verständnis erheblich beeinträchtigen	**1 Punkt:** wegen Aussprache ist beim Zuhörer erhöhte Konzentration erforderlich
MA 1 MA 2	MA 1 MA 2	MA 1 MA 2	MA 1 MA 2	MA 1 MA 2	MA 1 MA 2
0 Punkte: viel zu kurz bzw. fast keine zusammenhängenden Sätze	große Schwierigkeiten, sich überhaupt am Gespräch zu beteiligen	**0 Punkte:** abgehackte Sprechweise, sodass zentrale Aussagen unklar bleiben	**0 Punkte:** einfachste Ausdrucksweise und häufig schwere Fehlgriffe, die das Verständnis oft behindern	**0 Punkte:** die große Zahl der Regelverstöße verhindert das Verständnis weitgehend bzw. fast ganz	**0 Punkte:** wegen starker Abweichungen von der Standardsprache ist das Verständnis fast unmöglich
MA 1 MA 2	MA 1 MA 2	MA 1 MA 2	MA 1 MA 2	MA 1 MA 2	MA 1 MA 2

Lösungen MA 1: .... Punkte (von max. 12,5)

Lösungen MA 2: .... Punkte (von max. 12,5)   Gesamte Punktzahl: .... Punkte (von max. 25)

Die Kriterien zur Bewertung sind vom **Goethe-Institut** verbindlich festgelegt.
In der Mündlichen Prüfung wird von Ihnen verlangt, dass Sie beim Sprechen diese Anforderungen erfüllen. Sie bestehen aus fünf Hauptkriterien, nach denen Ihre Leistungen bewertet wird
(➡ Seite 102 – 105, 115 – 119).

▶ Wann ist die Mündliche Prüfung bestanden?

Die Mündliche Prüfung haben Sie dann bestanden, wenn Sie mindestens 15 Punkte von den maximal 25 Punkten erreicht haben.
Dieses Ergebnis wird in Ihrem Zeugnis gesondert aufgeführt!

▶ Wie bewerten die Prüfer/innen?

Die Prüfer/innen haben einen Ergebnisbogen vor sich, in den sie während und nach der Prüfung die erreichten Punkte der Kandidaten/Kandidatinnen eintragen. Zuweilen machen die Prüfer/innen auch zusätzliche Notizen.
Jede Prüferin / jeder Prüfer bewertet getrennt vom anderen.
Dabei wird jedes Kriterium getrennt bewertet. Sie könnten zum Beispiel im Kriterium II – für beide Prüfungsteile zusammen – nur 2 Punkte erreichen, aber im Kriterium IV 4 Punkte.
Am Ende zählt die Gesamtpunktzahl aller Kriterien.
Nach jeder Prüfung findet sofort ein Bewertungsgespräch der Prüfer/innen untereinander statt, bei dem die Prüfer/innen ihre Ergebnisse vergleichen und das Gesamtergebnis festlegen.

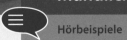
Hörbeispiele mit Bewertung – Mündliche Prüfung zum Übungstest 1

Auf der zweiten CD zu diesem Buch können Sie sich eine Paarprüfung (➡ CD 2, Track 6) und eine Einzelprüfung (➡ CD 2, Track 7) zum Übungstest 1 anhören. Diese Prüfungsbeispiele geben sowohl den Ablauf als auch den möglichen Inhalt einer Prüfung zum MA 1 und zum MA 2 wieder.
An dieser Stelle können Sie nachlesen, wie viele Punkte die Prüfer/innen in den Beispielen den drei Kandidat/innen für ihre jeweilige Leistung gegeben haben.

Bewertung der Paarprüfung

 Kandidat Nikos Stefanou
Allgemeiner Eindruck (nicht bewertet): kommunikativ, offen, der Gesprächspartnerin zugewandt

Kriterium I **„Erfüllung der Aufgabenstellung":**
MA 1 = 2,5 Punkte, MA 2 = 2,5 Punkte
Vortrag: gute und ausführliche Präsentation.
Gespräch: sehr gute Interaktion mit der Gesprächspartnerin;
in Bezug auf das Thema sehr angemessen und sehr ausführlich.
Beispiele:
Was ist mit …? / Ich verstehe, was Sie meinen / Was ist, wenn …? /
Aber ob das gut ist? / Ach so, ja!

Kriterium II **„Kohärenz und Flüssigkeit":**
MA 1 = 2 Punkte, MA 2 = 2 Punkte
Vortrag und Gespräch: Gute und zusammenhängende Sprechweise in
angemessenem Tempo.

Kriterium III **„Ausdruck":**
MA 1 = 2 Punkte , MA 2 = 1,5 Punkte
Vortrag: weitgehend angemessene Wortwahl und Ausdrucksweise, nur wenige Fehlgriffe.
Beispiele:
– *im Land zu arbeiten* statt *auf dem Land*
– *im Gegenteil zu* statt *im Gegensatz zu*
– *Aussprache* statt *sprechen* (als Fertigkeit)
– *große Städte* statt *Großstädte*
Gespräch: Ausdrucksweise allgemein angemessen.
Beispiel:
häufige Anwendung des Konjunktiv II für Hypothesen: *Das wäre eine Möglichkeit! / Man*
müsste fragen, …

Kriterium IV **„Korrektheit":**
MA 1 = 1,5 Punkte, MA 2 = 1,5 Punkte
Vortrag und Gespräch: häufige Regelverstöße, vor allem in der Morphologie, die das
Verständnis aber nicht stören.
Beispiele:
– *Vorteile des jeweiligen Lebensart* statt *Vorteile der jeweiligen Lebensart*
– *aus berufliche Gründen* statt *aus beruflichen Gründen*
– *für nächste Tag* statt *für den nächsten Tag*

Kriterium V „Aussprache und Intonation":

MA 1 = 2 Punkte / MA 2 = 2 Punkte

Vortrag und Gespräch: wenige erkennbare Regelverstöße in Lautung und Wortakzent, die das Verständnis nicht stören.

Beispiele:

[s] statt [ʃ] wie in *Beispiel / Menschen / Städte*

Ergebnis: 19 Punkte

Mit dieser Punktzahl erreicht der Kandidat in der Mündlichen Prüfung ein **befriedigendes** Ergebnis.

2 ⏴6⏵ **Kandidatin Jane Deere**

Allgemeiner Eindruck (nicht bewertet): kommunikativ, auf den Gesprächspartner wird eingegangen

Kriterium I „Erfüllung der Aufgabenstellung":

MA 1 = 2 Punkte, MA 2 = 2 Punkte

Vortrag: teilweise unvollständige Äußerungen und insgesamt zu kurz.

Gespräch: gut und interaktiv, trotz häufig knapper Äußerungen.

Beispiele:

Ich finde das gut, aber … / Ja, das ist wahr!

Kriterium II „Kohärenz und Flüssigkeit":

MA 1 = 1,5 Punkte / MA 2 = 1,5 Punkte

Vortrag und Gespräch: nicht immer zusammenhängende Äußerungen, keine flüssige Sprechweise, häufig stockend.

Beispiele:

zu oft Satzanschlüsse mit *und / … Möglichkeiten gibt, gibt so viele Sachen … / Grammatik und so … Wortschatz lernen*

Kriterium III „Ausdruck":

MA 1 = 1,5 Punkte / MA 2 = 1,5 Punkte

Vortrag und Gespräch: nur vage und allgemeine Ausdrucksweise; die thematischen Aspekte in der Wortwahl nicht genügend differenziert dargestellt; häufige Suche nach dem passenden Ausdruck, Fehlgriffe in der Wortwahl.

Beispiele:

- *quatschen* statt *sich unterhalten*
- *kräftig anfangen zu lernen* statt *intensiv anfangen zu lernen*
- *eine Familie anfangen* statt *eine Familie gründen.*

Kriterium IV „Korrektheit":

MA 1 = 1,5 Punkte / MA 2 = 1,5 Punkte

Vortrag und Gespräch: häufige Regelverstöße, vor allem in der Syntax, die aber das Verständnis nicht stören.

Beispiele:

- *weil da kann man …* statt *weil man da … kann*
- *Kinder, die um dich sorgen* statt *Kinder, die für einen sorgen*
- *einen von die beste Angebote* statt *eins der besten Angebote*
- *Singles in Großstädte* statt *Singles in Großstädten*
- *Zeit, über eine Familie zu denken* statt *Zeit, an eine Familie zu denken*

Kriterium V „Aussprache und Intonation":

MA 1 = 2 Punkte / MA 2 = 2 Punkte

Vortrag und Gespräch: einige Verstöße gegen die Lautung, aber keine gestörte Verständigung.

Beispiel:

starker amerikanischer Akzent, besonders bei „r"-Lautung und ohne korrekte Aussprache von „ü"

Ergebnis: 16 Punkte

Mit dieser Punktzahl erreicht die Kandidatin in der Mündlichen Prüfung ein **ausreichendes** Ergebnis.

Bewertung der Einzelprüfung

 Kandidatin Samra Ray

Allgemeiner Eindruck (nicht bewertet): sehr kommunikativ, geht intensiv auf den Gesprächspartner ein.

Kriterium I „Erfüllung der Aufgabenstellung":

MA 1 = 2 Punkte, MA 2 = 2,5 Punkte

Vortrag: Äußerungen ausführlich und gut strukturiert, klar erkennbarer Gedankengang.

Beispiele:

Man fragt sich, … / Wie schon erwähnt, … / Wenn ich jetzt so überlege, …

Gespräch: sehr gut und sehr interaktiv; geht direkt auf den Gesprächspartner ein.

Beispiele:

Was würden Sie dazu sagen? / Richtig! / Da stimme ich Ihnen zu!

Kriterium II „Kohärenz und Flüssigkeit":

MA 1 = 2,5 Punkte / MA 2 = 2,5 Punkte

Vortrag und Gespräch: fast muttersprachliches Sprechtempo und klar zusammenhängende Sprechweise.

Kriterium III „Ausdruck":

MA 1 = 2 Punkte / MA 2 = 2 Punkte

Vortrag und Gespräch: überwiegend angemessene Ausdrucksweise; einige Verstöße gegen die Registerebene.

Beispiele:

- *… macht das viele Geld Ihnen auch nichts aus* statt *… hilft Ihnen das viele Geld auch nicht*
- *Wie passiert so etwas?* statt *Wie geschieht so etwas?*

Verstöße gegen die Idiomatik.

Beispiele:

- *… wenn man es sich erfordern kann* statt *… wenn man es sich leisten kann*
- *… einen Kurs zu sich nehmen* statt *einen Kurs zu machen/besuchen*
- *… das spricht überall genauso* statt *… das gilt überall*

viele gute Ausdrücke, um Kommunikation herzustellen und in Gang zu halten.

Beispiele:

Was glauben Sie? / Glauben Sie das nicht? / Mir fällt jetzt auch ein, …

Kriterium IV „Korrektheit":

MA 1 = 2 Punkte / MA 2 = 2 Punkte

Vortrag und Gespräch: stellenweise Regelverstöße, die aber die Präsentation und den Dialog nicht beeinträchtigen.

Beispiel:

– *Großstädte, die was vieles versprechen* statt *Großstädte, die viel versprechen*

– *... empfehlen zu unterrichten zu lassen* statt *... empfehlen, sich unterrichten zu lassen*

Kriterium V „Aussprache und Intonation":

MA 1 = 2,5 Punkte / MA 2 = 2,5 Punkte

Vortrag und Gespräch: bei Lautung und Wortakzent kaum wahrnehmbarer fremdsprachlicher Akzent; Satzmelodie etwas eintönig.

Ergebnis: 22,5 Punkte

Mit dieser Punktezahl erreicht die Kandidatin in der Mündlichen Prüfung ein **gutes** Ergebnis.

▶ **Wie können Sie diese Aufnahmen nutzen?**

Beim Zuhören erleben Sie, wie so eine Mündliche Prüfung ablaufen kann.

Stellen Sie sich vor, Sie wären in der Situation der Paarprüfung oder der Einzelprüfung.

Vergleichen Sie:

– Würde ich mich ähnlich oder anders vorstellen?

– Wie würde ich so einen Vortrag halten? Was würde ich anders oder besser machen?

– Würde ich das Gespräch auf gleiche Weise führen?

– Habe ich das sprachliche Niveau der Personen auf der CD oder bin ich besser?

Wenn Sie die Mündliche Prüfung mit anderen üben, sollten Sie sich – wie schon gesagt – diese Aufnahmen gemeinsam anhören und die Bewertung anhand der Kriterien dazu diskutieren.

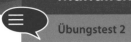
Mündlicher Ausdruck 1A

Kinder sind die Personen, die im Straßenverkehr am meisten gefährdet sind.
Es gibt immer noch zu wenige Maßnahmen zum Schutz der Kinder, denn die
Erwachsenen zeigen wenig Einsicht.

Halten Sie einen kurzen Vortrag (3 – 4 Minuten). Die folgenden Punkte dienen
Ihnen dabei zur Orientierung:

- Beispiele für diese Situation (eigene Erfahrung?)

- Stellenwert und Bedeutung dieses Themas in Ihrem eigenen Land

- Argumente, die **für** einen besseren Schutz sprechen

- Argumente, die **gegen** die Privilegierung des Autoverkehrs sprechen

- Ihre persönliche Meinung zu dieser Situation

Mündlicher Ausdruck 1B

Immer häufiger passieren Unfälle bei Arbeiten in den eigenen vier Wänden und bei Freizeitaktivitäten, besonders bei der Ausübung riskanter Sportarten.

Halten Sie einen kurzen Vortrag (3 – 4 Minuten). Die folgenden Punkte dienen Ihnen dabei zur Orientierung:

- Beispiele für Unfälle im Privatbereich (eigene Erfahrung?)

- Bedeutung dieses Themas in Ihrem eigenen Land

- Argumente, die **für** einen besseren Unfallschutz sprechen

- Argumente, die **gegen** Schutzmaßnahmen im Privatbereich sprechen

- Ihre persönlichen Ansichten zu diesem Problem

Mündlicher Ausdruck 2

Sie sind Student/Studentin und suchen einen Job, den Sie nebenbei machen können, um etwas Geld zu verdienen.

Es gibt folgende Angebote:

- zwei Mal pro Woche in einem Copy-Shop arbeiten

- jeden zweiten Abend in einer Kneipe als Kellner/Kellnerin arbeiten

- am Wochenende Taxi fahren

- jeden Freitag und Samstag in einer Familie babysitten

- einmal pro Woche Nachtdienst in einem Altenheim haben

- jeden Morgen sehr früh Zeitungen austragen

- Vergleichen Sie die Angebote und begründen Sie Ihre Meinung.

- Reagieren Sie auch auf die Äußerungen Ihres Gesprächpartners oder Ihrer Gesprächspartnerin.

- Kommen Sie am Ende Ihres Gesprächs zu einer Entscheidung.

Übungstest 3 und 4

Nachdem Sie jeden Prüfungsteil einzeln kennengelernt und trainiert haben, können Sie mit den folgenden Übungstests 3 und 4 die gesamte Prüfung ohne Trainingsanleitung durcharbeiten.

Wichtig ist in dieser Trainingsphase, dass Sie sich genau an die **Prüfungsbedingungen** halten:

- ohne Hilfsmittel oder die Hilfe anderer arbeiten,
- die Zeitvorgaben einhalten,
- die Ergebnisse in die Antwortbögen eintragen (➡ Kopiervorlagen im Einleger),
- die Reihenfolge der Prüfungsteile entsprechend der realen Prüfung einhalten:
  1. Leseverstehen (innerhalb von LV 1–3 können Sie variieren),
  2. Hörverstehen (hier ist die Reihenfolge HV 1, HV 2 durch die CD vorgegeben),
  3. Schriftlicher Ausdruck (hier können Sie ebenfalls variieren),
  4. Mündlicher Ausdruck (die Reihenfolge MA 1, MA 2 ist in der Mündlichen Prüfung vorgegeben).

Für Kursteilnehmerinnen und Kursteilnehmer:
Korrektur und Bewertung übernimmt Ihre Lehrerin / Ihr Lehrer.

Für Selbstlernerinnen und Selbstlerner:
Zur eigenen Korrektur können Sie Ihre Ergebnisse im Leseverstehen, Hörverstehen und im Schriftlichen Ausdruck 2 mit dem Lösungsschlüssel vergleichen (➡ Einleger, Seite 2 – 3).

Für den Schriftlichen Ausdruck 1 und für den Mündlichen Ausdruck suchen Sie sich eine deutschsprachige Person als Hilfe.

Den Übungstest 4 (➡ Seite 184 – 199) können Sie als „Generalprobe" vor der Prüfung durcharbeiten.

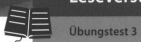

Leseverstehen 1 (25 Minuten)

Ergänzen Sie bitte im folgenden Text die fehlenden Informationen.
Lesen Sie dazu den Text auf der Seite gegenüber.
Schreiben Sie Ihre Lösungen zunächst auf dieses Blatt und
tragen Sie dann Ihre Ergebnisse in den **Antwortbogen** (Nr. 1–10) ein.

Seit vielen Jahren beschäftigt sich Knizia mit der ...0... von Spielen. Bevor er jedoch damit hauptberuflich tätig wurde, hatte er die ...1... der Abteilung Softwareentwicklung einer Bank.	0	*Erfindung/ Entwicklung*
	1	....
Von ihm als Spieleautor stammen Spiele wie „Herr der Ringe" oder „Der Turmbau zu Babel", die inzwischen in der ganzen Welt ...2... sind.	2	....
Knizia und sein Team suchen ständig nach neuen ...3... für Spiele, die es in der Art noch nicht auf dem Markt gibt. Ein Spiel besteht aus verschiedenen ...4..., die zusammen ein spannendes, neues Spiel ergeben. Jedes Spiel verlangt bei seiner Entwicklung eine ...5... Methode: Entweder setzt sich dafür das Team zusammen oder der Erfinder hat selbst einen guten ...6....	3	....
	4	....
	5	....
	6	....
Im Gegensatz zu spontanen Entwicklungen ist Auftragsarbeit allerdings fordernder, da bestimmte Kriterien ...7... werden müssen.	7	....
Es sind die Auftraggeber, die Termine, Preise und sogar Materialien ...8....	8	....
Besonders Neueinsteiger können in diesem Bereich tätig werden, da es hier nicht vordringlich um Kreativität, sondern um das ...9... von Problemen geht.	9	....
Knizia ist trotz seiner zweihundert Spiele noch immer kreativ, da er bei der Entwicklung seiner Spiele nie den gleichen ...10... geht.	10	....

Spielen als Standbein

Neue Ideen hervorbringen gehört zum Alltag von Spieleautor Dr. Reiner Knizia

Der 43-jährige Doktor der Mathematik stieg nach mehreren Jahren in der Forschung und Lehre bei einer Großbank als Leiter der Abteilung Softwareentwicklung ein. Nachdem er bereits nebenbei viele Jahre Spiele erfunden hatte, wurde er 1998 hauptberuflicher Spiele-autor mit mittlerweile über zweihundert veröffentlichten, weltweit verbreiteten Spielen wie „Herr der Ringe", „Die Insel" oder „Der Turmbau zu Babel".

Mit seinem Team ist er ständig auf der Suche nach Ideen für interessante Neuerungen. Zu Beginn einer Erfindung steht bei Knizia die Suche nach einem Ansatzpunkt, den es so bisher noch nicht gab und der neue Möglichkeiten für ein Spiel eröffnet. „An diesem Ansatzpunkt basteln wir dann herum und versuchen, alle Elemente eines Spiels wie Materialien, Regeln, Strategien oder Mechanismen zu etwas Neuem und Spannendem zusammenfließen zu lassen." Ein Standardvorgehen bei der Entwicklung eines neuen Spiels kennt Knizia nicht, jede Entwicklung ist individuell.

Manchmal setzt sich sein Team zum Sammeln und Auswerten neuer und unterschiedlicher Ideen zusammen, andere Male muss der Erfinder zum Nachdenken auch einfach mal abschalten. „Ich gehe häufig im Park spazieren. Denn meine Erfahrung ist, dass man gute Einfälle nicht einfach zwischen zwei Telefonaten im Bürotrubel erzwingen kann." Auf Geschäftsreisen, wenn das Telefon nicht ständig klingelt, sind Knizia bisher die besten Spiele eingefallen.

Schwieriger wird es, wenn es sich um eine Auftragsarbeit handelt. Dann kann Knizia seinen Ideen nicht einfach freien Lauf lassen, sondern muss beim Erfinden seiner neuen Welten bestimmte Rahmenbedingungen erfüllen. Wenn Spiele auf bestimmte Figuren wie Micky Maus oder auf Geschichten wie „Herr der Ringe" zugeschnitten werden müssen, wollen die Lizenzgeber selbstverständlich mitreden. „In so einem Fall muss man dem Buch oder den Figuren gerecht werden. Zudem sind Abgabetermine, Preisgrenzen oder sogar Materialien vorgeschrieben", berichtet Knizia. „Daher ist man bei dieser Arbeit stark eingeengt, was für die Kreativität natürlich eine besondere Herausforderung ist." In diesem Bereich finden sich denn auch die Einsteiger und Neuankömmlinge der Branche, die in ihren Unternehmen Problemlösungen erarbeiten sollen. „Man muss sich überlegen, was der Kunde will. Denn jeder hat einen Kunden, und sei es der eigene Chef, der von seinen Mitarbeitern ein Ergebnis für ein Problem fordert."

Dass dem Kreativen auch nach zweihundert Spielen noch nicht die Luft ausgeht, liege daran, dass er sich keine feste Methode für das Finden neuer Ideen zurechtlege, so Knizia. „Wenn ich immer auf dem gleichen Pfad entlang trampeln würde, käme ich auch immer am gleichen Ende raus." Neue Wege bringen neue Ideen – und das gilt natürlich nicht nur für das Ent-wickeln von Spielen.

Aus: BerufSZiel 02/06

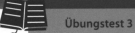

Leseverstehen 2 (30 Minuten)

Lesen Sie bitte die vier Texte. In welchen Texten (A – D) gibt es Aussagen
zu den Themenschwerpunkten (1 – 5)?

1   Ablehnung von patriotischer Denkweise

2   Bedeutung von Traditionen

3   Persönliche Wurzeln / Herkunft

4   Heimatgefühle – in der historischen Entwicklung

5   Geistige Verbundenheit und Gemeinsamkeiten

Bei jedem Themenschwerpunkt sind ein, zwei oder drei Stichpunkte möglich,
insgesamt aber nicht mehr als **zehn** (Aufgaben 11 – 20).
Schreiben Sie Ihre Antwort direkt in den **Antwortbogen**.
Beachten Sie bitte das Beispiel:

Beispiel:

	0 Fremdheit und Heimatlosigkeit
A	—
X	*das ist nicht mein Land / möchte mich zurückziehen*
X	*dort fühle ich mich fremd*
D	—

Was bedeutet der Begriff „Heimat" für die Menschen?
Jeder verbindet damit etwas Anderes – im geografischen, ethnischen oder politischen Sinn. Und bei
Abwesenheit von „Heimat" wird Fremdheit empfunden.

A

Matthias

Also, ich träume ja manchmal von den heimeligen, harmonischen Zeiten, als noch
die Dichter durch das Land und durch die Wälder wanderten und ihre Verse
schrieben. So wandere ich auch oft durch die Wälder unseres Landes Brandenburg.
Und ich genieße die Harmonie, die kein politisches System, egal welches, stören
kann.
Ich bin hier aus Neuruppin und ich bin vielleicht ein paar Mal nach Potsdam oder
Berlin gefahren, um etwas zu erledigen, aber dann bin ich schnell wieder zurück.
Hier bin ich verwurzelt, hier hab' ich die vertrauten Menschen um mich, die ich
kenne wie die einzelnen Pappeln in unserer Allee.
Ins Ausland würde ich nie gehen, wozu auch? Wenn es bei uns warm ist, ist es gut.
Und wenn es kalt ist, ist das eben die Natur. Alles hat seinen Sinn.
Diesen alten Gefühlen für Heimat bin ich immer noch verbunden, auch wenn sich
die Zeiten geändert haben.
Meine Kinder sind da ganz anders: Einer studiert in Köln, der andere arbeitet in
Berlin. Und unsere Jüngste ist in Leipzig. Egal, die kommen sowieso wieder. Denn
irgendwann fühlen auch sie, wo ihr Zuhause ist.

B

Wolf

Hören Sie mir auf mit „Heimat"! Wir Deutsche haben eine Geschichte, nach der man das Wort Heimat nicht mehr benutzen kann, ohne sofort seine politische Einstellung zu verraten. Gegen so einen Nationalismus haben wir damals als Studenten gekämpft und dagegen hat der Widerstand nie aufgehört – auch wenn sich einiges geändert hat in unserer Republik. Es ist ja heutzutage richtig schick, sogar in höchsten Regierungsstellen, von „national" und „patriotisch" zu reden – brutal ist das! Da kommt wieder so ein staatlich verordnetes Nationalgefühl auf. Und ich habe dann das Gefühl, **das ist nicht mein Land**. Wie meine Freunde **möchte ich mich zurück-ziehen**, sozusagen in die innere Emigration.

Beispiel ➡

Aber an einer Stelle, das muss ich zugeben, kann man noch von so etwas wie Heimatgefühlen reden. Das habe ich bei einer Kraftwerk-Demo erlebt. Die Umwelt schützen, das Habitat um uns, früher hätte man „Heimat" gesagt, ist Pflicht. Und bei denen, die dafür kämpfen, solidarisch, gemeinsam – da ist mein Zuhause. Nennen Sie es, wie Sie wollen.

C

Serap

Meine Familie stammt ursprünglich aus der Türkei, aus der Nähe von Ankara. Seit dreißig Jahren sind sie in Deutschland und mein Bruder und ich sind auch hier geboren, sind zur Schule gegangen und – Sie sehen es – sprechen perfekt Hochdeutsch. Ich fühle mich hier in Köln zu Hause, obwohl meine Mutter sagt, dass die Gegend in der Türkei, wo unser Dorf ist, eigentlich unsere Heimat ist.

Beispiel ➡

Aber jedes Mal, wenn wir **dort** sind, **fühle ich mich fremd**. Es ist rührend, wie sich unsere Angehörigen um uns bemühen, wie sie ausdrücken, dass wir zu ihnen gehören. Dazu gehören natürlich all diese Traditionen, die mir inzwischen fremd sind. Aber für die Familie dort sind sie lebenswichtig und stellen den Sinn des Lebens dar.

Ich verstehe das nicht und bin fast erleichtert, wenn ich wieder im Flugzeug nach Köln sitze und zurück in meine Stadt fliege, zu meinen Freunden und zu meiner Frisierstube, die ich vor einem Jahr eröffnet habe.

D

Katrin

Ich finde diese Diskussion für mich nicht so wichtig. Ich bin keine Österreicherin, keine Europäerin, ich fühle mich als Weltbürgerin. Sehen Sie, ich bin viel in der Welt herumgekommen, und überall haben die Menschen ihre eigene Art zu leben, die sie von ihren Vorfahren über-nommen haben, die Musik, den Tanz, die Kunst, die besonderen Verhaltensweisen, die uns manchmal fremd vorkommen.

Diese ursprüngliche, landestypische Kultur wird natürlich inzwischen überdeckt von einer globalen Medienkultur, die anders als die eigene ist. Trotzdem geht nicht alles verloren. Ich habe das in Malawi gesehen, auf Timor und im hohen Lappland.

Die Menschen brauchen ihre eigenen Sitten und Gebräuche, das ist ihr Leben. Und da kommen Leute mit einer falschen Idee von Entwicklungshilfe und machen mehr kaputt, als dass sie helfen. Vielleicht denken Sie, ich bin ein bisschen naiv. Aber ich bin trotzdem optimistisch: Das Echte wird überleben und wird über diesen Zivilisationsmüll siegen. Denn die Menschen entscheiden danach, wo sie innerlich zu Hause sind.

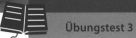
Antwortbogen Leseverstehen 2

Aufgaben 11 – 20

Text   Themen

1   Ablehnung von patriotischer Denkweise

A

B

C

D

2   Bedeutung von Traditionen

A

B

C

D

3   Persönliche Wurzeln / Herkunft

A

B

C

D

4   Heimatgefühle – in der historischen Entwicklung

A

B

C

D

5   Geistige Verbundenheit und Gemeinsamkeiten

A

B

C

D

Punkte: . . . . (von max. 10)

Leseverstehen 3 (15 Minuten)

Lesen bitte Sie den Text und kreuzen Sie bei den Aufgaben (Nr. 21–30) das jeweils passende Wort (A, B, C oder D) an. Nur eine Antwort ist richtig.

Tragen Sie am Ende Ihre Ergebnisse in den **Antwortbogen** ein.

Die Zukunft der Mega-Cities

Sie ziehen Menschenmassen magisch an und ...0... explosionsartig. Mega-Cities wie São Paulo oder Shanghai kurbeln Wachstum, Wirtschaft und technologischen Fortschritt an. Im Jahr 2007 lebte **21** mehr als die Hälfte der Weltbevölkerung in Großstädten, Tendenz steigend. Wer in eine Mega-Stadt zieht, **22** sich Arbeit, Wohlstand und mehr Lebensqualität. Für die Industrie sind Mega-Städte attraktive Standorte, weil hier die Eliten aus Wirtschaft und Finanzen **23** sind. So viel Glanz und Gigantomanie haben natürlich auch ihre unübersehbaren Schattenseiten.

Die von Siemens **24** gegebene Studie „Mega-Cities und ihre Herausforderungen" basiert auf der Befragung von 522 Entscheidungsträgern **25** Politik, Wirtschaft und Medien in ausgewählten Mega-Metropolen. Darin heißt es, dass laut einer UN-Prognose auf die sechs größten Städte gravierende Trinkwasserprobleme zukommen werden. Eine erschreckend hohe Zahl der Weltbevölkerung hat keinen **26** zu sauberem Trinkwasser. Daneben **27** Arbeitslosigkeit, Luftverschmutzung, verstopfte Straßen, Energieknappheit, Müllberge, Kriminalität und die zunehmende Kluft zwischen Arm und Reich Probleme dar, die es zu lösen gilt. **28** jede einzelne Metropole ihren spezifischen Charakter hat, lassen sich laut Untersuchung Lösungsansätze erkennen, die die Mehrzahl der Probanden als machbar bezeichnete. Beim Thema Verkehr wird beispielsweise empfohlen, diesen von der Straße weg auf die Schiene zu verlagern. Wenn es um erneuerbare Energien geht, tritt man durchweg **29** ein, aber wenn entschieden werden muss zwischen Wirtschaft und Umwelt, dann hat die Umwelt nach wie vor das Nachsehen. Bei sozialen Schwachstellen wie der wachsenden Verarmung werden keine nennenswerten Lösungsstrategien aufgezeigt. Hier bergen Slums mit zum Teil illegaler Ansiedlung große soziale Sprengkraft.

Trotzdem: Im Großen und Ganzen schätzen die Befragten die Zukunft ihrer Städte eher optimistisch ein; sie gehen davon aus, dass mittel- und langfristig wirtschaftliche, soziale und ökologische Belange durchaus **30** zu bringen sind.

Aus: Innovate! 2/2007, Seite 56–59

Beispiel: 0

A   werden   **Lösung: B**
X   wachsen
C   geraten
D   entwickeln

21
A   erstmals
B   beim ersten Mal
C   zuerst
D   als Erstes

22
A   hofft
B   erwartet
C   erhofft
D   sorgt

23
A   sesshaft
B   alteingesessen
C   häuslich
D   ansässig

24
A   in Arbeit
B   in Auftrag
C   zur Aufgabe
D   zur Ausgabe

25
A   aus
B   für
C   von
D   zu

26
A   Gang
B   Weg
C   Zugang
D   Hinweg

27
A   stellen
B   bringen
C   machen
D   legen

28
A   Immer wenn
B   Trotzdem
C   Wenn
D   Auch wenn

29
A   darin
B   darauf
C   dazu
D   dafür

30
A   in Einklang
B   zur Einigkeit
C   unter Einfluss
D   zur Einheit

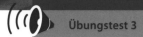
Hörverstehen 1 (12 Minuten)

 Sie hören den Text **nur einmal.**

Notieren Sie Stichworte.

Tragen Sie anschließend Ihre Lösungen in den **Antwortbogen** (Nr. 1–10) ein.

Beispiele:

01 Worüber möchte sich Frau Fonseca informieren? *Über Jugendherbergen in Deutschland.*

02 Bei den Deutschen in Santa Catarina gibt es *viele deutsche Schulen.*

1 Frau Fonseca plant den Besuch .... in Deutschland.

....

2 Was ist ein wichtiges Ziel für die Besucher?

....

3 Der Besuch ist nicht nur während der Ferien möglich, sondern auch ....

....

4 Die Schüler sollen .... begleitet werden.

....

5 Wodurch sind einige Jugendherbergen für Familien besonders geeignet?

....

6 In einigen Jugendherbergen finden die Erwachsenen sogar ....

....

7 Nennen Sie zwei Beispiele für Gemeinschafts- aufgaben in den Jugendherbergen.

....

8 Was wird in Jugendherbergen zu einem günstigen Preis geboten?

....

9 Was kann Herr Schirrmann empfehlen?

....

10 Mit den Informationen unter www.jugendherberge.de kann Frau Fonseca die .... planen.

....

Hörverstehen 2 (25 Minuten)

Hören Sie den Text **zweimal**, zuerst ganz, dann noch einmal in Abschnitten.

Kreuzen Sie die richtige Antwort an (A, B oder C).

Tragen Sie dann Ihre Lösungen in den **Antwortbogen** (Nr. 11 – 20) ein.

Beispiel:

0   Das Thema „Zeitarbeit" ist wichtig, …

    A   da Zeitarbeit in allen Betrieben ein normales Arbeitsverhältnis geworden ist.

    B   da das Thema auf allen Technikmessen stark präsent ist.

    C   da Zeitarbeit in verschiedenen Berufszweigen und Betrieben schon etabliert ist.

Lösung: C

11   Die Meinung der Öffentlichkeit über „Zeitarbeit" …

    A   ist eher ablehnend.

    B   ist gespalten.

    C   ist politisch eindeutig.

12   Warum hält Beate Kiel den Kritikpunkt „keine Festanstellung" für falsch?

    A   Weil die Arbeitnehmer bei den Zeitarbeitsfirmen fest angestellt sind.

    B   Weil die vermittelten Arbeitnehmer bei den Firmen fest angestellt werden müssen.

    C   Weil es immer einen Arbeitsvertrag gibt, wenn auch zeitlich begrenzt.

13   Wie ist in der Zeitarbeit die soziale Absicherung geregelt?

    A   Die Arbeitnehmer sind dann sozial abgesichert, wenn sie im Büro der Zeitarbeitsfirma arbeiten.

    B   Die Arbeitnehmer erhalten je nach Vertrag bestimmte soziale Leistungen.

    C   Die Arbeitnehmer erhalten die gleichen sozialen Leistungen wie alle anderen.

14   Was geschieht, wenn einem Arbeitnehmer kein Arbeitsplatz vermittelt werden kann?

    A   Er ist zeitweise arbeitslos und bekommt dann Geld vom Staat.

    B   Er bekommt weiterhin seinen Lohn von der Zeitarbeitsfirma.

    C   Er muss sich selbst einen Arbeitsplatz suchen, und die Firma unterstützt ihn dabei.

15   Welche Klagen über Zeitarbeit kann man im Internet lesen?

    A   Sofortige Entlassung bei Widerspruch oder Arbeitsverweigerung.

    B   Rücksichtsloser Zwang zum Wechsel des Betriebs oder der beruflichen Tätigkeit.

    C   Zwang, die Arbeitsbedingungen und die Bezahlung zu akzeptieren.

16   Beate Kiel bestätigt, …

     A   dass die Zeitarbeitsbranche überhaupt kein gutes Image hat.

     B   dass es bei einigen Zeitarbeitsfirmen Missstände gibt.

     C   dass einige Zeitarbeitsfirmen die Schuld bei den Arbeitnehmern suchen.

17   Welche Anforderungen stellt der Beruf heutzutage an die Arbeitnehmer?

     A   Sie müssen flexibel sein und sich auf neue Arbeitsverfahren einstellen.

     B   Sie müssen sich besser daran anpassen, was der Betrieb von ihnen verlangt.

     C   Sie müssen sich neu ausbilden lassen, besonders auf dem IT-Gebiet.

18   Welche Auswirkungen hat die gute Wirtschaftsentwicklung auf die Anstellung von Mitarbeitern?

     A   Die Zeitarbeitsfirma von Beate Kiel nimmt nur noch Akademiker, andere Berufsgruppen lehnt sie ab.

     B   Die Zeitarbeitsfirma von Beate Kiel sucht unter bestimmten Berufsgruppen nach Bewerbern.

     C   Die Zeitarbeitsfirmen haben keine Probleme, unter vielen Bewerbern auszuwählen.

19   Was leisten Zeitarbeitsfirmen für den Einstieg in den Beruf?

     A   Sie bieten Jobs an, durch die man noch vor Abschluss des Studiums etwas verdienen kann.

     B   Sie vermitteln in einem Unternehmen sofort eine praktische Arbeit mit allen Anforderungen.

     C   Sie vermitteln Lehrgänge und Praktika, durch die man sich auf den Beruf vorbereiten kann.

20   Warum ist Zeitarbeit für viele ein guter beruflicher Startpunkt?

     A   Weil man als vermittelter Mitarbeiter schon vor Arbeitsbeginn genügend Informationen bekommt.

     B   Weil man von dem Betrieb, dem man vermittelt wurde, eventuell eine Festanstellung bekommt.

     C   Weil man sich bei der vermittelten Firma später besser um eine Stelle bewerben kann.

Schriftlicher Ausdruck 1 (65 Minuten)

Wählen Sie für den **Schriftlichen Ausdruck 1** eines der beiden Themen aus.
Danach erhalten Sie das Aufgabenblatt mit dem Thema 1A oder 1B.

Thema 1A:

Freizeit-Hits

Sie haben die Aufgabe, sich schriftlich
dazu zu äußern, was die beliebtesten
Freizeitaktivitäten in Deutschland sind.
Dazu bekommen Sie Informationen in
Form einer grafischen Darstellung.

Thema 1B:

Wer macht die Hausarbeit?

Sie haben die Aufgabe, sich schriftlich zum
Thema Hausarbeit und deren Aufteilung in
der Familie zu äußern.
Dazu bekommen Sie Informationen in
Form einer grafischen Darstellung.

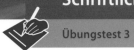
Schriftlicher Ausdruck 1 (65 Minuten)

Thema 1A

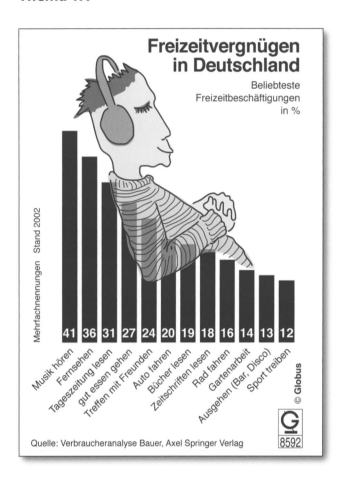

Freizeitvergnügen in Deutschland

Beliebteste Freizeitbeschäftigungen in %

Mehrfachnennungen   Stand 2002

Musik hören	Fernsehen	Tageszeitung lesen	gut essen gehen	Treffen mit Freunden	Auto fahren	Bücher lesen	Zeitschriften lesen	Rad fahren	Gartenarbeit	Ausgehen (Bar, Disco)	Sport treiben
41	36	31	27	24	20	19	18	16	14	13	12

© Globus

Quelle: Verbraucheranalyse Bauer, Axel Springer Verlag

8592

Schreiben Sie,

was Ihnen an dieser Statistik besonders auffällt.

welche Unterschiede es zwischen den einzelnen Aktivitäten gibt.

wie eine solche Statistik in Ihrem Heimatland aussehen würde.

zu welcher Altersgruppe die Statistikergebnisse jeweils passen könnten.

inwieweit sich die Vorlieben für bestimmte Aktivitäten in den nächsten Jahren ändern werden.

Hinweise:

Bei der Beurteilung wird auch darauf geachtet,

– ob alle Inhaltspunkte bearbeitet wurden,
– wie korrekt Ihr Text ist,
– wie gut Sätze und Abschnitte miteinander verbunden sind.

Schreiben Sie mindestens 200 Wörter.

Schriftlicher Ausdruck 1 (65 Minuten)

Thema 1B

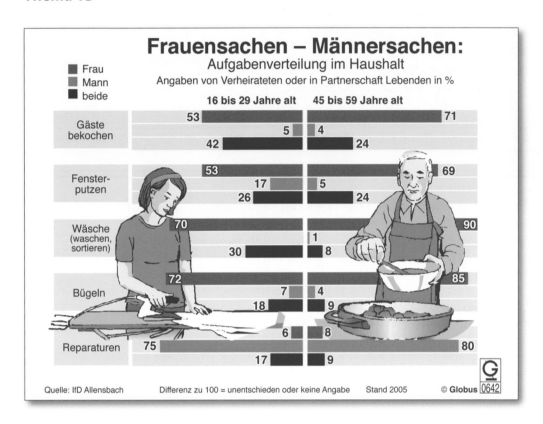

Frauensachen – Männersachen:
Aufgabenverteilung im Haushalt
Angaben von Verheirateten oder in Partnerschaft Lebenden in %

■ Frau
■ Mann
■ beide

16 bis 29 Jahre alt   **45 bis 59 Jahre alt**

Gäste bekochen: 53 / 5 / 42 | 71 / 4 / 24

Fensterputzen: 53 / 17 / 26 | 69 / 5 / 24

Wäsche (waschen, sortieren): 70 / – / 30 | 90 / 1 / 8

Bügeln: 72 / 7 / 18 | 85 / 4 / 9

Reparaturen: 6 / 75 / 17 | 8 / 80 / 9

Quelle: IfD Allensbach   Differenz zu 100 = unentschieden oder keine Angabe   Stand 2005   © Globus 0642

Schreiben Sie Ihre Stellungnahme zu folgenden Punkten:

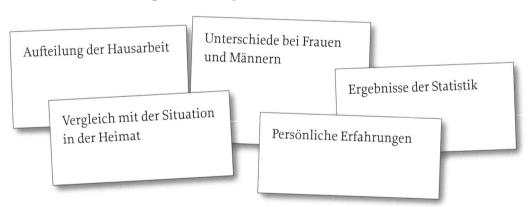

- Aufteilung der Hausarbeit
- Unterschiede bei Frauen und Männern
- Ergebnisse der Statistik
- Vergleich mit der Situation in der Heimat
- Persönliche Erfahrungen

Hinweise:

Bei der Beurteilung wird auch darauf geachtet,

– ob alle Inhaltspunkte bearbeitet wurden,

– wie korrekt Ihr Text ist,

– wie gut Sätze und Abschnitte miteinander verbunden sind.

Schreiben Sie mindestens 200 Wörter.

Schriftlicher Ausdruck 2 (15 Minuten)

Annette Kirchner ist mit ihrer beruflichen Situation sehr unzufrieden und will daran etwas ändern. Aus diesem Grund schreibt sie zwei Briefe: einen an ihren Bruder Niko, der gerade in Amerika ist, und einen an ihren Chef, den sie sonst nicht erreichen kann.

Ergänzen Sie bitte die Lücken 1–10 in dem zweiten Brief.

In jede Lücke passen **ein** oder **zwei** Wörter.

Verwenden Sie dazu eventuell die Informationen aus dem ersten Brief.

Schreiben Sie Ihre Antworten auf den **Antwortbogen.**

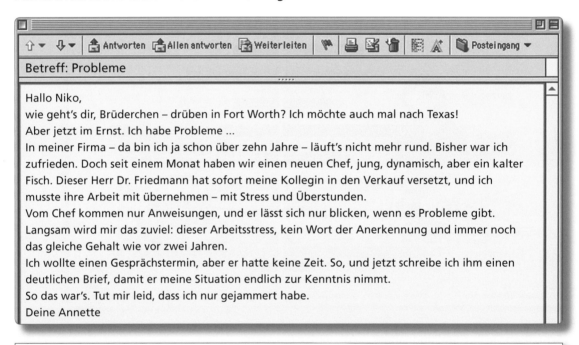

⇧▼ ⇩▼ 🔼 Antworten 📧 Allen antworten 📨 Weiterleiten 🚩 🖨 📥 🗑 📋 🅰 📖 Posteingang ▼

Betreff: Probleme

Hallo Niko,

wie geht's dir, Brüderchen – drüben in Fort Worth? Ich möchte auch mal nach Texas!

Aber jetzt im Ernst. Ich habe Probleme ...

In meiner Firma – da bin ich ja schon über zehn Jahre – läuft's nicht mehr rund. Bisher war ich zufrieden. Doch seit einem Monat haben wir einen neuen Chef, jung, dynamisch, aber ein kalter Fisch. Dieser Herr Dr. Friedmann hat sofort meine Kollegin in den Verkauf versetzt, und ich musste ihre Arbeit mit übernehmen – mit Stress und Überstunden.

Vom Chef kommen nur Anweisungen, und er lässt sich nur blicken, wenn es Probleme gibt.

Langsam wird mir das zuviel: dieser Arbeitsstress, kein Wort der Anerkennung und immer noch das gleiche Gehalt wie vor zwei Jahren.

Ich wollte einen Gesprächstermin, aber er hatte keine Zeit. So, und jetzt schreibe ich ihm einen deutlichen Brief, damit er meine Situation endlich zur Kenntnis nimmt.

So das war's. Tut mir leid, dass ich nur gejammert habe.

Deine Annette

Beispiel 0: *geehrter*

An die Firma Panacom, Herrn Dr. Friedmann

Sehr ...0... Herr Dr. Friedmann,

ich möchte mich in einer wichtigen Angelegenheit brieflich an Sie ...**1**..., denn es ist mir bisher nicht ...**2**..., Sie persönlich zu sprechen.

Wie Sie wissen, bin ich schon ...**3**... zehn Jahren bei Ihrer Firma beschäftigt, und ich habe stets mein ...**4**... für den Betrieb gegeben. Jetzt habe ich allerdings einige Probleme: Ich musste für meine Kollegin, die versetzt wurde, die Arbeit mit übernehmen. Dadurch hat sich meine ...**5**... wöchentlich um vier bis fünf Stunden verlängert. Das tue ich alles, ...**6**... meine Mehrarbeit von Ihnen gewürdigt wird. Ich hätte erwartet, dass ich ...**7**... eine Gehaltserhöhung bekomme. Auch sollten die Überstunden nach und nach reduziert ...**8**....

Ich wäre Ihnen dankbar, wenn Sie sich die Zeit nehmen ...**9**..., mit mir darüber zu sprechen. Denn ich stehe dem Betrieb weiterhin gern zur ...**10**....

Mit freundlichen Grüßen

Annette Kirchner

Mündlicher Ausdruck 1A

Da in den Großstädten Parkplätze rar sind, sind in Deutschland die Parkplätze in einer Straße oft für die dortigen Bewohner reserviert.

Halten Sie einen kurzen Vortrag (3 – 4 Minuten). Die folgenden Punkte dienen Ihnen dabei zur Orientierung:

- Beispiele für Lösungen von Parkplatzproblemen (eigene Erfahrung?)

- Bedeutung von Parkplatzreservierungen in Ihrem eigenen Land

- Argumente, die **für** diese Art des Parkens sprechen

- Argumente, die **gegen** diese Art des Parkens sprechen

- Ihre persönliche Meinung zu diesem Thema

Mündlicher Ausdruck 1B

Immer mehr Leute verzichten darauf, allein in ihrem Auto zur Arbeit zu fahren. Stattdessen schließen sie sich mit anderen zu Fahrgemeinschaften zusammen.

Halten Sie einen kurzen Vortrag (3 – 4 Minuten). Die folgenden Punkte dienen Ihnen dabei zur Orientierung:

- Beispiele für diese Art der Fahrgemeinschaft (eigene Erfahrung?)

- Bedeutung von Fahrgemeinschaften in Ihrem eigenen Land

- Argumente, die **für** diese Art des Transports sprechen

- Argumente, die **gegen** diese Art des Transports sprechen

- Ihre persönliche Meinung zu diesem Thema

Mündlicher Ausdruck 2

Aus beruflichen Gründen brauchen Sie einen guten neuen Computer.
Wie und wo würden Sie ihn kaufen?

Es gibt folgende Angebote:

- in einem Fachgeschäft mit gutem Service

- sehr günstig per Internet

- in einem großen Medienkaufhaus

- direkt von einer Computerfirma

- zusammen mit einem Freund, der sich gut auskennt

- über eine Anzeige in der Zeitung

- Vergleichen Sie die Angebote und begründen Sie Ihre Meinung.

- Reagieren Sie auch auf die Äußerungen Ihres Gesprächpartners
  oder Ihrer Gesprächspartnerin.

- Kommen Sie am Ende Ihres Gesprächs zu einer Entscheidung.

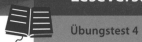

Leseverstehen 1 (25 Minuten)

Ergänzen Sie bitte im folgenden Text die fehlenden Informationen.
Lesen Sie dazu den Text auf der Seite gegenüber.
Schreiben Sie Ihre Lösungen zunächst auf dieses Blatt und
tragen Sie dann Ihre Ergebnisse in den **Antwortbogen** (Nr. 1–10) ein.

Beim Bau eines neuen Gebäudes steht die Frage der optimalen ...0... im Vordergrund. Die Architekten folgen dabei stärker ihrer ..1.. als den Wünschen der Bauherren. Da diese aber oft ihre eigenen ..2.. nicht kennen, gibt es Hilfe von einem Institut für Architektur-psychologie. Denn Planen stellt nicht nur für öffentliche, sondern auch für private Bauherren meist eine ..3.. dar.	**0** Gestaltung **1** .... **2** .... **3** ....
Zum Beispiel ist die Einteilung der Wohnungen im Gegensatz zu früher ..4.. . Besonders klar zeigt sich bei den modernen Küchen, dass sich der Lebensstil der Menschen ..5.. hat.	**4** .... **5** ....
Bei Bürogebäuden hat die effektive Raumnutzung ..6.. vor anderen Bedürfnissen. Von der Firmenleitung bekommt der Mitarbeiter heut-zutage seinen Arbeitsplatz für bestimmte ..7.. zugewiesen. Allerdings hat sich hierbei gezeigt, dass der Mensch auch bei seiner Arbeit eine persönliche ..8.. braucht, um leistungsbereit zu sein.	**6** .... **7** .... **8** ....
Für den öffentlichen Raum gilt im Wesentliche das Gleiche: Das Wohlgefühl der Menschen, die ihn nutzen, sorgt dabei dafür, dass Verwüstungen ..9.. werden. Um das zu erreichen, muss besonders in dunklen Ecken für ausreichend ..10.. gesorgt werden.	**9** .... **10** ....

Bauen für das Bauchgefühl

Bei Unentschlossenheit darüber, wie das eigene Haus zu gestalten ist,
könnte ein Architekturpsychologe helfen

Wann sind Räume und Häuser gut gestaltet? Die Frage klingt simpel. Und wenn sie doch nicht so einfach zu beantworten ist, fragen wir die Architekten, denn die müssen es eigentlich wissen! Aber warum gibt es dann überall unwirtliche Räume?

„Das liegt nicht allein an den Architekten", sagt Günter Hertel, Leiter des Instituts für Architekturpsychologie. Die orientieren sich oft mehr an der Architekturtheorie statt an den alltäglichen Bedürfnissen der Nutzer. „Aber oft wissen nicht einmal die Bauherren selbst, was sie für Bedürfnisse haben." Dabei kann dieses Institut helfen: In ein- bis zweitägigen Workshops werden die Erwartungen an das künftige Gebäude konkretisiert und formuliert.

Aber nicht nur Kommunen oder Unternehmen, die Neubauten im großen Stil planen, auch private Hausbauer sind bei der Planung des Eigenheims oft überfordert. Die Wohnungen werden heutzutage auf unterschiedliche Weise genutzt. Lebensstile sind verschieden und jeder einzelne Mensch ändert den eigenen im Laufe des Lebens. „Früher war auf Grundrissplänen bereits eingetragen, welches das Wohnzimmer, Schlafzimmer und Kinderzimmer ist", sagt Wohnpsychologin Antje Flade. „Heute sind die Grundrisse nutzungsoffen, das heißt weniger festgelegt." Am Schnitt der Küchen lässt sich diese Änderung des Lebensstils am deutlichsten ablesen: Jahrzehntelang waren kleine, abgetrennte Einbauküchen der Renner. Heute soll ein breiter Durchgang den Essbereich mit der Küche verbinden.

Bei der Planung von Bürogebäuden sind, anders als im Wohnungsbau, Effektivität und Platzersparnis vorrangig. Sogenannte „non territoriale" Konzepte treiben diese Maxime auf die Spitze. Die Idee dahinter: Wenn ein bestimmter Prozentsatz der Mitarbeiter außer Haus tätig ist, müssen im Bürogebäude nicht ständig Schreibtische für jeden einzelnen Angestellten vorhanden sein. Jeder Mitarbeiter erhält nur eine Rollbox mit seinen persönlichen Sachen. Wenn er das Gebäude betritt, meldet er sich elektronisch an und bekommt für seine folgenden Arbeitsstunden einen Platz. So spart das Unternehmen einige Quadratmeter. „Aber Menschen haben das Bedürfnis, sich Orte anzueignen", wendet der Psychologe Riklef Rambow ein. „Auch am Arbeitsplatz möchten Menschen sich einrichten – in Form von Zimmerpflanzen, Postern und anderem." So etwas ist bei einem „non territorialen" Konzept schlicht unmöglich. Diese unpersönliche Umgebung ist nicht nur für die Mitarbeiter nachteilig, auch das Unternehmen kann die Folgen zu spüren bekommen: Denn wer sich nicht wohlfühlt, leistet in der Regel weniger.

Auch im öffentlichen Raum ist es wichtig, dass sich die Menschen wohlfühlen. Aber nicht, damit sie mehr leisten, sondern damit sie ihre Umwelt nicht verwüsten. Deshalb erstellt „today", ein Team von Architekturpsychologinnen, Konzepte zur Vermeidung von Vandalismusschäden. Wenn etwas beschmiert, verdreckt oder zerstört wurde, handelt es sich meistens um schlecht einsehbare Ecken. Oft hilft es hier, sie besser auszuleuchten – und vor allem: Menschen dorthin zu bekommen.

Aus: Süddeutsche Zeitung, 06.04.2005

Leseverstehen 2 (30 Minuten)

Lesen Sie bitte die vier Texte. In welchen Texten (A – D) gibt es Aussagen
zu den Themenschwerpunkten (1 – 5)?

1   Anerkennung durch den Arbeitgeber

2   Privatleben gegenüber Beruf

3   Soziale Struktur / Hierarchie am Arbeitsplatz

4   Verantwortung und Engagement für den Betrieb

5   Bewertung des beruflichen Fortkommens

Bei jedem Themenschwerpunkt sind ein, zwei oder drei Stichpunkte möglich,
insgesamt aber nicht mehr als **zehn** (Aufgaben 11 – 20).
Schreiben Sie Ihre Antwort direkt in den **Antwortbogen**.
Beachten Sie bitte das Beispiel:

Beispiel:

	0 Arbeitsleistung und Gesundheit
A	—
~~B~~	*immer war die Arbeit wichtiger / bin vom Hausarzt gekommen, es ist ernst*
C	—
~~D~~	*ich habe nicht vor, für den Betrieb meine Gesundheit zu ruinieren*

Welche Einstellung haben Angestellte zu ihrem Beruf und wie stark engagieren sich dafür?
Welche Rolle spielt demgegenüber ihr Privatleben?
Vier Angestellte geben Auskunft.

A	**Renate Fuchs**

Wissen Sie, was ein Großraumbüro ist? Dahin sind wir umgezogen, als unsere
Behörde „saniert" wurde – so sagt man. Am Anfang fanden wir es furchtbar, von
einem Zweier-Arbeitszimmer in ein riesiges Büro für dreißig bis vierzig Kolleginnen
und Kollegen umzuziehen.
Inzwischen haben wir uns daran gewöhnt und sehen auch einige Vorteile. Man
bekommt automatisch mehr Kontakt zueinander, ist also weniger isoliert. Es gibt
weniger Unterschiede unter den Kollegen als früher, denn alle sitzen in einem Raum
und alle haben die gleiche „Wabe", so einen winzigen Platz wie bei den Bienen. Also
für alle gleich, und das ist gut so.
Wie früher lassen sich die Chefs nicht blicken. Wenn mal was hakt oder etwas
passiert ist, hat man einen Termin bei denen im Büro. Das ist alles. Direkte Rück-
meldung oder positive Reaktion, wenn etwas gut geklappt hat, kriege ich nur von
einer Kollegin. Aber damit bin ich schon zufrieden.
Was in ein paar Jahren kommt, ist meine Pensionierung. Dann mache ich Platz für
Jüngere. Und ich kann intensiver an mein Hobby gehen – die Astronomie!

B

Dr. Hans-Peter Arp

Ich kann schon sagen, dass ich für meinen Beruf lebe. Schon als ich jünger war, habe ich den Unterschied zu den anderen Kolleginnen und Kollegen gemerkt: Der Beruf ging für mich vor. Die Freizeit am Abend und am Wochenende ist zwar ganz schön und auch wichtig zur Erholung, aber oft war es so, dass mir Privates weniger wichtig war als Berufliches.

Man muss sich einfach verantwortlich fühlen und dem Betrieb seine Arbeitskraft zur Verfügung stellen – ohne Wenn und Aber. Aber jetzt nach vielen intensiven Berufsjahren sehe ich das

Beispiel ➡ kritischer. **Immer war die Arbeit wichtiger.**

Meine Familie, das muss ich zugeben, war damit nicht immer glücklich und ich letztlich auch nicht. Meine Frau sagte oft zu mir, dass ich etwas versäume, wenn ich nicht öfter mit den Kindern zusammen bin, solange sie klein sind. Die Ferien waren gut organisiert und es gab auch immer genug Geld im Haus. So weit, so gut.

Beispiel ➡ **Gerade bin ich vom Hausarzt gekommen, es ist ernst.** Meine Kinder sind aus dem Haus, meine Frau hat sich anders orientiert. War es das wert?

C

Christof Baldauf

In unserer Zeitarbeitsfirma bin ich der Jüngste, ich bin erst vor einem halben Jahr hierher gekommen. Die Arbeit hier hat Zukunft, wir liegen genau im Trend. Aber ich musste mich auch umstellen, denn es geht bei uns so präzise und professionell zu, dass ich am Anfang fast nicht mitkam.

Die Chefin von unserem Laden ist wirklich topp, und ich habe eine Menge von ihr gelernt: Zum Beispiel Zeitmanagement und Arbeitsorganisation beherrscht sie total – und verlangt dies auch von anderen. Jetzt wird von einem erwartet, dass man sich voll engagiert und dass man sich für die Arbeitsergebnisse verantwortlich fühlt. Das kannte ich von früher nicht.

Auf der anderen Seite werden viele soziale Aktivitäten angeboten und, was das Wichtigste ist, man kann und soll sich fortbilden, das heißt jeden Monat gibt es eine Schulung oder ein Seminar. Ich bin absolut sicher, dass mich das weiterbringt. Wenn meine Firma nächstens die Leitung für eine neue Filiale ausschreibt, bewerbe ich mich einfach. Mal sehen.

D

Isabel Moshammer

Mit meinem Arbeitsplatz und mit meiner Arbeit bin ich zufrieden, ich kann nichts anderes sagen. Die Arbeitszeiten sind korrekt, Ausnahmen kann man verkraften. Das ist auch wichtig, denn mein Privatleben ist mir heilig. Mit meinem Freund rede ich nie über die Arbeit, er mit mir auch nicht. Das muss man einfach getrennt halten.

Mein Chef, na ja, der ist ganz lieb und findet sowieso alles gut, was wir machen. Wir sind ein gutes Team. Manchmal kommt er mit einer komischen Idee von einer Reise zurück und manchmal taucht der Junior-Chef, sein Sohn, auf und macht Stress. Aber das geht vorbei, wir machen unseren Job und dem Betrieb geht es gut.

Neulich hatte ein Kollege gesundheitliche Probleme. Deswegen sage ich Ihnen: Ich tue nur das,

Beispiel ➡ was nötig ist, nicht mehr. Denn **ich habe nicht vor, für den Betrieb meine Gesundheit zu ruinieren**, auch wenn mal viel Arbeit reinkommt.

Und die Kaffeepausen sind mir auch heilig. Deswegen machen wir jetzt Schluss.

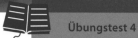
Antwortbogen Leseverstehen 2

Aufgaben 11–20

Text   Themen

1   Anerkennung durch den Arbeitgeber

A

B

C

D

2   Privatleben gegenüber Beruf

A

B

C

D

3   Soziale Struktur / Hierarchie am Arbeitsplatz

A

B

C

D

4   Verantwortung und Engagement für den Betrieb

A

B

C

D

5   Bewertung des beruflichen Fortkommens

A

B

C

D

Punkte: . . . . (von max. 10)

Leseverstehen 3 (15 Minuten)

Lesen bitte Sie den Text und kreuzen Sie bei den Aufgaben (Nr. 21–30) das jeweils passende Wort (A, B, C oder D) an. Nur eine Antwort ist richtig.

Tragen Sie am Ende Ihre Ergebnisse in den **Antwortbogen** ein.

Alternative: Job im Ausland

Einen Job im Ausland ..0.. viele Deutsche als große Chance, ihr Berufsleben neu zu organisieren.

Es gibt .21. Gründe, befristet oder unbefristet im Ausland zu arbeiten:

Die meisten der Antragsteller bei der Bundesagentur für Arbeit suchen eine neue .22. nach einer Zeit der Arbeitslosigkeit. Oft sind auch die Karriereaussichten im Ausland besser als beim .23. Arbeitgeber oder das Arbeitsumfeld ist angenehmer als in Deutschland. Ein weiterer Grund ist aber auch der Wunsch, andere Menschen in einer anderen Kultur kennen zu lernen und neue Eindrücke zu gewinnen.

Von den rund 14 500 Arbeitnehmern, die zum Beispiel im letzten Jahr erfolgreich ins Ausland vermittelt .24., suchten nach Angaben der Zentralstelle für Arbeitsvermittlung etwa 12 600 ihr Glück in europäischen Staaten. An der Spitze der Länder, in die es die Deutschen zieht, liegt die Schweiz, .25. von Österreich und Polen. Bei den außereuropäischen Ländern führen die USA und Kanada. .26. der Berufsstart im Ausland erfolgreich verläuft, sind vor allem eine abgeschlossene Berufsausbildung sowie einige Jahre Berufserfahrung wichtig und natürlich Sprachkenntnisse. Aber auch die Fähigkeit, sich auf Neues und Unerwartetes einzulassen, ist .27..

Grundsätzlich werden zwei Wege, eine Stelle im Ausland anzutreten, unterschieden: .28. wird der Arbeitnehmer von einer deutschen Firma ins Ausland entsandt oder eine ausländische Firma fordert deutsche Fachkräfte an.

Für beide Fälle gibt es verschiedene Abkommen zwischen den Staaten der Europäischen Union, des Europäischen Wirtschaftsraums und der Schweiz, die dafür sorgen, dass die Arbeitnehmer ihren sozialen Schutz auch im Ausland .29. behalten. .30. stellen diese Vereinbarungen sicher, dass kein Arbeitnehmer Nachteile erleidet, der im Laufe seines Erwachsenenlebens in mehreren dieser Staaten beschäftigt war. Ähnliches gilt auch für die Rente. Weitere Auskünfte können Sie per E-Mail erfragen: InfoHotline@arbeitsagentur.de.

Beispiel: 0

X betrachten   Lösung: A
B erwarten
C beobachten
D bedeuten

21
A beständige
B zählende
C zahlreiche
D gezählte

22
A Herausforderung
B Forderung
C Bezahlung
D Bewegung

23
A derartigen
B derzeitigen
C anderweitigen
D vorzeitigen

24
A seien
B wurden
C werden
D würden

25
A verfolgt
B geführt
C gefolgt
D getrieben

26
A Dafür
B Damit
C Dagegen
D Dazu

27
A von Nutzen
B mit Bedeutung
C im Vorteil
D ohne Sinn

28
A Weder
B Oder
C Entgegen
D Entweder

29
A umgehend
B naheliegend
C weitgehend
D nahestehend

30
A Nachdem
B Seitdem
C Vor dem
D Außerdem

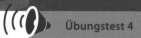
Hörverstehen 1 (12 Minuten)

 Sie hören den Text **nur einmal**.

Notieren Sie Stichworte.

Tragen Sie anschließend Ihre Lösungen in den **Antwortbogen** (Nr. 1 –10) ein.

Beispiele:

01   Suche nach besonderem Job: *passend zum Studium.*

02   Grund für die Fragen: *keine Erfahrung mit solchen Jobs/mit Seminararbeit*

1	Interesse an bestimmtem Seminarthema:	
2	Grund für Anruf im Seminarbüro:	
3	Wichtige Zeitpunkte im Seminar:	
4	Aufgaben vor Seminarbeginn:	
5	Aufgaben nach Seminarschluss:	
6	Ratschlag zu Kopien:	
7	Mitwirkung bei der Organisation:	
8	Vorbereitung der Pausen:	
9	Planung des Rahmenprogramms:	
10	Mögliche Teilnahme am Seminar:	

Hörverstehen 2   (25 Minuten)

Hören Sie den Text **zweimal**, zuerst ganz, dann noch einmal in Abschnitten.

Kreuzen Sie die richtige Antwort an (A, B oder C).

Tragen Sie dann Ihre Lösungen in den **Antwortbogen** (Nr. 11–20) ein.

Beispiel:

0   **Das Projekt „Faustlos" …**

A   setzt sich für den faustlosen Widerstand unter Kindern ein.

B   hilft Kindern im Umgang mit ihren Aggressionen.

C   erforscht psychosomatische Erkrankungen im Kindesalter.

Lösung: B

11   **Welches Ziel verfolgt Cierpka mit seinem Projekt „Faustlos"?**

A   Kinder sollen möglichst früh in ihrem Lernen bestärkt werden.

B   Kinder sollen mit ihren Kompetenzen umgehen können.

C   Kinder sollen lernen, Konflikte ohne Gewalt zu lösen.

12   **Was erkennen die Kinder normalerweise bei anderen Kindern?**

A   Das Gesicht und der Körper zeigen ihnen die Gefühle der anderen Kinder.

B   Den emotionalen Zustand der anderen können die meisten Kinder nicht erfassen.

C   Erlittene Gewalt macht Kinder besonders sensibel für emotionale Situationen.

13   **Welche Probleme haben aggressive Kinder?**

A   Sie werden ständig von anderen Kindern bedroht.

B   Sie können ihre eigenen Aggressionen nicht steuern.

C   Sie geben auch in friedlichen Situationen falsche Signale.

14   **Wie beeinflusst sozial-emotionales Lernen das Verhalten der Mädchen und der Jungen?**

A   Die Mädchen zeigen sich mutiger, die Jungen weniger aggressiv.

B   Die Jungen werden jetzt ab und zu auch zum Opfer.

C   Bei beiden richtet sich das aggressive Verhalten nicht mehr nach außen.

15   **Wie lernen die Kinder im Unterricht, mit Konfliktsituationen umzugehen?**

A   Anhand von Beispielen werden Lösungen vorgestellt und dann geübt.

B   Die Kinder nehmen sich Klebestifte weg und beobachten, was passiert.

C   Die Kinder diskutieren miteinander über alltägliche Konflikte.

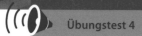

16 **Das Besprechen und Durcharbeiten kritischer Situationen …**

    A   ist allein schon ausreichend, um das Verhalten der Kinder zu ändern.

    B   wird durch Rollenspiele zu Konfliktsituationen ergänzt.

    C   verbessert die Beziehung zwischen Lehrern und Schülern.

17 **Was zeigen Langzeitstudien in Bezug auf den Erfolg dieses Programms?**

    A   Der Erfolg hängt von zwei Belastungsfaktoren ab.

    B   Kinder aus Gewalt-Familien profitieren am meisten.

    C   Das Programm hat nur bei Kindern aus stabilen Verhältnissen Erfolg.

18 **Warum ist das Programm „Faustlos" schon für Kinder wichtig?**

    A   Weil sie sich gern nach einem festen Programm richten.

    B   Weil es ihnen frühzeitig bei der Entwicklung ihrer sozialen Kompetenz hilft.

    C   Weil sie in dieser Entwicklungsphase ein Gewalttraining leichter bewältigen können.

19 **Sind für Problemkinder spezielle Programme vorgesehen?**

    A   Ja, aggressive Kinder bekommen ein besonderes Präventionsprogramm.

    B   Ja, aggressive Kinder bekommen Unterstützung von anderen Kindern.

    C   Nein, alle Kinder bekommen die gleiche Behandlung.

20 **Was sind die wichtigsten Maßnahmen neben dem Programm?**

    A   Elektronische Medien sollen die Erziehung unterstützen.

    B   In der Erziehung sollen Werte und Grenzen gesetzt werden.

    C   Risikofamilien sollen sich selbst ein neues Umfeld schaffen.

 Prüfungstraining | Goethe-Zertifikat C1 | © 2008 Cornelsen Verlag Berlin. Alle Rechte vorbehalten.

Schriftlicher Ausdruck 1 (65 Minuten)

Wählen Sie für den **Schriftlichen Ausdruck 1** eines der beiden Themen aus.
Danach erhalten Sie das Aufgabenblatt mit dem Thema 1A oder 1B.

Thema 1A:

Die häufigsten Ausbildungsberufe

Sie haben die Aufgabe, sich schriftlich zum Thema „Häufige Ausbildungsberufe" zu äußern.
Dazu bekommen Sie Informationen in Form einer grafischen Darstellung.

Thema 1B:

Die beliebtesten Studienfächer

Sie haben die Aufgabe, sich schriftlich dazu zu äußern, welche Studienfächer von Studentinnen und Studenten bevorzugt werden.
Dazu bekommen Sie Informationen in Form einer grafischen Darstellung.

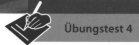

Schriftlicher Ausdruck 1 (65 Minuten)

Thema 1A

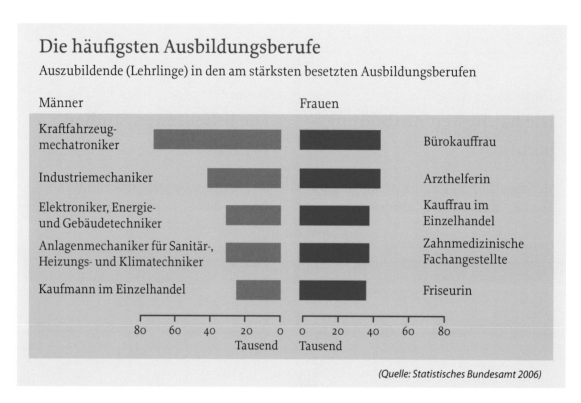

Die häufigsten Ausbildungsberufe
Auszubildende (Lehrlinge) in den am stärksten besetzten Ausbildungsberufen

(Quelle: Statistisches Bundesamt 2006)

Schreiben Sie,

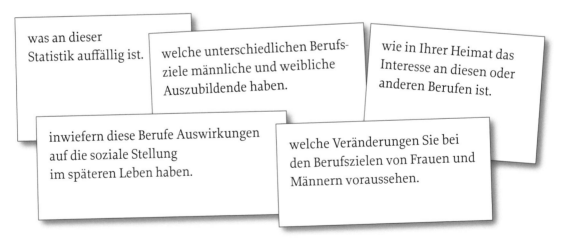

was an dieser Statistik auffällig ist.

welche unterschiedlichen Berufsziele männliche und weibliche Auszubildende haben.

wie in Ihrer Heimat das Interesse an diesen oder anderen Berufen ist.

inwiefern diese Berufe Auswirkungen auf die soziale Stellung im späteren Leben haben.

welche Veränderungen Sie bei den Berufszielen von Frauen und Männern voraussehen.

Hinweise:

Bei der Beurteilung wird auch darauf geachtet,

– ob alle Inhaltspunkte bearbeitet wurden,
– wie korrekt Ihr Text ist,
– wie gut Sätze und Abschnitte miteinander verbunden sind.

Schreiben Sie mindestens 200 Wörter.

Schriftlicher Ausdruck 1 (65 Minuten)

Thema 1B

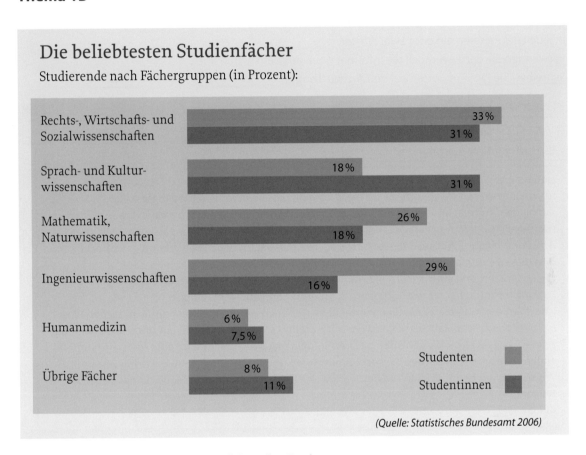

Die beliebtesten Studienfächer

Studierende nach Fächergruppen (in Prozent):

Rechts-, Wirtschafts- und Sozialwissenschaften — 33% / 31%

Sprach- und Kulturwissenschaften — 18% / 31%

Mathematik, Naturwissenschaften — 26% / 18%

Ingenieurwissenschaften — 29% / 16%

Humanmedizin — 6% / 7,5%

Übrige Fächer — 8% / 11%

Studenten
Studentinnen

(Quelle: Statistisches Bundesamt 2006)

Schreiben Sie Ihre Stellungnahme zu folgenden Punkten:

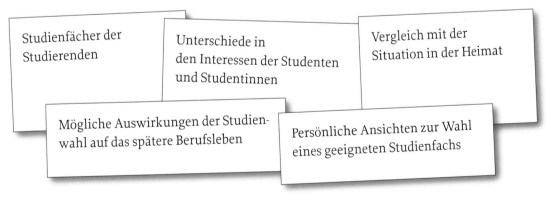

Studienfächer der Studierenden

Unterschiede in den Interessen der Studenten und Studentinnen

Vergleich mit der Situation in der Heimat

Mögliche Auswirkungen der Studienwahl auf das spätere Berufsleben

Persönliche Ansichten zur Wahl eines geeigneten Studienfachs

Hinweise:

Bei der Beurteilung wird auch darauf geachtet,

- ob alle Inhaltspunkte bearbeitet wurden,
- wie korrekt Ihr Text ist,
- wie gut Sätze und Abschnitte miteinander verbunden sind.

Schreiben Sie mindestens 200 Wörter.

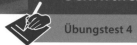

Schriftlicher Ausdruck 2 (15 Minuten)

Herr Hartmann wird vor der Ausfahrt seines Grundstücks durch parkende Autos behindert. Es sind Fremdparker, die einer Baustelle in der Nachbarstraße ausweichen. Deshalb schreibt er zwei Briefe: einen an einen Kollegen, der dasselbe Problem hat, und einen an die Polizeidienststelle.

Ergänzen Sie bitte die Lücken 1–10 in dem zweiten Brief.

In jede Lücke passen **ein** oder **zwei** Wörter.

Verwenden Sie dazu eventuell die Informationen aus dem ersten Brief.

Schreiben Sie Ihre Antworten auf den **Antwortbogen**.

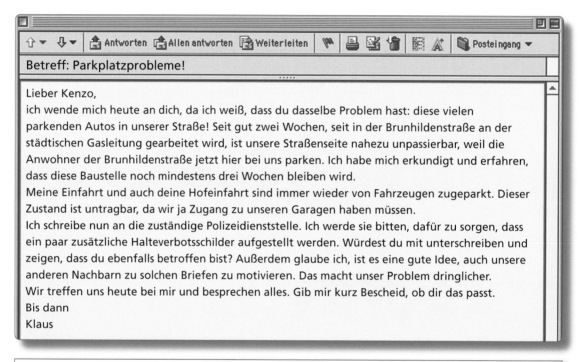

⇧ ▾ ⇩ ▾ 📤 Antworten 📥 Allen antworten 📨 Weiterleiten 🔖 🖨 📧 🗑 📋 𝔸 📁 Posteingang ▾

Betreff: Parkplatzprobleme!

Lieber Kenzo,

ich wende mich heute an dich, da ich weiß, dass du dasselbe Problem hast: diese vielen parkenden Autos in unserer Straße! Seit gut zwei Wochen, seit in der Brunhildenstraße an der städtischen Gasleitung gearbeitet wird, ist unsere Straßenseite nahezu unpassierbar, weil die Anwohner der Brunhildenstraße jetzt hier bei uns parken. Ich habe mich erkundigt und erfahren, dass diese Baustelle noch mindestens drei Wochen bleiben wird.

Meine Einfahrt und auch deine Hofeinfahrt sind immer wieder von Fahrzeugen zugeparkt. Dieser Zustand ist untragbar, da wir ja Zugang zu unseren Garagen haben müssen.

Ich schreibe nun an die zuständige Polizeidienststelle. Ich werde sie bitten, dafür zu sorgen, dass ein paar zusätzliche Halteverbotsschilder aufgestellt werden. Würdest du mit unterschreiben und zeigen, dass du ebenfalls betroffen bist? Außerdem glaube ich, ist es eine gute Idee, auch unsere anderen Nachbarn zu solchen Briefen zu motivieren. Das macht unser Problem dringlicher.

Wir treffen uns heute bei mir und besprechen alles. Gib mir kurz Bescheid, ob dir das passt.

Bis dann

Klaus

Beispiel 0: *Damen*

An die Polizeidienststelle

Sehr geehrte ...**0**... und Herren,

durch die Reparaturarbeiten an der städtischen Gasleitung in der benachbarten Brunhildenstraße kommt es ...**1**... unserem Grundstück in der Arnulfstraße zu erheblichen Parkplatzproblemen. Die Anlieger der Häuser, vor ...**2**... sich die Baustelle befindet, sind gezwungen, auszuweichen und ihre Fahrzeuge in den Nachbarstraßen ...**3**... . ...**4**... diese besondere Situation ist die Einfahrt zu meiner Garage oft versperrt. Da ich im Außendienst ...**5**... bin, brauche ich jederzeit einen ungehinderten Zugang zu meinem Fahrzeug. Deshalb bitte ich Sie, ...**6**... eine zusätzliche Beschilderung zu sorgen. Es ...**7**... deutlich erkennbar sein, dass das Parken vor der Einfahrt verboten ist und wider-rechtlich geparkte Fahrzeuge sofort entfernt ...**8**... .

Nach Auskunft des Straßenbauamtes sollen die Bauarbeiten noch etwa vier Wochen ...**9**... .

Vielen Dank für Ihr Verständnis und Ihre ...**10**...

Klaus Hartmann

Mündlicher Ausdruck 1A

Viele große Kaufhäuser wollen Kunden werben und durch Werbeaktionen, Rabatte und Billigangebote an sich binden.

Halten Sie einen kurzen Vortrag (3 – 4 Minuten). Die folgenden Punkte dienen Ihnen dabei zur Orientierung:

- Beispiele für diese Art von Werbestrategie (eigene Erfahrung?)

- Stellenwert und Bedeutung von Kundenwerbung in Ihrem eigenen Land

- Argumente, die **für** diese Art der Werbung sprechen

- Argumente, die **gegen** diese Art der Werbung sprechen

- Ihre persönliche Meinung zu diesem Thema

Mündlicher Ausdruck 1B

Einkaufen per Internet erfreut sich immer größerer Beliebtheit.
Welche Vor- und Nachteile sehen Sie dabei im Vergleich zur üblichen Art des Einkaufens?

Halten Sie einen kurzen Vortrag (3 – 4 Minuten). Die folgenden Punkte dienen Ihnen dabei zur Orientierung:

- Beispiele für diese neue Art des Einkaufens (eigene Erfahrung?)

- Bedeutung des Einkaufens per Internet in Ihrem eigenen Land

- Argumente, die **für** diese neue Art des Einkaufens sprechen

- Argumente, die **gegen** diese neue Art des Einkaufens sprechen

- Ihre persönliche Meinung zu diesem Thema

Mündlicher Ausdruck 2

Für eine Gruppe von Ingenieuren aus Korea, die nach Deutschland kommen, sollen Sie ein 8-tägiges Besichtigungsprogramm vorbereiten. Was würden Sie für die Besucher organisieren?

Es gibt folgende Angebote:

- eine Flussfahrt von Basel nach Köln mit Zwischenaufenthalten

- einen Besuch der Hafenstädte Bremen, Hamburg, Rostock

- eine Musik-Tour München – Bayreuth – Dresden

- eine Rundreise durch ausgewählte historische Städte

- einen Studienaufenthalt in der Hauptstadt Berlin

- Deutschland aus der Luft – Rundflüge mit Helikopter, Zeppelin oder Heißluftballon

- Vergleichen Sie die Angebote und begründen Sie Ihre Meinung.

- Reagieren Sie auch auf die Äußerungen Ihres Gesprächpartners oder Ihrer Gesprächspartnerin.

- Kommen Sie am Ende Ihres Gesprächs zu einer Entscheidung.

Bewertung des Goethe-Zertifikats C1

In der Prüfung zum Goethe-Zertifikat C1 werden alle vier Prüfungsteile gesondert bewertet. Im Lese-verstehen, im Hörverstehen, im Schriftlichen Ausdruck und im Mündlichen Ausdruck können Sie je-weils maximal 25 Punkte erreichen (die exakte Punktevergabe innerhalb der Prüfungsteile finden Sie auf den Übersichtsseiten zu den Prüfungsteilen → Seiten 8, 38, 64, 95).

Ihre Punkte in den Prüfungsteilen LV, HV, SA werden addiert und ergeben die Punktzahl für die Schrift-liche Prüfung. Ihre Punkte der Mündlichen Prüfung werden gesondert aufgeführt.
Um die Prüfung zu bestehen, müssen Sie folgende **Mindestpunktzahlen** erreichen:

Schriftliche Prüfungsteile (LV, HV, SA) insgesamt	mindestens 45 Punkte von maximal 75 Punkten
Mündliche Prüfung	mindestens 15 Punkte von maximal 25 Punkten

Wird in der Schriftlichen oder in der Mündlichen Prüfung die jeweilige Mindestpunktzahl nicht erreicht, ist die gesamte Prüfung nicht bestanden.

Im Zeugnis sind Ihre Ergebnisse in der Schriftlichen Prüfung und in der Mündlichen Prüfung getrennt aufgeführt. Zur **Gesamtnote** werden die erreichten Punkte aus der Schriftlichen und aus der Münd-lichen Prüfung addiert:

Punkte	Note
100 – 90 Punkte	sehr gut
89,5 – 80 Punkte	gut
79,5 –70 Punkte	befriedigend
69,5 –60 Punkte	ausreichend
unter 60 Punkten	nicht bestanden

Weitere Informationen finden Sie in der Prüfungsordnung auf der Internetseite des **Goethe-Instituts** (www.goethe.de). Dort finden Sie auch einen Modelltest.

Inhalt der Audio-CDs

Auf den beiden CDs finden Sie alle Hörtexte zu den Übungstest Goethe-Zertifikat C1 sowie zwei mündliche Prüfungen.

CD 1		Seite
1	Nutzerhinweis	
2	Goethe-Zertifikat C1	
3	Hörverstehen	
4	Übungstest 1, HV 1	40
5 – 10	Übungstest 1, HV 2	52 – 53
11	Übungstest 2, HV 1	138
12	Übungstest 2, HV 2	139 –140

CD 2		Seite
1	Nutzerhinweis	
2	Übungstest 3, HV 1	174
3	Übungstest 3, HV 2	175 –176
4	Übungstest 4, HV 1	190
5	Übungstest 4, HV 2	191 –192
6	Übungstest 1, MA, Paarprüfung	97 – 98, 111
7	Übungstest 1, MA, Einzelprüfung	97 – 98, 111